曹錦炎 主編

第二屆古文字與出土文獻青年學者西湖論壇（2023）論文集

中國美術學院漢字文化研究所叢書

古文字與中華文明傳承發展工程

上海書畫出版社

『古文字與中華文明傳承發展工程』規劃項目

『古文字書法研究』（G2826）階段性成果

第二届古文字與出土文獻青年學者西湖論壇致辭（代前言）

沈浩

　　首先，我代表中國美術學院，歡迎各位學者的到來，祝賀第二届古文字與出土文獻青年學者西湖論壇成功召開。

　　2022 年 10 月 28 日，習近平總書記在殷墟遺址考察時指出："中國的漢文字非常了不起，中華民族的形成和發展離不開漢文字的維繫。"爲了學習貫徹黨的二十大精神和習近平總書記考察殷墟遺址重要講話精神，協助推動古文字與中華文明傳承發展工程實施，繼 2021 年首届古文字與出土文獻青年學者西湖論壇之後，在中國美術學院建校 95 周年之際，漢字文化研究所舉辦了第二届"古文字西湖論壇"。

　　中國美術學院歷來重視以古文字學爲核心的金石學傳統，籌辦并成立了全國首個書法篆刻專業，開創了中國高等書法教育的先河。沙孟海先生在與劉江先生討論書法專業課程設置的信函中曾説："昨談課程事，繼思同學們喜愛多立課目，鄙意除書法史外，可加列文字學初基及書論選講兩門。"2022 年國家學科專業目錄調整，書法與美術并列，在藝術學門類的藝術學一級學科下招收理論人才，同時在藝術學門類的專業學位中招收書法與美術博士、碩士，明確了理論類與實踐類高層次人才的分類培養，這爲書法學科和專業在新時代的高品質發展創造了有利條件。今年恰逢中國高等書法教育 60 華誕，中國美術學院順勢而爲成立書法學院，目的是爲進一步推動書法一級學科的確立，探索建構合理的專業框架，進一步豐富和完善學科布局，回應時代發展，既重視書法作爲中國傳統視覺藝術的審美品質錘煉，又强調書法作爲中國傳統文化核心的文心塑造。

　　中國美術學院書法專業不但具有深厚的傳統，更具有强烈的先鋒意識。曹錦炎教授從 80 年代開始就在我校書法專業兼職教授古文字課，2020 年我們就邀請了曹錦炎教授加盟中國美術學院，創辦了漢字文化研究所，爲中國美術學院書法、字體設計、平面設計等專業提供學術支撐。文字與書法具有天然的聯繫，是中華文明的核心載體，文字是書法的"根"，書法是文字的"象"。中國美術學院提倡古文字和金石學兩大學科，在書法系開設了"文字學概論""古文字部首源流""金石學概論""出土文獻導讀"等課程，旨在書法創作和本體研究的基礎上窮源溯流，打造具有國美特色的書法專業。

青年學者是中堅的科研力量，更是中國學術的未來，感謝曹錦炎教授創辦了古文字與出土文獻青年學者西湖論壇，爲我們優秀的青年學者提供了溝通交流的平臺，也感謝各位青年翹楚的莅臨和支持，我代表中國美術學院致以熱烈的歡迎，預祝本次"西湖論壇"取得圓滿成功。

目 録

禽簋銘文剩議[*]

湯志彪

（華東師範大學中國文字研究與應用中心）

古文字研究如火如荼，新觀點層出不窮。審視過去一些説法，似尚有可説者。下面，筆者就研讀禽簋過程中發現的問題，提出己見，并求教於方家。

禽簋（《集成》4041）有這樣的話（爲便於討論，暫不標點）：

王伐■（蓋）侯周公某（誨）禽祝① 禽又■祝王易（賜）金百守。

這裏主要討論"某"和"■"字。

對於"某"字，柯昌濟先生讀作"禖"，認爲是一種祭名。② 程浩先生從之。③ 高田忠周、吴其昌先生也持讀"禖"、祭名説。④ 郭沫若先生謂此字可讀"謀"也可讀作"誨"。⑤ 吴闓生先生從其讀"誨"説。⑥ 唐蘭先生認爲"謀"是指"卜謀"，指"在决策時要問吉凶"。⑦ 《銘文選》亦括注作"謀"，但在解釋的時候又説"借爲誨，義爲教誨、訓導"。⑧ 其他學者多從此説。

* 本文得到國家社會科學基金一般項目"楚系出土文獻職官整理研究"（21BZS044）、國家社科基金一般項目"考古學視角下西周都城的社會結構研究"（17BKG017）、上海市教委科創重大項目"古陶文編"（2019-01-07-00-05-E00048）、2020年度教育部古委會項目"先秦出土文獻與傳世古籍史事對比研究"（2056）、國家社科重大項目"出土文獻與上古文學關係研究"（20&ZD264）資助。

① 吴闓生：《吉金文録·禽彝》，轉引自董蓮池《商周金文辭彙釋》，作家出版社，2013年，第922—923頁；王子揚：《甲骨文从"示"从"丑"的"祝"字袪疑》，先秦史研究室網站，2010年12月18日（鏈接：http://www.xianqin.org/blog/archives/2203.html）。
② 柯昌濟：《韡華閣集古録跋尾》，劉慶柱、段志洪、馮時：《金文文獻集成》（第25冊），綫裝書局，2005年，第141頁。
③ 程浩：《清華簡〈四告〉的性質與結構》，《出土文獻》2020年第3期，第21—26、154—155頁。
④ 周法高主編：《金文詁林》，香港中文大學，1974年，第3697—3701頁。
⑤ 參看郭沫若：《兩周金文辭大系圖録考釋》，科學出版社，1957年，第11—12頁。
⑥ 吴闓生：《吉金文録·禽彝》，轉引自董蓮池《商周金文辭彙釋》，作家出版社，2013年，第922—923頁。
⑦ 唐蘭：《西周青銅器銘文分代史徵》，中華書局，1986年，第37—39頁。
⑧ 馬承源主編：《商周青銅器銘文選》（三），文物出版社，1988年，第18頁。

　　按，將"某"讀作"禖"理解作祭名的説法是有問題的。在同一篇銘文中，周公及其兒子同時舉行祭祀，而周王僅僅賞賜周公的兒子，殊悖情理。其實，"某"讀作"誨人不倦"的"誨"，文意已足。不過，根據銘文所記，此處的周公"誨"禽的内容當確實與祭祀有關（詳下文）。

　　現在來看"劦"字。對此，過去有諸多説法，如，"攲"①、"敏（角）"②、"啟"③、"啟（振）"④、"裖"⑤、"戌"⑥等，《銘文選》從陳夢家先生説，認爲字從"攴""辰"聲，假借爲"裖"或"脤"⑦，理解作盛肉多的祭器，而"禽有啟（脤）祝"就是指伯禽以脤器致祭。⑧董蓮池先生作不識字處理。⑨

　　最近，謝明文先生重新對此作了梳理。他説，此字與"辰"字不類，據文意，"劦祝"是一種狀態或結果。謝先生還指出，類似字形還見於禽鼎，作"劼"，其左旁與"辰"更不類，而與甲骨文作"劦""劦"等形的"肩"字同形，當即"冎（肩）"字初文。魯侯簋有"魯侯又（有）囟（囟）工"一句銘文，裘錫圭先生將"囟"看作卜兆的"兆"的表意初文，認爲"囟工"讀作"肇工""肇"可訓"敏"，且指出甲骨文的"劦"存在與"囟"不分的現象。甲骨文還有"劦"字，何景成先生認爲即金文的"劦"字。根據以上學者所論，謝明文先生將"劦"字與"囟"字聯繫在一起，認爲"冎（肩）""囟"作爲偏旁可互用，那麼"劼"左旁即卜兆的"兆"的表意初文省去"卜"形的變體，該字從"攴"從"囟"省聲，在銘文中讀爲"肇"，訓作"敏"，指"敬敏"，當"祝"的修飾語。⑩

　　按，誠如上引謝明文先生所言，禽鼎"劼"可證禽簋的"劦"字左旁并非"辰"。此字所從與金文習見的"啓"字也不類。⑪不過，謝明文先生所述亦需申論。謝先

① 郭沫若：《兩周金文辭大系圖録考釋》，科學出版社，1957 年，第 11—12 頁。

② 唐蘭：《西周青銅器銘文分代史徵》，中華書局，1986 年，第 37—39 頁。

③ 陳夢家：《西周銅器斷代》，中華書局，2004 年，第 28 頁。

④ 張亞初：《殷周金文集成引得》，中華書局，2001 年，第 381 頁；中國社會科學院考古研究所：《殷周金文集成》（修訂增補本），中華書局，2007 年，第 2216 頁；吳鎮烽：《商周青銅器銘文暨圖像集成》（第 10 册），上海古籍出版社，2012 年，第 332 頁。

⑤ 中國社會科學院考古研究所：《殷周金文集成釋文》，香港中文大學，2001 年，第 249 頁。

⑥ 華東師範大學：金文數據庫，https://wjwx.ecnu.edu.cn/guwenzi/JinWen/Home。

⑦ 原文筆誤作"脤"，下同。

⑧ 馬承源主編：《商周青銅器銘文選》（三），文物出版社，1988 年，第 18 頁。

⑨ 董蓮池：《新金文編》附録，作家出版社，2011 年，第 32 頁。

⑩ 謝明文：《金文"肇"字補説》，氏著《商周文字論集》，上海古籍出版社，2017 年，第 278—280 頁。

⑪ 參看董蓮池：《新金文編》，作家出版社，2011 年，第 375 頁。

生所謂禽簋的"▮"所从乃"肩"字初文，自然是没問題的，但謝先生其他説法則可商。

所謂"甲骨文的'▮'存在與'囚'不分"的説法，裘錫圭先生曾有過論述，裘先生説：

> "凵"和"囚"是兩個字，在賓組卜辭中區分得非常清楚，但在有些組的卜辭裏却混而不分。如在歷組卜辭裏，常見的"旬無囚"等辭中的"囚"，跟記卜骨來源的骨面刻辭中指牛肩胛骨的"凵"字，寫法并無區別，實際上是以"凵"字兼充"囚"字。①

可見，所謂"▮""囚"不分是有條件的，似不能看作普遍規律。"囚"，唐蘭先生釋作"憂"，裘錫圭先生從之。②筆者懷疑，甲骨文歷組卜辭以表示"肩"字初文的"凵"取代"囚"，當與古代幽、元韵部通轉有關。李家浩認爲上古音幽部與元部存在通轉關係，可參看。③上古音"肩"是元部字，"憂"則是幽部字。

再來看何景成先生所謂甲骨文的"▮"在金文中可作"▮"即後世"所"字的説法。④"▮"從"肩"已爲學界所采信，則"▮"字本義，當如姚萱先生所言，表示以斧斤類工具整治胛骨之意。⑤其實，從何景成先生所舉字形例證來看，"▮"與"所"字并不密合。需要注意的是，"▮"字左邊所从可能確實是"囚"，若然，則此形體已經轉變成其他文字，不能用以表示"凵（肩）"。

再者，若將"▮"字釋作"敏"，放到銘文中，也無法通讀銘文。

其實，"▮"字無需求之過深轉而理解作"兆"，再讀作"肇"。既然"▮"字从支从肩，可徑隸作"敐"，字所从的"肩"字確是聲符，讀作"肩"即可，在銘文中是勝任義。《書·盤庚下》："式敷民德，永肩一心。"孫星衍《今古文注疏》："肩，克也。"《爾雅·釋詁上》："肩，勝也。"邢昺疏引舍人曰："强制勝也。"《書·盤庚下》"朕不肩好貨"，僞孔傳："肩，任也。"《廣韵·先韵》："肩，

① 裘錫圭：《從殷墟卜辭的"王占曰"説到上古漢語的宵談對轉》，氏著《裘錫圭學術文集》（第一卷甲骨文卷），復旦大學出版社，2012 年，第 486 頁。

② 參看裘錫圭：《從殷墟卜辭的"王占曰"説到上古漢語的宵談對轉》，氏著《裘錫圭學術文集》（第一卷甲骨文卷），復旦大學出版社，2012 年，第 487 頁。

③ 李家浩：《甲骨文北方神名"勹"與戰國文字从"勹"之字——談古文字"勹"有讀如"宛"的音》，《文史》2012 年第 3 輯，第 29—73 頁。

④ 何景成：《釋"花東"卜辭的"所"》，《古文字研究》第 27 輯，中華書局，2009 年，第 122—127 頁。

⑤ 姚萱：《殷墟花園莊東地甲骨卜辭的初步研究》，綫裝書局，2006 年，第 102—104 頁。

任也，克也。”“肩”“克”可互訓。《説文》：“克，肩也。”“克”“任”訓作“勝”“堪”爲古書常訓，不贅。①

而銘文的“祝”，過去學者或以爲指“大祝”。②按，此銘的“祝”當指祝辭及其相應的一系列儀式。《書·洛誥》：“王命作册，逸祝册。”孔穎達疏：“讀策告神謂之祝。”《史記·滑稽列傳》：“今者臣從東方來，見道傍有穰田者，操一豚蹄，酒一盂，而祝曰：‘甌窶滿篝，污邪滿車，五穀蕃熟，穰穰滿家。’”《漢書·武五子傳》：“初，上年二十九乃得太子，甚喜，爲立禖，使東方朔、枚皋作禖祝。”顏師古注：“祝，禖之祝辭。”《玉篇·示部》：“祝，祭詞也。”據此，“肩祝”就是勝任“祝”的任務。

甲骨文每見“屮王事”“屮朕事”一語，陳劍先生釋讀作“堪王事”“堪朕事”，并引古書的“堪其事”“能堪卿事”等爲證。③這一説法已得到越來越多學者的認可。“堪王事”是動賓結構，“王事”是定中結構，而“肩祝”則是與“堪王事”相似的動賓結構，只不過“祝”前不再有定語進行修飾。

據傳世文獻《書》《逸周書》《史記》與出土文獻清華簡《金縢》等的記載，周公善於祭祀及相關儀式，因此，他教導其兒子祭祀事宜，合情合理。

至於銘文的“又”字，當從過去學者讀作“有”，用作虛詞。那麽，銘文言周王征伐蓋侯，周公教導其子禽舉行祭祀儀式。其子禽勝任這些儀式，并因此受到周王的賞賜。如此解讀，文從字順。

綜上，本句銘文當重新斷讀作：

王伐𧝎（蓋）侯，周公某（誨）禽祝。禽又（有）𦣞（肩）祝，王易（賜）金百寽。

附記：拙文草成後，蒙李晨冉君審閲并提出寶貴修改意見，特此感謝！

---

① 參看宗福邦、陳世鐃、蕭海波：《故訓匯纂》，商務印書館，2003年，第95頁“任”字、第178頁“克”字。
② 唐蘭：《西周青銅器銘文分代史徵》，中華書局，1986年，第37—39頁；馬承源主編：《商周青銅器銘文選》（三），文物出版社，1988年，第18頁。
③ 陳劍：《釋“屮”》，《出土文獻與古文字研究》第三輯，復旦大學出版社，2010年，第1—89頁。

從新見郳孜與豆看"郳"字構形與豆之自名

葛亮

（上海博物館、復旦大學出土文獻與古文字研究中心、
"古文字與中華文明傳承發展工程"協同攻關創新平臺）

郳孜與豆一對，見於香港蘇富比 2023 年 1 月亞洲私人珍藏中國藝術品網上拍賣專場，Lot.3022（圖 1、2）[①]。以往未見著錄。

圖 1　郳孜與豆器形

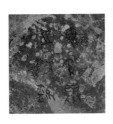

1.左豆蓋銘　　　　　　　　2.右豆蓋銘

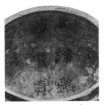

3.左豆器銘　　　　　　　　4.右豆器銘

圖 2　郳孜與豆銘文

---

① 拍賣信息見 https://www.sothebys.com/en/buy/auction/2023/chinese-art-online/a-pair-of-inscribed-bronze-food-vessels-and-covers（瀏覽日期：2023 年 1 月 19 日）。圖 1、2 均採用此網頁圖片，并據圖片文件名所含之 l 或 r 確定左右。

此對青銅豆的年代在春秋晚期或戰國早期，其器、蓋各鑄有銘文六字，內容相同。原釋文作“若救□之饋錐”，應改釋爲“奌（郳）救與之饋鍤”，“郳救與”爲作器者之名。銘文首字“奌”、末字“鍤”涉及對“郳”字構形及豆形器自名的理解，下面分別討論。

一、奌

國名、邑名①、氏名之郳，本徑以“兒”字爲之，見春秋早期“兒（郳）慶”組器（如圖3.1）等。後多加意符“邑”而作“郳”（如圖3.2—3.4）；亦有不從“邑”而從“阜”者（如圖3.5）。“兒”之足部或加橫、點而近乎“壬”（如圖3.2、3.3），從“阜”之形或增“土”旁（如圖3.6）、“山”旁（如圖3.7）。此外還有以“倪”表邑名郳之例（圖3.8）。

1. 兒	2. 郳	3. 郳	4. 郳
郳慶鼎	郳妸逞母鬲	郳𤯤璽	新蔡·乙四90④
銘圖1947②	銘圖2813③	璽彙2127	

① 關於邑名之郳，參看趙平安：《上博藏楚竹書〈競建內之〉第9至10號簡考辨》，《新出簡帛與古文字古文獻研究》，商務印書館，2009年，第265—266頁。

② 已知“兒（郳）慶”諸器均出自山東棗莊東江春秋小邾國墓地，有1鼎（《銘圖》1947[《銘圖》1948自重]）、6鬲（《銘圖》2866[《銘圖》2867自重]、《銘圖》2868、《銘三》312—315）、1盤（《銘圖》14414）、1匜（《銘圖》14905[《銘續》985自重]），年代均在春秋早期。

③ 《銘圖》2813（《集成》596）、《銘三》307各著錄一件“郳妸逞母鬲”。後者銘文多誤析筆畫，似是仿自前者的僞刻。

銘圖2813（真）　　　　銘三307（疑僞）

④ 原簡殘，《新蔡》原圖見下。此處采用滕壬生《楚系簡帛文字編》（增訂本）摹本（河北教育出版社，2008年，

5.院	6.陘	7.隁	8.倪
郳公克父① 戈	郳𥮋璽	郳大司馬彊匜	上博五·競建内之
銘三 492②	璽彙補 2440③	銘三 260④	簡 9

圖 3　郳字構形舉例（不从午者）

"郳" 字還有一類在 "兒" 的上方加 "午" 的形體，舊著録中已有數見，或因 "午" 形不够清晰（尤其是竪畫上的肥筆或短橫不够清晰），或因从 "午" 難以解釋，而多被誤認爲其他構件。2012 年郳公敄父諸器公布後，从 "午" "兒" "邑" 之 "鄒" 已有了明確無疑的實例（如圖 4.1—4.3）。新出古璽等亦見 "鄒" 字（圖 4.4）。

1．郳公敄父鎛一	2．郳公敄父鎛四	3．郳公敄父觥	4.郳得璽
銘圖 15815	銘圖 15818	銘續 891	璽彙補 2304

圖 4　鄒字構形舉例

不从 "邑" 之 "𪎮"，已見 2017 年山東滕州大韓村春秋墓所出郳大司馬鈚（圖 5.1）。與之相比，郳戜與豆之字筆畫更爲完整，尤其是 "午" 中部的短橫更加明白（圖 5.2、5.3）。同形而時代較晚之 "𪎮" 又見清華簡《五紀》，讀爲 "霓"（圖 5.4）。

名中年語言學家自選集·李家浩卷》，安徽教育出版社，2002 年，第 44 頁。

新蔡·乙四 90 原圖　　璽彙 3233 首字

① 一日作器者名爲 "郳公皮父"，參看傅修才：《〈郳公皮戈〉補説》，簡帛網，2020 年 12 月 14 日，http://www.bsm.org.cn/?guwenzi/8329.html。對照下引郳公克敦（圖 9），似不能完全排除作器者爲 "克" 的可能。

② 同形之字又見《璽彙》5622 "事郳脊璽"。

③ 同形之字又見《陶録》5.76.4 "郳禾" 陶文。

④ 另有同銘之盤，見《銘三》216。郳大司馬彊盤、匜及鈚（圖 5.1）均出自山東滕州大韓村春秋墓 M43。

1. 郳大司馬彊鈚　　2. 郳秋與豆左蓋　　3. 郳秋與豆右器　　4. 清華十一·五紀
銘三 1177　　　　　　　　　　　　　　　　　　　　　　　　　簡 100

圖 5　兒字構形舉例

"兒""郳"之上，爲何常常添加"午"形？從表意、表音兩方面看，似乎都無法給出合理的解釋。"午"在作意符時，一般以其本義"杵"參與表意，似與"兒""郳"的字義無關。"兒"是疑母支部字，"午"是疑母魚部字，韻部上也存在差距。支魚二部雖在理論上可以相通，但幾乎沒可靠的諧聲、假借之例。

我認爲，"兒""郳"從"午"，字形上可能是由"春"或從"春"之字類化而來。"兒"字的頭部多與"臼"同形，從"臼"的常用字則有"春"，作"旾"或"萅"形（如圖6）。其中"臼"的正上方恰有"午"，與"兒""郳"中兩個構件的位置關係相同。從字音上看，"午"與"兒"聲母相同，韻部的距離亦不太遠，因而"午"在"郳"字中或許能起到"準聲符"的作用，而非單純的羨符。

1. 旾（春）　　　　2. 從春之秦　　　　3. 春
"官春"陶文　　　　秦公簋　　　　　　說文小篆
陶録 6.246.2　　　　銘圖 4250 器　　　　小徐本

圖 6　春字構形舉例

明確了"兒""郳"兩類從"午"的字形，還可以找出幾個以往被錯誤分析爲從"竹"的"郳"字。

其一，見郳左庶①戈（圖7.1，《銘圖》16543，次字或釋"右"）。銘文首字爲"郳"，四版《金文編》誤摹作從"竹"之形（圖7.2），而隸定爲"郳"②。摹本作者張振

---

① 關於"庶"字的釋讀，參看趙平安：《論東周金文"庶"當爲"庫"字異體——兼談幾件兵器的國別問題》，《民俗典籍文字研究》第 25 輯，商務印書館，2020 年，第 180—187 頁。又參施瑞峰：《上古漢語聲母諧聲類型在古文字資料釋讀中的效用》，香港中文大學博士學位論文，2022 年，第 276 頁。

② 容庚編著，張振林、馬國權摹補：《金文編》，中華書局，1985 年，第 449 頁。

林先生另有專文討論，認爲“鄸，从竹，是首次發現的郘字別構”①。此摹本及隸定影響頗大，後出論著多信從之。如《古文字通假字典》②《古文字類編（增訂本）》③及《銘圖》等，於此戈銘均誤釋“鄸”或誤摹作从“竹”④。

1.銘圖 16543、集成 10969　　　　　　　　2.四版《金文編》

圖 7 郘左庭戈

　　其二，見郘爐⑤璽（圖 8，《璽彙》2208）。首字爲“鄸”，或受郘左庫戈所謂“鄸”形影響。《戰國古文字典》⑥《古璽印圖典》⑦等亦將此字隸定爲“鄸”，即將“午”誤解爲“半竹”。

圖 8　郘爐璽

---

① 張振林：《郘右庭戟跋》，《古文字研究》第 19 輯，中華書局，1992 年，第 85—88 頁。

② 王輝：《古文字通假字典》，中華書局，2008 年，第 53 頁。

③ 高明、塗白奎：《古文字類編》（增訂本），上海古籍出版社，2008 年，第 1232 頁。又重複收錄，如下圖。所謂“郘右戈”“郘左庭戈”實爲同一器。

郘右戈　郘左庭戈
春　秋　春　秋

④ 前引趙平安：《論東周金文“庀”當爲“庫”字異體——兼談幾件兵器的國別問題》（《民俗典籍文字研究》第 25 輯，第 181 頁）亦認爲此字“左上似有簡省的‘竹’旁”。

⑤ 關於“爐”字的釋讀，參看吳振武：《〈古璽文編〉校訂》，人民美術出版社，2011 年，第 58—59 頁。

⑥ 何琳儀：《戰國古文字典——戰國文字聲系》，中華書局，1998 年，第 1540 頁。

⑦ 徐暢：《古璽印圖典》，天津人民美術出版社，2016 年，第 139 頁。

其三，見郳公克敦（圖9，《銘圖》6067）。銘文首字从"阜""午""兒""山"，爲"郳"字已知最繁之形，可看作在"陞"形（圖3.7）上加"午"。此字郭沫若先生隸定爲"隍"（《金文叢考》383葉），《彙編》453、《銘文選》641誤釋爲"都"，《集成》摹作 而未釋。《引得》作"隍"，或亦受所謂"鄧"形影響。後出之《銘圖》及《春秋文字字形表》[①]等，亦誤將此字隸定爲"隍"。

1.銘圖 6067、集成 4641　　　　　2.首字放大

圖9　郳公克敦

二、鈊

郳孜與豆銘文末字爲"鈊"，係其自名。據字形較規整而照片較清晰者（圖10），可知其右部應爲从"寸"之"取"。

1 左器　　　　　　2 右器

圖10　郳孜與豆"鈊"字

《玉篇》有"鈊"字，曰："祖誨切，錐屬也"。此"錐屬"之"鈊"與豆之自名"鈊"或許只是異代同形的關係（郳孜與豆原釋文或因《玉篇》"錐屬也"而誤釋"鈊"字爲"錐"）。《龍龕手鑑》《正字通》等亦見一"鈊"字，係"錭/鑷"之譌體，與此無關。

---

① 吳國昇：《春秋文字字形表》，上海古籍出版社，2017年，第618頁。

　　已知最早的"鈘"字見於西漢海昏侯墓出土的一枚木楬（圖11）[1]，其文曰：

　　　　第百一十。白丸書帛一匹、鈘五寏。絳繡笥盛。

網友"秋風掃落葉"已正確釋出"鈘"字，并指出"'絳繡笥盛'即用絳繡笥盛放'書帛'與'鈘'"[2]。但此中之"鈘"究竟爲何物，是否與豆形器有關，尚無綫索可考。待海昏侯墓考古資料全面發表後，或許可將"鈘"與出土隨葬品作一對照。

圖 11　西漢海昏侯墓出土"第百一十"木楬"鈘"字

　　就郘敄與豆而言，其自名"鈘"應分析爲從"金""取"聲。對於豆形器之自名，謝明文先生已有較完整的統計，可分爲以下三系：

　　　　用共名者有"彝""器"兩類；
　　　　用其他器類之名代稱者有"簋""敦"兩類；
　　　　用專名者有"豆""鋪""登/鐙""鉦/鋌""登""用/庸""盨/盒"等類[3]。

如在以上自名中尋找與"鈘"（"取"）音近者，似僅有"豆"與之韻部相合。"取"與"豆"均屬侯部，但兩者聲母分屬精 *Ts-、端 *T- 兩系，距離較遠。

　　根據施瑞峰等先生的研究，上古 *Ts- 系聲母構成一個内部自諧的獨立聲母類，

①　江西省文物考古研究院、北京大學出土文獻研究所、荆州文物保護中心：《江西南昌西漢海昏侯劉賀墓出土簡牘》，《文物》2018 年第 11 期，第 91 頁。

②　見簡帛網—簡帛論壇—簡帛研讀，《海昏侯墓所出"第百一十"楬所記内容補論》，2018 年 12 月 10 日，http://www.bsm.org.cn/forum/forum.php?mod=viewthread&tid=4389。

③　謝明文：《談談豆形器的自名以及它與燈名的關係——以出土資料爲中心》，《出土文獻綜合研究集刊》第 14 輯，巴蜀書社，2021 年，第 1—28 頁。

*Ts- 系聲母的字詞與 *T- 系聲母的字詞之間的諧聲、假借現象，是不被允許的①。以往被看作 *Ts-、*T- 二系相諧的例子，基本都是不可信的。

張富海先生曾列出 *Ts-、*T- 二系偶見諧聲、假借之例：第一組爲"崔 *Ts-"從"隹 *T-"得聲；第二組爲郭店簡《尊德義》簡 24 之"適"、上博簡《曹沫之陣》簡 52 之"薂"均以"商 *T-"聲字表示"策 *Ts-"②。

關於前一組例子，施瑞峰先生已據安大簡《詩經》"崔"字字形指出，"崔"的聲符本是"衰"，而非"隹"③。後一組例子中，上博簡《曹沫之陣》所謂"簢"字，在安大簡《曹沫之陣》中對應之字明確作"簹（筮）"（圖 12.1），可見上博簡之字雖然訛作從"帝"之形（圖 12.2），但仍應釋爲"簹（筮）"，而不能讀爲"策"④。反觀郭店簡《尊德義》之字（圖 12.3），與一般的"適"形亦有較大距離，同樣未必應釋"適"而讀爲"策"。

1.簹	2.簹	3.待考字
安大二·曹沫之陣	上博四·曹沫之陣	郭店·尊德義
簡 36	簡 52	簡 24

圖 11　所謂 *Ts-、*T- 二系諧聲相關字形

如果 *Ts-、*T- 二系聲母確無諧聲、假借的可能，那麼郎孜與豆之自名"鈤"便不能讀爲"豆"，而應看作一種新見的豆形器自名。

此外，"取"聲字中古絕大多數讀精莊組聲母，但有一字例外。"聚"字見《詩經·小雅·十月之交》"聚子內史"句，《廣韻》有直由、除柳二切。此類澄母讀音如有上古來源，則可能是"取"聲字讀 *T- 系聲母之例。錄此備考。

2023 年 5 月 15 日初稿

2023 年 12 月 5 日修訂

---

① 施瑞峰：《上古漢語聲母諧聲類型在古文字資料釋讀中的效用》，第 250—265 頁。

② 張富海：《諧聲假借的原則及複雜性》，《嶺南學報》復刊第 10 輯，上海古籍出版社，2018 年，第 98 頁。收入張富海：《古文字與上古音論稿》，上海古籍出版社，2021 年，第 259 頁。

③ 施瑞峰：《上古漢語聲母諧聲類型在古文字資料釋讀中的效用》，第 217—220 頁。

④ 此點早有學者指出，如李守奎、曲冰、孫偉龍：《上海博物館藏戰國楚竹書（一—五）文字編》，作家出版社，2007 年，第 233、235 頁。參看施瑞峰：《上古漢語聲母諧聲類型在古文字資料釋讀中的效用》，第 255—258 頁。

附：引書簡稱表

簡稱	書　名
集成	中國社會科學院考古研究所：《殷周金文集成》（修訂增補本），中華書局，2007 年。
引得	張亞初：《殷周金文集成引得》，中華書局，2001 年。
銘圖	吳鎮烽：《商周青銅器銘文暨圖像集成》，上海古籍出版社，2012 年。
銘續	吳鎮烽：《商周青銅器銘文暨圖像集成續編》，上海古籍出版社，2016 年。
銘三	吳鎮烽：《商周青銅器銘文暨圖像集成三編》，上海古籍出版社，2020 年。
彙編	巴納、張光裕：《中日歐美澳紐所見所拓所摹金文彙編》，藝文印書館，1978 年。
銘文選	上海博物館商周青銅器銘文選編寫組：《商周青銅器銘文選》，文物出版社，1986—1990 年。
璽彙	故宮博物院編，羅福頤主編：《古璽彙編》，文物出版社，1981 年。
璽彙補	張泰康：《〈古璽彙編〉補編》，天津師範大學碩士學位論文，2021 年。
陶錄	王恩田：《陶文圖錄》，齊魯書社，2006 年。
郭店	荊門市博物館：《郭店楚墓竹簡》，文物出版社，1998 年。
新蔡	河南省文物考古研究所：《新蔡葛陵楚墓》，大象出版社，2003 年。
上博四	馬承源主編：《上海博物館藏戰國楚竹書》（四），上海古籍出版社，2004 年。
上博五	馬承源主編：《上海博物館藏戰國楚竹書》（五），上海古籍出版社，2005 年。
清華十一	清華大學出土文獻研究與保護中心編，黃德寬主編：《清華大學藏戰國竹簡》（拾壹），中西書局，2021 年。
安大二	安徽大學漢字發展與應用研究中心編，黃德寬、徐在國主編：《安徽大學藏戰國竹簡》（二），中西書局，2022 年。

湯陰出土吳王諸樊劍銘新釋 *

——兼論相關諸樊劍銘

吳毅強

（四川大學歷史文化學院）

2018 年，河南湯陰縣羑河墓地 M1 出土一件吳王諸樊劍，現藏安陽市文物考古研究所。該劍通長 41.3cm，通寬 5cm，最厚處 0.8cm，柄長 9.4cm，除劍尖殘斷一節外，保存基本完整。劍脊三棱形，中脊兩側各刻有銘文 14 字，共計 28 字。該劍銘文字數多，文字清晰，内容豐富，歷史價值極高，是東周時期晉衛文化與吳越文化在中原地區交流、碰撞的新證。此外，該劍銘文清晰，可進一步探討過去著録的淮南句吳太子諸樊劍和沂水吳王諸樊劍銘文。

一、湯陰所出吳王諸樊劍銘文新釋

發掘者孔德銘指出，經專家釋讀，銘文内容爲：

工？王姑發者反，自乍元用。巳用以獲，莫敢御余。處江之陽，台北南西行。

同時又指出“姑發者反”是吳王諸樊的金文寫法，“自乍元用”是指吳王自己製作、佩帶使用。“這把寶劍製作於諸樊即位吳王之後，是他在位時期鑄造的。從現有出土材料看，是目前發現的唯一一把吳王諸樊劍。”[1]

2019 年，安陽市文物考古研究所刊布正式發掘《簡報》[2]，整理者新釋文作：

工戲王姑發者反自乍元用巳（祀）用爻（劍），獲，莫敢御余（帶重文符，爲兩個余字）。余處江之陽，台（以）北南西行。

---

* 本文得到國家社科基金一般項目“清代民國學者商周金文拓本題跋研究”（21BZS045）資助。

① 河南安陽文考所：《春秋晚期吳王諸樊劍湯陰出土》，《文物鑒定與鑒賞》2019 年第 2 期，第 79 頁。

② 安陽市文物考古研究所：《河南湯陰羑河東周墓地 M1 發掘簡報》，《中原文物》2019 年第 4 期，第 19—32 頁。

　　《簡報》指出，該劍自銘"工厰王"，吳王，較早稱工厰（或盧），較晚稱攻敔，最晚稱吳。從已知器銘看，吳王闔閭之後未見"工厰（或盧）"之稱；"姑發者反"，爲劍主，學術界普遍認爲是古越語的發音，即"諸樊"。諸樊是吳王壽夢長子，闔閭之父。公元前561年壽夢卒，次年諸樊即位，公元前548年，吳王諸樊在攻打楚國附庸國巢國時，中箭身亡。另外，該《簡報》又指出"自乍元用巳（祀）用兒（劍）"，即自己製作，用於祭祀和佩戴使用的寶劍。①

　　《簡報》指出"姑發者反"即傳世典籍記載之吳王"諸樊"，無疑是正確的。② 但對銘文的斷句和理解，存在不少問題。筆者認爲，銘文應作：

　　　　工（句）盧（厰吳）王姑發者（諸）坂（反樊）自乍（作）元用，云用云獲，莫敢御余＝（余。余）處江之陽，台（以）北南西行。

　　第一個"云"字，原作"🔲"形，多隸爲"巳"，發掘《簡報》讀爲"祀"，指祭祀。③ 曹錦炎師將"巳"置於"元用"之間，認爲"元巳"讀爲"元祀"，"祀"字從"巳"得聲，例可相通。"元祀"即"元年"，《書·伊訓》："惟元祀，十有二月，乙丑。"陸德明釋文："祀，年也。夏曰歲，商曰祀，周曰年。"《逸周書·柔武》："維王元祀一月，既生魄。""自作元祀用"，記明此劍是諸樊繼位吳王后的元年即公元前560年鑄造的自用之劍。④

　　我認爲，把"巳"讀爲"祀"，解作"祭祀"，或者理解爲"年"，似皆不妥。"元用"，吳國金文習見，如六安出土的吳王諸樊戈："工盧王姑發者坂，自作元用。"⑤ 餘杭南湖出土吳王劍："工吳王戲矣工吳擇其吉金，台（以）爲元用。"⑥ 正與本劍銘"自作元用"辭例相同。起初，我認爲"巳"爲"云"之訛變。實際上，

①　安陽市文物考古研究所：《河南湯陰羑河東周墓地M1發掘簡報》，《中原文物》2019年第4期，第19—32頁。

②　商承祚最早指出"姑發者反"是"諸樊"，參看商承祚：《姑發反即吳王諸樊別議》，《中山大學學報》1963年第3期，第67頁。

③　安陽市文物考古研究所：《河南湯陰羑河東周墓地M1發掘簡報》，《中原文物》2019年第4期，第19—32頁。

④　曹師結合其餘兩件諸樊劍銘文（淮南所出工吳大子姑發諸樊劍和沂水所出吳王劍），指出該劍銘文略有小誤："'巳'字應置上一'用'字前，而下一'用'字前漏鑄'云'字，且'云'字構形也有小誤。"參曹錦炎：《河南湯陰新發現吳王諸樊劍考》，《中原文物》2019年第6期，第92—95、121頁。

⑤　馮志餘、許玲：《六安市出土吳王諸樊戈》，《文物研究》第13輯，黃山書社，2001年，第320—321頁。

⑥　曹錦炎：《工吳王戲絢工吳劍銘文考釋》，《鳳鳴岐山：周文化國際研討會論文》2009年4月8日—11日；《西泠印社"重振金石學"國際學術研討會論文集》，西泠印社出版社，2010年，第121—124頁。

該字仍應爲“云”字，這裏“云”“巳”二字同形了。① 例如吳王光鑑（《集成》10298、10299）“往巳（矣），弔（叔）姬”，“巳”作“🔳”。而湯陰劍該字原作“🔳”形，字形確實和“巳”無法區分。不過，戰國文字中，“云”字上面部分多填實，作“🔳”形，但也有不填實的，如从“云”的“芸”字，作“🔳”“🔳”（“鄂君啓節”《集成》12113）、“🔳”（上博簡《容成氏》簡42）、“🔳”（清華簡《繫年》簡85）；“巳”字上部一般是圓圈形，不填實，如“🔳”（上博簡《競建納之》1）“🔳”（清華簡《筮法》57）。這種上部不填實的“云”字就與“巳”同形。

　　第二個“云”，劍銘作“🔳”，發掘者先釋“以”，後改釋爲“㺇”，讀爲“劍”②。釋“以”，釋“㺇”，與字形皆不合。③ 該劍第二行有“以”字，作“🔳（台）”形。吳國銅器銘文中，“以”多作“台”形，如上引吳王光鑑、餘杭南湖吳王劍等。該字曹錦炎師釋“云”，甚是。細審字形，該字略有訛變。考慮到吳國金文整體鑄造水平不高，字形訛變也是在情理之中。如本銘中“處”字作“🔳”，字形也略有訛變。④ 實則，“🔳”字即淮南市所出吳太子諸樊劍的“🔳”“🔳”字，董珊已釋爲“云”⑤；又見於榆社出土句吳王諸樊之弟季子劍“🔳”，施謝捷摹作“🔳”⑥，原多釋爲“回”⑦，不確。總之，“🔳”應從曹錦炎師的意見。

　　該劍的製作年代，發掘《簡報》指出該劍爲春秋時期諸樊即位吳王後鑄造的自用劍。吳王諸樊在位於公元前560—前548年，即春秋晚期。⑧ 曹錦炎師認爲是諸樊繼位吳王後的元年即公元前560年鑄造的自用之劍。⑨

　　　　《史記·吳太伯世家》：“二十五年，王壽夢卒。壽夢有子四人，長曰諸樊，
　　　　次曰餘祭，次曰餘眛，次曰季札。季札賢，而壽夢欲立之，季札讓不可，於是

① 案：文章完稿後，注意到李家浩也指出該字實爲“云”字。參李家浩：《沂水工盧王劍與湯陰工盧王劍》，《出土文獻》2020年第1期，第52—55頁。
② 《春秋晚期吳王諸樊劍現身河南湯陰》，《安陽日報》2019年1月28日，第3版；河南安陽文考所：《春秋晚期吳王諸樊劍湯陰出土》，《文物鑒定與鑑賞》2019年第2期，第79頁；安陽市文物考古研究所：《河南湯陰羑河東周墓地M1發掘簡報》，《中原文物》2019年第4期，第19—32頁。
③ 案：《簡報》釋“㺇”，或是印刷之誤。
④ 如本劍銘多個文字即是反書，這種反書現象在吳國金文中也較爲多見。
⑤ 董珊：《吳越題銘研究》，科學出版社，2014年，第9頁。
⑥ 施謝捷：《吳越文字彙編》43號，江蘇教育出版社，1998年，第290頁。
⑦ 董珊：《吳越題銘研究》，科學出版社，2014年，第10頁。
⑧ 安陽市文物考古研究所：《河南湯陰羑河東周墓地M1發掘簡報》，《中原文物》2019年第4期，第19—32頁。
⑨ 曹錦炎：《河南湯陰新發現吳王諸樊劍考》，《中原文物》2019年第6期，第92—95、121頁。

乃立長子諸樊，攝行事當國……十三年，王諸樊卒。"①（案：壽夢卒年爲前561 年）

《左傳·襄公二十五年》："十二月，吳子諸樊伐楚，以報舟師之役。門於巢……吳子門焉，牛臣隱於短牆以射之，卒。"②（案：魯襄公二十五年即前 548 年）

據上引《左傳》《史記》，可知吳王諸樊在位年代爲前 560 年至前 548 年，該劍年代應在此範圍內。至於該劍爲何在湯陰東周墓地出土，曹錦炎師已有很好的解釋，可參看。③

二、句吳太子諸樊劍

該劍是 1959 年 12 月出土於安徽淮南市八公山區蔡家崗趙家孤堆戰國墓（M2:18.6），現藏安徽博物院（以下行文簡稱"淮南劍"）。④《集成》11718、《吳越文字彙編》042 等著錄，劍身有銘文兩行 33 字：

攻（句）敔（吳）大（太）子姑發膚（聑諸）反（樊）自乍（作）元用，才（在）行之先，云用云隻（獲），莫敢鈘（御）余＝（余。余）處江之陽，台（以）南北西行。

"云用云隻（獲）"，馬承源《銘文選》釋爲"以用以獲"，將"在行之先，以用以獲，莫敢御余"，理解爲："在軍隊之前鋒，以用於戰鬥，以有所俘獲，無人敢對我抗禦。"⑤前已對吳國金文"云""以"進行了辨證，此處當釋爲"云用云獲"。董珊指出"云"讀爲虛詞"員"或"爰"。⑥我認爲"云"應作本字讀，作句首、句中助詞，無實義。《詩經·周南·卷耳》："我僕痡矣，云何吁矣！"陳奐《詩毛氏傳疏》："云爲語詞，凡全《詩》云字，或在句首，或在句中、句末，多用爲語詞，無實義。"⑦

① 司馬遷：《史記》卷 31，中華書局，1982 年，第 1449—1451 頁。

② 杜預注、孔穎達疏：《春秋左傳正義》卷 36，阮元校刻：《十三經注疏》，中華書局，1980 年，第 1982—1986 頁。

③ 曹錦炎：《河南湯陰新發現吳王諸樊劍考》，《中原文物》2019 年第 6 期，第 92—95、121 頁。

④ 安徽省文化局文物工作隊：《安徽淮南市蔡家崗趙家孤堆戰國墓》，《考古》1963 年第 4 期，第 204—205 頁。

⑤ 馬承源：《商周青銅器銘文選》第 4 卷，第 537 號，文物出版社，1990 年，第 365 頁。

⑥ 董珊：《吳越題銘研究》，科學出版社，2014 年，第 9 頁。

⑦ 參向熹：《詩經詞典》（修訂本），商務印書館，2014 年，第 685 頁。

"陽"字，原作"🔲"，《吳越文字彙編》摹作"🔲"①，今據湯陰新出劍銘作"🔲"，可確定是"陽"字無誤。"余處江之陽"，過去多認爲此處"江"指"長江"②，不確。曹錦炎師認爲此處"江"指"松江"，引《國語·吳語》爲證，可參看。③

"🔲"，《殷周金文集成》摹作"🔲"，《吳越文字彙編》摹作"🔲"④，皆釋爲"至于"二字合文。⑤今據湯陰新出劍銘，可知非"至于"二字，其實仍應是"台（以）"字。要注意的是，"至于南北西行"，并不符合古漢語語法。故"至于"當是摹本有誤，應據湯陰新出吳王諸樊劍更正。

"南北西行"，舊皆釋爲"南行西行"。馬承源《銘文選》翻譯作："我在長江之南，既可出師於南，又能出師於西。南，指百粵。西，指楚。"⑥董珊已指出"南行"之"行"，應爲"北"字之誤。⑦細審字形，沂水劍、湯陰劍均作"北南西行"。對比可知，董珊之說甚是。此劍應是"北""南"二字位置互易。曹錦炎師指出："劍銘所稱的'北南西'，北方指淮夷、群舒及齊魯諸國，南方指越國、西方指楚國，是說這三方皆是我征行的地方，銘文實際上是吳王諸樊以此來炫耀自己也即是吳國的武力强大。"⑧

該劍稱"句吳大子"，説明是諸樊即位吳王之前所作。

《史記·吳太伯世家》："去齊卒，子壽夢立。壽夢立而吳始益大，稱王……王壽夢二年，楚之亡大夫申公巫臣怨楚將子反而奔晋……二十五年，王壽夢卒。"《索隱》："襄十二年《經》曰'秋九月，吳子乘卒'。《左傳》曰壽夢。計從成六年至此，正二十五年。"⑨

---

① 施謝捷：《吳越文字彙編》42 號，江蘇教育出版社，1998 年，第 289 頁。

② 李學勤：《試論山東新出青銅器的意義》，《文物》1983 年第 12 期，第 18—22 頁。收入氏著《新出青銅器研究》，人民美術出版社，2014 年，第 208—215 頁；馬承源：《商周青銅器銘文選》第 4 卷，第 537 號，文物出版社，1990 年，第 365 頁；董珊：《吳越題銘研究》，科學出版社，2014 年，第 9 頁。

③ 曹錦炎：《河南湯陰新發現吳王諸樊劍考》，《中原文物》2019 年第 6 期，第 92—95、121 頁。

④ 施謝捷：《吳越文字彙編》42 號，江蘇教育出版社，1998 年，第 289 頁。

⑤ 馬承源：《商周青銅器銘文選》第 4 卷，第 537 號，文物出版社，1990 年，第 365 頁；董珊：《吳越題銘研究》，科學出版社，2014 年，第 9 頁；李家浩：《沂水工王劍與湯陰工盧王劍》，《出土文獻》2020 年第 1 期，第 52—55 頁。

⑥ 馬承源：《商周青銅器銘文選》第 4 卷，第 537 號，文物出版社，1990 年，第 365 頁。

⑦ 董珊：《吳越題銘研究》，科學出版社，2014 年，第 9 頁。

⑧ 曹錦炎：《河南湯陰新發現吳王諸樊劍考》，《中原文物》2019 年第 6 期，第 92—95、121 頁。

⑨ 司馬遷：《史記》卷 31，中華書局，1982 年，第 1447—1449 頁

《左傳·襄公十二年》："秋，吳子壽夢卒。"①

襄公十二年爲公元前561年，據上引《左傳》《史記》等文獻記載，壽夢在位年爲前585年至前561年。吳王壽夢卒，長子諸樊即位。則該劍製作年代應在前585年至前561年之間，略早於湯陰所出吳王諸樊劍。

三、吳王諸樊劍

該劍1983年1月出土於山東沂水縣諸葛公社略瞳村春秋墓葬，現藏沂水縣博物館（以下簡稱"沂水劍"）。②《集成》11665、《吳越文字彙編》044、《中國出土青銅器全集》"山東卷"編號341等著録。劍身近柄處有銘文兩行16字，研究者有不同的釋文：

《山東沂水縣發現工盧王青銅劍》一文的釋文爲李學勤先生所作：

工盧（攻吳）王乍（作）元巳（祀）用□乂（治也）江之台（淓）北南西行。③

李學勤先生將劍銘隸作：

工盧王乍（作）元巳用，□乂江之台，北南西行。④

馮時先生釋文作：

工戲王乍元巳（祀）用冢其江之台（淓）北南西行。⑤

《殷周金文集成》（修訂增補本）釋文作：

工盧王乍（作）元巳（祀）用鐱（劍），乂江之台，北南西行。⑥

董珊釋文作：

攻（句）戲（吳）王乍（作）元巳（以－用），用冢其江之台（淓），北南西行。⑦

---

① 杜預注、孔穎達疏：《春秋左傳正義》卷31，阮元校刻：《十三經注疏》，中華書局，1980年，第1951頁。

② 沂水縣文物管理站：《山東沂水縣發現工盧王青銅劍》，《文物》1983年第12期，第11—12頁，圖2。

③ 沂水縣文物管理站：《山東沂水縣發現工盧王青銅劍》，《文物》1983年第12期，第11—12頁。

④ 李學勤：《試論山東新出青銅器的意義》，《文物》1983年第12期，第18—22頁。

⑤ 馮時：《工盧大𢿋鏃銘文考釋》，《古文字研究》第22輯，中華書局，2000年，第112—115頁。

⑥ 中國社會科學院考古研究所：《殷周金文集成》（修訂增補本）第8冊，中華書局，2007年，第6393頁。

⑦ 董珊：《吳越題銘研究》，科學出版社，2014年，第9頁。

《中國出土青銅器全集》釋文作：

> 工廉（攻吳）王乍（作）元巳（祀）用□父（治也）江之台（埃）北南西行。①

曹錦炎師釋文作：

> 工盧王乍（作）元巳（祀）用。云隻（獲）。江之，台（以）北南西行。②

李家浩釋文作：

> 工（攻）盧（吳）王［姑發者（諸）阪自］乍（作）元［用］，云用云隻（獲），［莫敢御余。余處］江之［陽］，台（以）北南西行。③

劉安魯釋文作：

> 工魚（攻吳）王乍（作）元巳（祀）用𠸍（劍），父（治）江之台（埃），北南西行。④

在《中國出土青銅器全集》新刊布清晰照片的基礎上，并結合淮南劍、湯陰劍銘，并綜合各家觀點，新作釋文如下：

> 工（句）盧（吳）王［姑發者（諸）坂（樊）自］乍（作）元［用］，云用云［隻（獲），莫敢御］余［=］（余，余）［處］江之［陽］，台（以）北南西行。

下面就有爭議的字詞進行考證：

"盧"，劍銘原作"▓"，《殷周金文集成》摹本誤作"獻"，但釋文不誤。曹錦炎師已指出這一點。⑤董珊隸作"獻"⑥，《中國出土青銅器全集》隸作"廉"⑦。劉安魯隸作"魚"。⑧筆者認爲，釋"獻""廉""魚"皆非。原先因照片、拓本模糊，該字無法辨識。仔細觀察《中國出土青銅器全集》所收清晰照片，該字仍

① 劉延常：《中國出土青銅器全集》第6卷"山東下"，科學出版社、龍門書局，2018年，第363頁。

② 曹錦炎：《河南湯陰新發現吳王諸樊劍考》，《中原文物》2019年第6期，注釋5，第92—95、121頁。

③ 李家浩：《沂水工盧王劍與湯陰工盧王劍》，《出土文獻》2020年第1期，第52—55頁。

④ 劉安魯：《山東出土東周異域諸國青銅器及其歷史背景探析》，山東大學碩士學位論文，2020年，第35頁。

⑤ 中國社會科學院考古研究所：《殷周金文集成》（修訂增補本）第8冊，中華書局，2007年，第6393頁。曹錦炎：《河南湯陰新發現吳王諸樊劍考》，《中原文物》2019年第6期，注釋5，第92—95、121頁。

⑥ 董珊：《吳越題銘研究》，科學出版社，2014年，第9頁。

⑦ 劉延常：《中國出土青銅器全集》第6卷"山東下"，科學出版社、龍門書局，2018年，第363頁。

⑧ 劉安魯指出："從字形上看，銘文第二字寫法與'太子姑發劍'之'盧'不同，與戰國時期陶文上的'魚'字完全相同，此處應是盧的省寫，隸定爲'工魚'，也即是'攻吳'之意，與'工獻'或'工盧'同屬早期一類寫法。"參劉安魯：《山東出土東周異域諸國青銅器及其歷史背景探析》，山東大學碩士學位論文，2020年，第36頁。

應隸作"膚"，該字上部的"虍"旁，因筆畫太細而不顯，對照湯陰劍銘"▨"字，即可明白。

第一個"云"，原作"▨"形，舊多釋"巳"，董珊將其與上句"作元"連讀，讀爲"作元巳"，說云："古文字中的'巳'與'以'本是同字分化，'以''用'常常相通。因下文又有'用'字，此處寫作假借字'巳（以）'，大概是爲了避免重複。"[1]劉安魯讀爲"祀"，"元祀"即元年。[2]實則，該字爲"云"，參前文所論。"元"字後有省略，故"云"字仍應與下句連讀作"云用云 [獲]"。

第二個"云"，原字形作"▨"，舊多摹作"丂"，或釋爲"鏱（劍）""劍"，[3]皆有問題。馮時釋爲"豕"，認爲當爲器名，讀如鏦。[4]董珊亦釋爲"豕"，意思是治理、主宰。[5]李學勤指出該字"已經泐損，不易辨識"。劉安魯隸作"王"，認爲"此字似一帶柄形器的象形"，"是'戈'字的變體字，隸定爲'劍'更爲合適[6]。實際上該字就是湯陰劍之"▨"字，亦應釋爲"云"。

"余"，《中國出土青銅器全集》公布的照片，該字作"▨"，[7]過去多缺釋，或摹作"其"[8]。李學勤指出該字"中間似有一豎筆，有些像'不'字。暫釋爲'乂'。'乂'，訓爲治、理"[9]，劉安魯從之。[10]《殷周金文集成》（修訂增補本）亦釋作"乂"，但所附摹本作"其"。[11]曹錦炎師釋爲"隻（獲）"，指出"隻"字拓本不清楚，殘存下"又"。[12]李家浩亦釋爲"隻"，指出："據湯陰吳王劍銘文，這個字當是'隻'，

① 董珊：《吳越題銘研究》，科學出版社，2014年，第9頁。
② 劉安魯：《山東出土東周異域諸國青銅器及其歷史背景探析》，山東大學碩士學位論文，2020年，第36頁。
③ 施謝捷：《吳越文字彙編》44號，江蘇教育出版社，1998年，第291頁；中國社會科學院考古研究所：《殷周金文集成》（修訂增補本）第8冊，中華書局，2007年，第6393頁；周亞：《春秋時期吳王室有銘青銅劍概述》，《上海博物館集刊》第12期，上海書畫出版社，2012年，第144頁。
④ 馮時：《工膚大叔鏦銘文考釋》，《古文字研究》第22輯，中華書局，2000年，第112—115頁。認爲："古音豕、鏦同在東部，叠韻可通。鏦或作，古音豕聲在端紐，重聲在定紐，同屬舌頭，韵俱在東部，同音可通。是諸樊、餘祭時代仍將無鉸之短矛稱作鏦或鏦。"
⑤ 董珊：《吳越題銘研究》，科學出版社，2014年，第9頁。
⑥ 劉安魯：《山東出土東周異域諸國青銅器及其歷史背景探析》，山東大學碩士學位論文，2020年，第36—37頁。
⑦ 劉延常：《中國出土青銅器全集》第6卷"山東下"，科學出版社、龍門書局，2018年，第363頁。
⑧ 施謝捷：《吳越文字彙編》44號，江蘇教育出版社，1998年，第291頁；中國社會科學院考古研究所：《殷周金文集成》（修訂增補本）第8冊，中華書局，2007年，第6393頁；董珊：《吳越題銘研究》，科學出版社，2014年，第9頁。
⑨ 李學勤：《試論山東新出青銅器的意義》，《文物》1983年第12期，第18—22頁。
⑩ 劉安魯：《山東出土東周異域諸國青銅器及其歷史背景探析》，山東大學碩士學位論文，2020年，第37頁。
⑪ 中國社會科學院考古研究所：《殷周金文集成》（修訂增補本）第8冊，中華書局，2007年，第6393頁。
⑫ 曹錦炎：《河南湯陰新發現吳王諸樊劍考》，《中原文物》2019年第6期，第92—95、121頁。

上録釋文的釋寫者大概把‘隻’字殘存的‘又’旁誤認爲是‘乂’字了。”① 我認爲，該字非“隻”字，而是“余”字，因筆畫太細，刻銘不全，或是長時間使用，該字上部筆畫泐損。對比淮南劍“余”字作“”，即可明白。上引李先生指出該字“中間似有一豎筆”，獨具慧眼。

“台”，李學勤、董珊及劉安魯等皆讀爲“涘”，解作“江岸”“水邊”之意，② 整句話，李學勤讀爲“其乂江之涘”，“意思是平定長江兩岸，反映出吳王的雄心，與淮南吳太子劍自稱在軍行之先，處江之北，身分不同，口吻也不相同”③。董珊將整句話讀爲“用豕其江之台”，“豕”的意思是治理、主宰，“句意謂用此劍來治理長江兩岸，以此向南北西方擴展疆土，故曰‘北南西行’”。④ 劉安魯亦贊同李學勤説，并云“江之陽”“江之陽涘”“江之涘”皆表示長江的地理位置。⑤ 李家浩認爲“台”相當淮南劍的“至于”，讀爲“以”，并引《老子》五十七章“以正治國”，河上公注“以，至也”爲證。

我認爲，“江之台”不應該連讀，“江之”後當省略了“陽”字。“台”，實際上是“㠯”贅加“口”旁，仍是“以”字，并當屬下讀作“以北南西行”。“台”讀“以”，在吳國金文中習見。《説文·巳部》：“以，用也。”這裏用爲介詞，“用”之意。

關於器主是哪一位吳王，李學勤未明言，只是提出“工盧”屬於年代較早的一類，該劍比夫差早一個時期，“目前只能從字體推斷爲春秋中晚期物，由於没有吳王的名字，無法和吳世系比對”⑥。董楚平最早根據此劍銘文最後兩句與淮南劍銘文相近，疑該劍“工盧王”即諸樊。⑦ 董珊亦推定該劍器主爲諸樊。⑧ 曹錦炎師在對比湯陰劍銘文後，認爲此劍是湯陰劍銘文的省略，從書法看當是同一工匠所作，并定此劍爲諸樊即吳王位後所作。⑨ 李家浩肯定了董楚平、董珊二位的意見，并指出“現在看

① 李家浩：《沂水工盧王劍與湯陰工盧王劍》，《出土文獻》2020 年第 1 期，第 52—55 頁。
② 李學勤：《試論山東新出青銅器的意義》，《文物》1983 年第 12 期，第 18—22 頁；董珊：《吳越題銘研究》，科學出版社，2014 年，第 9 頁；劉安魯：《山東出土東周異域諸國青銅器及其歷史背景探析》，山東大學碩士學位論文，2020 年，第 37 頁。
③ 李學勤：《試論山東新出青銅器的意義》，《文物》1983 年第 12 期，第 18—22 頁。
④ 董珊：《吳越題銘研究》，科學出版社，2014 年，第 9 頁。
⑤ 劉安魯：《山東出土東周異域諸國青銅器及其歷史背景探析》，山東大學碩士學位論文，2020 年，第 37 頁。
⑥ 李學勤：《試論山東新出青銅器的意義》，《文物》1983 年第 12 期，第 18—22 頁。
⑦ 董楚平：《吳越文化新探》，浙江人民出版社，1988 年，第 334 頁。
⑧ 董珊：《吳越題銘研究》，科學出版社，2014 年，第 9 頁。
⑨ 曹錦炎：《河南湯陰新發現吳王諸樊劍考》，《中原文物》2019 年第 6 期，第 92—95、121 頁。

到湯陰吳王劍銘文，纔明白沂水吳王劍銘文是湯陰吳王劍銘文的節錄。因省去的文字太多，包括重文在内，共計 13 字，而且個别文字未能得到正確釋讀，所以無法讀通"①。劉安魯亦認爲該劍屬諸樊的可能性更大。②

上引曹錦炎師、李家浩先後指出沂水劍銘文是湯陰劍的省略，無疑是正確的。吳國金文確實存在不少省略的例字，如前引保利博物館藏劍，銘文作"工（句）盧（吳）大戲矣工（句）盧（吳）自元用"③，曹錦炎師已指出該器銘文有脱字，并補全釋文："工盧大 [叔] 戲矣工盧自 [乍（作）] 元用。"④ 上海博物館藏吳王夫差盉，銘文作"吳王夫差 [擇] 吳金，鑄女子之器吉"⑤，夫差後應是漏鑄一"擇"字，且"吉"字應位於"金"字之前。

該劍形制、銘文内容與淮南劍、湯陰劍基本相同，尤其是字形特徵、字體風格與湯陰劍如出一轍，顯然是在淮南劍和湯陰劍基礎上，省略了"姑發諸樊"等字，器主應該是諸樊，年代與湯陰劍應大致相同，應是諸樊在位期間所製（前 560—前 548 年），略晚於淮南劍。

關於該劍爲何在沂水出土，李學勤指出此劍爲春秋中晚期吳國北上伐郯，與中原諸國建立聯繫等重要歷史，提供了新的證據，該劍"恐怕還是當時流傳到該處的"⑥。

附記：筆者完稿後，注意到李家浩也有專文論述湯陰劍與沂水劍，筆者拜讀後，發現李先生已指出所謂的"巳"應是"云"，但在所謂的"至于"，以及"台""余"等字的釋讀方面，我們觀點不同。

---

① 李家浩：《沂水工盧王劍與湯陰工盧王劍》，《出土文獻》2020 年第 1 期，第 52—55 頁。
② 劉安魯：《山東出土東周異域諸國青銅器及其歷史背景探析》，山東大學碩士學位論文，2020 年。
③ 保利藝術博物館：《保利藏金》，嶺南美術出版社，1999 年，第 253—254 頁；董珊：《吳越題銘研究》，科學出版社，2014 年，第 13 頁。
④ 曹錦炎：《披沙揀金》，浙江人民美術出版社，2019 年，第 97 頁，注釋 1。
⑤ 陳佩芬：《夏商周青銅器研究·東周篇上》編號 520，上海古籍出版社，2004 年，第 195 頁。
⑥ 李學勤：《試論山東新出青銅器的意義》，《文物》1983 年第 12 期，第 18—22 頁。

同銘禮器墓葬"分器"與青銅禮器的物質屬性[*]

楊博

（中國社會科學院古代史研究所、
"古文字與中華文明傳承工程"協同攻關創新平臺）

　　青銅禮器銘文的製作問題，近年來愈受關注。自容庚先生[①]以來，同銘禮器的銘文製作的問題亦始爲重視；其判斷標準，陳夢家[②]、王世民[③]、松丸道雄[④]、李峰[⑤]、張懋鎔[⑥]、張昌平[⑦]、崎川隆先生[⑧]等均有卓論。各家對同銘禮器的認識并不盡同，而同銘禮器的確存在着具體鑄造時間與製作背景的差異，且銘文內容在細節上也有差別。本文討論的同銘禮器，指的是銘文完全或基本相同，根據作器時代、出土地點和文字風格能判斷由同人所作，製作年代與背景并無或稍有差異的器物，其不僅

---

* 本文係國家社科基金冷門絕學研究專項學術團隊項目"近出兩周封國青銅器與銘文的綜合研究"（20VJXT019）的階段性成果，得到國家社科基金冷門絕學研究專項學者個人項目"出土文物與文獻視野下的六博傳統游戲研究"（22VJXG006）的支持。

① 容庚：《商周彝器通考》，上海人民出版社，2008年，第72—73頁。

② 陳夢家：《西周銅器斷代》，中華書局，2004年，第9頁。

③ 王世民：《略説殷周時代的異類同銘銅器》，《商周銅器與考古學史論集》，藝文印書館，2008年，第100—105頁。

④ 松丸道雄：《西周青銅器製作の背景》，《西周青銅器とその國家》，東京大學出版社，1980年，第11—136頁。中譯本有松丸道雄著，蔡鳳書譯：《西周青銅器製作的背景》，樋口隆康主編，蔡鳳書譯：《日本考古學研究者中國考古學研究論文集》，東方書店，1990年，第261—324頁。

⑤ Li Feng： "Ancient Reproductions and Calligraphic Variations： Studies of Western Zhou Bronzes with Identical Inscriptions",Early China, 22（1997）,pp .1—41; Li Feng： "Literacy Crossing Cultural Borders： Evidence from the Bronze Inscriptions of the Western Zhou Period",Writing & Literacy in Early China： Studies from the Columbia Early China Seminar. pp.271—301,University of Washington Press, 2011. 李峰：《西周青銅器銘文製作方法釋疑》，《考古》2015年第9期。

⑥ 張懋鎔：《試論商周青銅器族徽文字的結構特點》，《古文字研究》第25輯，中華書局，2005年，第225—235頁。

⑦ 張昌平：《商周青銅器銘文的若干製作方式——以曾國青銅器材料爲基礎》，《文物》2010年第8期。

⑧ 崎川隆：《婦閟卣銘文拓本的重新整理》，《古文字研究》第30輯，中華書局，2014年，第156—161頁。

包括同形器、列器等同類同銘的情況，也包括像尊與卣、盤與匜這些組合器同銘的情況。

同銘禮器的另一重要研究取向，是關注其上鑄刻銘文所蘊涵的歷史信息，如銘文所述銅器的器用，陳英杰[①]、嚴志斌[②]、賈海生[③]等先生均做過深入研究。在目前所見西周時期同銘禮器銘文中，又可得見貴族宗族內部大宗宗子在宗族內控制小宗等宗族成員製作青銅禮器的情形，朱鳳瀚先生於此即有宏論[④]。

"大宗分器"以外，隨州葉家山曾侯墓地中，同銘禮器分散隨葬的現象引人矚目，即某位曾侯作有同批青銅禮器，這些禮器具有明顯成組的特性，在金相實驗中亦可證明應爲同時同人所作[⑤]，但在下葬時，原有組合被打散重置并形成新的組合關係。[⑥]這樣高等級貴族使用的青銅禮器組合即有"生作"與"死用"之分，這也是葉家山墓地的發掘對我們研究西周時期青銅禮器器用的一個重要啓示。張昌平等先生認爲這種改變原有組合的器用形式顯然是一種有意識的安排，表現出保守的傾向[⑦]。上述"分器"現象，任雪莉先生亦曾據以對墓葬年代及墓主判定提出新説[⑧]。由此，葉家山墓地出土的同銘禮器，提出的"器用"上的問題，應包括且不限於諸如"生作"與"死用"的組合關係、禮器的分配與承繼等方面。筆者下文擬從葉家山墓葬所見情況入手，在前輩時賢研究基礎上對上述問題再作簡單討論，以供師友同好批評。

---

① 陳英杰：《商代銅器銘文作器對象的考察》，《考古與文物》2006 年第 6 期，第 74—77 頁；陳英杰：《西周金文作器用途銘辭研究》，綫裝書局，2008 年，第 239—558、684—722 頁。

② 嚴志斌：《試論商代青銅器銘文中所反映的共同作器現象》，《中國社會科學院古代文明研究中心通訊》2007 年第 14 期，後修改爲《商金文中所見的諸子共同作器現象》，《古文字研究》第 29 輯，中華書局，2012 年，第 248—258 頁。

③ 賈海生：《制服與作器——喪服與禮器飾群黨、別親疏相互對應的綜合考察》，《考古學報》2010 年第 3 期，第 265—310 頁。

④ 朱鳳瀚：《金文所見西周貴族家族作器制度》，北京大學出土文獻研究所編：《青銅器與金文》第 1 輯，第 265—310 頁，上海古籍出版社，2017 年，第 24—45 頁；朱鳳瀚：《宗人諸器考——兼及再論西周貴族家族作器制度》，北京大學出土文獻研究所編：《青銅器與金文》第 2 輯，上海古籍出版社，2018 年，第 17—29 頁。

⑤ 郁永彬等：《隨州葉家山西周墓地 M65 出土銅器的金相實驗研究》，《江漢考古》2014 年第 5 期，第 100—109 頁；郁永彬等：《湖北隨州葉家山墓地 M28 出土青銅器的檢測分析及相關問題》，《考古》2018 年第 7 期，第 96—106 頁。

⑥ 山西黎城西關楷侯(黎侯)墓地，M7 所出鼎一簋二壺二盤一匜一的禮器組合，與 M7:39 盤銘"盤匜壺兩簋兩鼎一"若合符節。參見山西省考古研究院：《山西黎城西關墓地 M7、M8 發掘簡報》，《江漢考古》2020 年第 4 期，第 3—4、135—136、5—24、2、129 頁。

⑦ 張昌平、李雪婷：《葉家山墓地曾國銘文青銅器研究》，《江漢考古》2014 年第 1 期，第 65—75 頁。

⑧ 任雪莉：《葉家山曾國墓地"分器"現象與墓葬年代另探》，《陝西師範大學學報》(哲學社會科學版)2015 年第 6 期，第 23—29 頁。

一

葉家山墓地出土同銘禮器的情況，張昌平等先生已做過很好的討論，在此基礎上，據目前所見，與曾侯有關的墓葬出土同銘禮器的情況可列爲下表[①]：

表 1　葉家山墓葬所出同銘禮器統計表（表内數字爲出土器物編號）

器銘	器類		M65	M28		M111		M2		M3	M27	M107	數量	總計
曾侯諫作寶彝	鼎	方鼎	47	157	169								3	16
		圓鼎	44	152	164			6		8			5	
		分襠鼎		158	181			3	5				4	
	簋		49	162									2	
	盂			166									1	
	盤			163									1	
曾侯諫作媿寶尊彝	簋			153	154			8		9			4	8
	尊			174									1	
	卣			167	169								2	
曾侯諫作媿寶彝	甗							1					1	1
曾侯犺作寶尊彝	簋					59	60						2	2

① 湖北省文物考古研究所、隨州市博物館：《湖北隨州葉家山 M65 發掘簡報》，《江漢考古》2011 年第 3 期，第 3—40 頁；湖北省文物考古研究所、隨州市博物館：《湖北隨州葉家山西周墓地發掘簡報》，《文物》2011 年第 11 期，第 4—60 頁；湖北省文物考古研究所、隨州市博物館：《湖北隨州市葉家山西周墓地》，《考古》2012 年第 7 期，第 31—52、101—104 頁；湖北省博物館、湖北省文物考古研究所、隨州市博物館：《隨州葉家山：西周早期曾國墓地》，文物出版社，2013 年；湖北省文物考古研究所、隨州市博物館：《湖北隨州葉家山 M28 發掘報告》，《江漢考古》2013 年第 4 期，第 3—57 頁；湖北省文物考古研究所、隨州市博物館、出土文獻與中國古代文明研究協同創新中心：《湖北隨州葉家山 M107 發掘簡報》，《江漢考古》2016 年第 3 期，第 3—40 頁；湖北省文物考古研究所：《曾國考古發現與研究》，文物出版社，2018 年；湖北省文物考古研究所、隨州市博物館：《湖北隨州葉家山 M111 發掘簡報》，《江漢考古》2020 年第 2 期，第 3—86、137—140 頁。本文有關曾侯墓葬出土器物等情況均出自上述報道，限於篇幅下文不再一一注明。此外，2018 年 9 月 22 日，黃鳳春先生於北京大學"西周王朝與封國"前沿學術論壇所作報告中，在總結曾侯墓葬同銘禮器出土情況的基礎上，又披露非曾侯墓葬的 B 區，如 M50:12、13 與 M96:5 出有三件同銘"九九六一"鼎等，多組墓葬間亦存此種同銘（同人同組）禮器的器用分散情況，是此種情況應爲整個葉家山墓地的普遍現象。

續 表

器銘	器類		墓號							數量	總計
			M65	M28	M111	M2	M3	M27	M107		
犾作烈考南公寶尊彝	簋				67					1	1
曾侯作寶尊彝	簋				62					1	1
曾侯作寶尊彝鼎	鼎	方鼎			72 74 81 80蓋			23器	26	7	7
曾侯作寶鼎	鼎	方鼎		156	80器			23蓋			
曾侯作父乙	鼎	方鼎			85					1	1
曾侯用彝	瓺			159						1	7
	尊				130					1	
	卣				124 126					2	
	罍				111					1	
	觶				122					1	
	盤				119					1	
侯用彝	盂		34							1	1
曾侯作田	壺		31		117					2	2
作尊彝	尊		30							1	3
	卣		29							1	
	簋							18		1	
作南公尊彝	爵				113					1	1
父辛	爵			171	172					2	3
	觶								9	1	

續　表

器銘	器類	墓號							數量	總計
		M65	M28	M111	M2	M3	M27	M107		
魚伯彭	尊						14		1	2
	卣						12		1	
戈父乙	尊							8	1	2
	卣							7	1	

　　上表可以看出，葉家山同銘禮器分別埋葬的器用現象確實顯著。此種情況似又可分爲兩種情形考慮：第一種是過去學者多所討論的"分器"，即族氏銘文器物加入器用組合[①]，如 M27 隨葬魚伯彭尊、卣組器，M107 隨葬戈父乙尊、卣組器等，此種情況已被視作商周分界界標之一種，兹不贅論[②]。

　　另一種情況即爲曾侯自作同銘禮器的分散隨葬。黃鳳春先生曾經提到，葉家山 M27、M28 曾侯方鼎存在器、蓋錯置現象。同樣的情況也見於 M111 與 M27 的曾侯方鼎。M111:80 蓋銘爲"曾侯作寶彝鼎"，器內壁銘文爲"曾侯作寶鼎"。與 M27:23 方鼎正好相反，M27:23 蓋銘爲"曾侯作寶鼎"，器銘"曾侯作寶彝鼎"，"侯"字也爲反書。説明這兩件方鼎在入葬前已弄混。[③]循此，似説明曾侯墓葬的同銘禮器這類實用器，在廟、寢等禮儀情境中被經常使用。在上述實用場合中，或由於某次疏忽，導致方鼎的器、蓋錯置。這一方面證明了同銘禮器的實用特徵，即其并非專爲隨葬之用，而是在墓主生前亦作爲禮器實用；另一方面則進一步提示人們思考其"生作"與"死用"間的交互關係。墓葬所出同銘禮器帶有曾侯及其親屬私名的，上表可見有曾侯諫、曾侯諫作媿及曾侯犹三種，此外還有侯自作器。十六件曾侯諫器的組合可推擬如下：

①　黃銘崇：《從考古發現看西周墓葬的"分器"現象與西周時代禮器制度的類型與階段》，《"中央研究院"歷史語言研究所集刊》第 83 本第 4 分册，2012 年，第 607—670 頁；黃銘崇：《"中央研究院"歷史語言研究所集刊》第 84 本第 1 分册，2013 年，第 1—82 頁；林森：《寶鷄石鼓山西周墓地所見"分器"現象研究》，教育部人文社會科學重點研究基地吉林大學邊疆考古研究中心、邊疆考古與中國文化認同協同創新中心編：《邊疆考古研究》第 17 輯，科學出版社，2015 年，第 225—231 頁；張懋鎔：《西周早期銅器墓的分類與族屬——兼論"分器"現象》，苗長虹主編：《黃河文明與可持續發展》第 12 輯，河南大學出版社，2017 年，第 1—11 頁。

②　張天宇：《一墓多族徽與商周分界》，《江漢考古》2016 年第 6 期，第 45—58 頁。

③　湖北省文物考古研究所、隨州市博物館：《湖北隨州葉家山 M111 發掘簡報》，《江漢考古》2020 年第 2 期，第 3—86、137—140 頁。

食器：

鼎：方鼎三（M65:47 曾侯諫方鼎，M28:157、165 曾侯諫方鼎）、圓鼎五（M65:44 曾侯諫圓鼎，M28:152、164 曾侯諫圓鼎，M2:6 曾侯諫圓鼎，M3:8 曾侯諫圓鼎）、分襠鼎四（M28:158、181 曾侯諫分襠鼎，M2:3、5 曾侯諫分襠鼎）；

簋二（M65:49 曾侯諫簋，M28:162 曾侯諫簋）。

水器：

盉一（M28:166 曾侯諫盉）；

盤一（M28:163 曾侯諫盤）。

九件曾侯諫作媿器的推擬復原：

食器：

簋四（M28:153、154 曾侯諫作媿簋，M2:8、9 曾侯諫作媿簋）；

甗一（M2:1 曾侯諫作媿甗）。

酒器：

尊一（M28:174 曾侯諫作媿尊）；

卣二（M28:167、169 曾侯諫作媿卣）；

壺一（M28:178 曾侯諫作媿壺）。

曾侯墓葬所見西周初期青銅禮器的器用情況，筆者曾做過簡要討論，包括其基本組合食、酒、水三大類齊全；器用位置上三大器類分別放置，器類之間基本可以發現較明顯的界限；族氏銘文加入組合等配器等，顯示出周人在不晚於成康之際，已建立起一套完備的以食器爲中心的器用組合關係[1]。上述認識着眼點在於隨葬禮器器用，即 "死用" 器的器用情況。單就同銘禮器的分散隨葬而言，可以補充的似尚有以下三點：

第一，曾侯諫作器與曾侯諫作媿器均未能構成完整的周人器用組合，似説明西周初期曾侯作器及用器并非重起爐灶，改弦更張，而是存在着現實考慮。

目前所見曾侯諫自作及爲其夫人媿作器中，食器鼎的種類與數量占優。似可以説，食器特別是鼎的作用凸顯。侯墓中族氏銘文器物更多地加入酒器組合，而食器組合中，特別是鼎的組合主體均爲曾侯所作，即便是曾侯諫爲媿作器，仍未有鼎的出現。這鮮明體現出食器，特別是鼎在曾侯器用中的核心地位，昭示出周人的文化

---

[1] 楊博：《西周初期墓葬銅禮器器用區位研究——以隨州葉家山爲中心》，《江漢考古》2020年第2期，第91—102頁；《殷墟青銅容禮器的器用組合與區位特徵》，《中國歷史研究院集刊》2020年第2輯，第9—64頁。

特色。

第二，應該承認，除某些特定用途外，諸侯某次作器，本不必一定要構成完備的組合形式，但是這裏將同時所作的同組禮器分散隨葬，由此導致的器物不同流向也體現出特定的器用禮制。

若依常理而言，單次作器時并非要按照墓葬所見的組合形式，即食、酒、水三大器類齊全來整體作器。數量繁雜的族氏銘文器物加入組合，亦爲這一現象的存在提供了合理解釋。值得留意的是，在墓葬隨葬器用（即"死用"）情境下，可以明確尊、卣等族氏銘文器物僅僅是因其作爲尊、卣的物質形式在組合中使用的，銘鑄在其上的銘文，如"戈父乙"等，是超脫此器用情境的。

與之不同的是，曾侯所作同組禮器的分散，其上鑄銘雖亦可能超脫墓葬器用情境，但却與其時周人遵行的宗法、禮制息息相關。若根據墓中出土更多的曾侯諫器，認爲 M28 爲曾侯諫墓①，那麼作爲曾侯諫墓的 M28 就既葬了自作器，也葬了其爲夫人所作之器。M65 和 M2 就有可能是曾侯諫之子和子之夫人墓。若此關係成立，則 M28 墓主曾侯諫爲夫人所作"曾侯諫作媿"器就應該出現在其媿姓夫人墓 M27 中，但是實際情況是 M27 不出"曾侯諫作媿"器，也不見"曾侯諫"器，而是 M2 既出數量較多的"曾侯諫作媿"器，也出"曾侯諫"器。因此，作爲"曾侯諫"之子墓的 M65 出父親的"曾侯諫"器沒問題，但作爲兒媳的 M2 却既出公公的器物又出公公爲婆婆所作之器，就明顯違反常規了。另外，M65 的另一位夫人墓 M3 竟也出有公公所作禮器。這亦是不合情理的。故而，上一代曾侯所作器爲下一代曾侯所繼承的原則②，爲 M65、M28 父子兩代曾侯墓葬均出有曾侯諫、曾侯諫作媿器的情況提供了合理的解釋。

第三，葉家山曾侯墓葬在明確禮器"代際繼承"的條件下，又體現出"死用"器與"生作"器之間的差異，同時也爲考察器用對象提供了具體資料。

---

① 需要指出的是，目前尚未確定有哪一種或哪幾種器類一定代表墓主的身份、族屬。認爲某些體量巨大、紋飾精美、器形罕見的器物是隨葬品中的"重器"，可能更多的是一種基於現實生活經驗的"推測"。可爲反例的是葉家山 M111:84 獸面紋大圓鼎，是該墓出土的所有銅器中體量最大者，將其稱爲墓中的"重器"合情合理，但其銘文戈𣄃祖辛，却與 M111 墓主曾侯犺無涉。筆者曾簡要討論過此種研究方法存在的問題，參見楊博：《青銅禮器的器用内涵與學術價值》，《中國社會科學報》2018 年 6 月 4 日第 5 版。

② 因爲慘遭盜掘，北趙晉侯墓地的墓主情況至今仍未得到共識，筆者以爲墓中出土同人所作器物的分散情況，即上一組墓中出的某侯所作器，常在下一組或兩組墓葬中出現，晉侯斷馬器物甚至在下三組墓葬中出現，這同樣可以理解爲下一代晉侯承接了上一代晉侯之禮器，體現出"子子孫孫永寶用"的特質，表明禮器是可以傳承的，詳見下文討論。另可參見朱鳳瀚：《中國青銅器綜論》，上海古籍出版社，2009 年，第 1449—1450 頁。

表 2　葉家山曾侯墓葬同銘銅器器用情況（表内數字爲出土器物編號）

作器者	器銘	用器者	關係	器型	墓號
曾侯諫	曾侯諫作寶彝	M65 曾侯諫	自身	方鼎	M65:47
				圓鼎	M65:44
				簋	M65:49
		M28 曾侯	父子	方鼎	M28:157
					M28:169
				圓鼎	M28:152
					M28:164
				分襠鼎	M28:158
					M28:181
				簋	M28:162
				盂	M28:166
				盤	M28:163
		M2 曾侯諫夫人	夫妻	圓鼎	M2:6
				分襠鼎	M2:3
					M2:5
		M3 曾侯諫夫人	夫妻	圓鼎	M3:8
曾侯諫作媿	曾侯諫作媿寶彝	M2 曾侯諫夫人		甂	M2:1
	曾侯諫作媿寶尊彝	M2 曾侯諫夫人	自身	簋	M2:8
		M2 曾侯諫夫人			M2:9
		M28 曾侯	母子	簋	M28:153
					M28:154
				尊	M28:174
				卣	M28:167
					M28:169
	曾侯諫作媿肆壺			壺	M28:178

續　表

作器者	器銘	用器者	關係	器型	墓號
曾侯	曾侯用彝	M28 曾侯	自身	盠	M28:159
	曾侯作寶鼎			方鼎	M28:156
		M27 曾侯夫人	夫妻		M27:23 蓋
	曾侯作寶尊彝鼎				M27:23 器
					M27:26
曾侯犾	曾侯犾作寶尊彝	M111 曾侯犾	自身	簋	M111:59
					M111:60

此處尚可補充的情況由表 2 來顯示，由此可知，同銘"死用"器所見"生作"器的器用情況，除爲子孫所用以外，還可見以下幾種：

其一爲自用；其二爲妻所用；其三爲其他同宗族成員所用。

另據表 1 可看出，與曾侯關係愈密切，其隨葬曾侯作器比例則愈高，如 M2 曾侯諫夫人墓、M28 曾侯墓（曾侯諫之子）等所見曾侯諫所作器比例較高，M27 曾侯夫人墓也隨葬有曾侯方鼎二、伯生盉一等曾侯器；而被認爲與 M28 曾侯存在關係之 M107，即作爲曾侯宗族成員的墓主人，其所隨葬的十一件禮器中卻有十件爲族氏銘文器物，且除 M107:7、8 戈父乙卣、尊外，族氏銘文均相異，只有 M107:12 "曾伯作西宫寶尊彝"爵與曾侯有關，應可爲上述認識之注脚。

這樣，葉家山曾侯墓葬所見同銘禮器的器用情況，似可歸結爲作器者（如曾侯諫）將一部分銘文中自己作爲器主的禮器分給子孫、妻子甚或其他宗族成員使用，兩代甚至幾代人之間還可能存在着禮器的傳承，即銘文所見作器者并非皆爲實際使用者。在周人具體的禮制儀節中，器物銘文會脱離器用情境，鼎、簋器物本身物質形式的存在更爲凸顯，曾侯墓葬同銘禮器的"分器"在"子子孫孫永寶用"特質上，又爲認識西周早期的周人禮器器用帶來了新知。

二

上面以葉家山曾侯墓葬爲例，簡單討論了曾侯所作同銘禮器的"分器"與器用情況，即以食器鼎爲主體代表周人文化特質的自作器類，代際繼承與大宗分器等器用現象等；論證多粗疏，但若將之與其他墓葬資料、傳世同銘禮器及窖藏銅器等相關資料比勘，似有助於認識的進一步深化。

首先，西周早期周人貴族自作器以鼎等食器爲核心，張昌平先生曾明確指出葉家山隨葬禮器組合中外來器物雖占有相當的比例，但不難注意到，這些青銅器多爲酒器之屬，而鼎、簋等銘有曾侯的器物，顯然居於更爲重要的地位[①]。此器用現象更與殷、周禮器器用的二系分途存在關聯。學界周知，殷墟墓葬青銅禮器組合以酒器"觚、爵"爲核心，觚爵套數反映了墓葬等級與社會關係變化[②]。墓葬出土及傳世同銘禮器等資料中，此種現象亦表現得較爲顯著。

葉家山 M111 隨葬有山父丁盉（M111:127），大約同時代的"山父丁器組"見於金文著録書的，計有鼎一（《銘圖》00820）、觚三（《銘圖》09576—09578）、觶一（《銘圖》10435）、壺一（《銘圖》12069）、盤一（《銘圖》14348）等[③]。是其組合爲：食器鼎，酒器觚、觶、壺，水器盤、盉。其中山父丁壺 2003 年出於寶雞紙坊頭 M3，該墓南部早年遭到破壞，剩餘組合爲食器鼎（方鼎、圓鼎、分襠鼎）、簋與酒器壺的組合[④]。同樣遭到破壞的湔陽嶺 M232 應公墓，依《銘圖》收録之應公器物，其組合爲食器鼎（方鼎、圓鼎、分襠鼎）、簋，酒器觶、卣、壺。"山父丁器組"年代最早，又爲殷人器物，是故酒器中觚爲基本器類。紙坊頭 M3 的年代與之接近，約屬西周早期偏早，湔陽嶺 M232 爲西周早期偏晚，可以看出三組銅器組合之間的關係還是很密切的，而紙坊頭 M3 出有山父丁壺，亦顯示出族氏銘文器物加入墓葬組合的情況。

"山父丁器組"外，西周早期偏早的"史父癸器組"亦與酒器有關，有爵一（《銘圖》30649）、觶一（《銘圖》10475）、尊二（《銘圖》11386、11387）、壺一（《銘圖》12081），其中壺舊以爲是卣。爵、觶、尊、壺的組合與西周早期墓葬中所出酒器組合是一致的。

同樣的情況尚見於西周早期偏晚的"史喬"器組，1989 年出於山東滕州莊里西西周墓 M7[⑤]，組合爲爵一、觶二、尊一、卣一，這與墓葬中反映的西周早期酒器組

① 張昌平、李雪婷：《葉家山墓地曾國銘文青銅器研究》，《江漢考古》2014 年第 1 期，第 65—75 頁。

② 鄭振香、陳志達：《殷墟青銅器的分期與年代》，中國社會科學院考古研究所編著：《殷墟青銅器》，文物出版社，1985 年，第 39—56 頁。

③ 吳鎮烽：《商周青銅器銘文暨圖像集成續編》，上海古籍出版社，2012 年、2016 年。

④ 寶雞市考古研究所：《陝西寶雞紙坊頭西周早期墓葬清理簡報》，《文物》2007 年第 8 期，第 28—47 頁。

⑤ 杜傳敏、張東峰、魏慎玉、潘曉慶：《1989 年山東滕州莊里西西周墓發掘報告》，《中國國家博物館館刊》2012 年第 1 期，第 91—106 頁。

合亦是相合的[1]。

上列三組器物均應屬殷遺民作器，是故酒器組合地位重要。西周早期偏晚的“榮子旅器組”，有鼎二（《銘圖》01823、02024）、簋一（《銘圖》04370）、甗一（《銘圖》03324）、鬲二（《銘圖》02788、02789）、卣一（《銘圖》13091）。是其組合爲食器鼎、簋、甗、鬲，酒器卣，其食器組合與葉家山曾侯墓葬相合。

西周中期“仲自父器組”，有鼎一（《銘圖》01455）、簋三（《銘圖》04362、04630—04631）、盨一（《銘圖》05654）、壺一（《銘圖》12342）、卣一（《銘圖》13087）、盉一（《銘圖》14722）。食器鼎、簋、盨的組合與北趙 M13、㴸陽嶺 M84、M85 組墓的情況相近。

西周晚期的“頌器組”，《銘圖》收録有鼎三（《銘圖》02492—02494）、簋七（《銘圖》05391—05397）、壺二（《銘圖》12451、12452）、盤一（《銘圖》14540）。這與西周晚期壺作爲酒器的基本組合器物同樣是相合的。同屬西周晚期的史頌器群，收有盤一（《銘圖》14429）、匜一（《銘圖》14920），其與西周晚期水器組合的確立也是相合的。

由是可知，同銘禮器的組合關係與西周墓葬所出各期器物組合關係是比較一致的，其演變趨勢是年代愈晚，組合關係愈一致，即年代愈晚，同組自作器比例越高，族氏銘文等外來器物愈少見。

其次，同銘禮器的代際繼承。北趙晉侯墓葬亦多見同銘禮器分散隨葬的情況。如北趙 M33 有銘銅器主要爲晉侯僰馬方壺。M91 有銘銅器的器主主要是晉侯僰馬及喜父，目前可見有晉侯僰馬方壺、圓壺及盤，晉侯喜父、白喜父簋。M92 隨葬的八件禮器中，有銘銅器四件，分别爲 M92:9 晉侯對鼎、M92:4 與 M92:84 晉侯僰馬圓壺及 M92:6 晉侯喜父盤，所見器主是晉侯僰馬、喜父及晉侯對。M1、M2 組墓所見銅器器主基本爲晉侯對，M1 有晉侯對鼎、鬲、盨、簠、鋪、盤等，M2 有晉侯對盨及匜。M8 所出有銘銅器器主爲晉侯穌及晉侯䣄，出有 M8:28 晉侯穌鼎、M8:23、30 晉侯䣄簋、M8:19 侯乍爵、M8:25、26 晉侯䣄方壺及晉侯穌編鐘。M31 出有晉侯僰馬器

① 楊博：《西周初期銅器墓葬禮器組合關係與周人器用制度》，《青銅器與金文》第 1 輯，第 525—540 頁。

盤^①。侯墓及夫人墓所出晋侯僰馬器物組合推擬有：

　　食器：鼎；

　　酒器：方壺、圓壺；

　　水器：盤、盂。

　　除僰馬外，基本上每位晋侯的器物組合亦是不完全的，這當然既與每位晋侯所繼承的上代晋侯的器物多寡及其在位時所作器物情況有關，又與其各自下葬時的器用組合密切聯繫。值得留意的是 M33 所出僰馬方壺，與 M91:57 方壺同銘，其銘爲：

　　　　佳（唯）正月初吉，晋厌（侯）僰馬

　　　　既爲寶（寶）盉（盂），剔（則）乍（作）隩（尊）壺，用

　　　　隩（尊）于宗室，用享（享）用考（孝）用旝（祈）壽（壽）

　　　　老，子＝（子子）孫＝（孫孫）甘（其）邁（萬）年永是寶（寶）用。

　　僰馬所作的一對方壺，在墓葬中分別爲兩代晋侯所用，又據銘文可知，該方壺與一件盂的作器時間基本相同，從中既可看出其時晋侯作器的組合考慮，又與葉家山曾侯諫器的代際繼承若合符節。

　　涇陽高家堡墓地，亦出有兩件同形“父丁”方鼎，分別見於 M3、M4。朱鳳瀚先生曾指出，M4 所出的父癸器承自 M3 墓主人，M1 所出“戈父己”器承自 M4 墓主人，是故出土兩件同形方鼎之 M4 應亦是得自 M3 墓主人^②，也是銘文器物代際傳承的一種體現。

　　墓葬之外，銅器窖藏中亦可見其時銅器組合與作器情形。周原地區歷來出有西周晚期之銅器窖藏，如 1870、1933 年扶風康家出有函皇父器和伯鮮器、1940 年任家村西南濠內出土梁其器群百餘件等，惜均已散失不全。1949 年以來，據初步統計，周原遺址發現三件以上銅器窖藏的有三十餘處，出土器物或爲同一貴族之器，或爲

①　北京大學考古系、山西省考古研究所：《1992 年春天馬—曲村遺址墓葬發掘報告》，《文物》1993 年第 3 期，第 11—31 頁；北京大學考古學系、山西省考古研究所：《天馬—曲村遺址北趙晋侯墓地第二次發掘》，《文物》1994 年第 1 期，第 4—28、97—98 頁；山西省考古研究所、北京大學考古學系：《天馬—曲村遺址北趙晋侯墓地第三次發掘》，《文物》1994 年第 8 期，第 22—33 頁；山西省考古研究所、北京大學考古系：《天馬—曲村遺址北趙晋侯墓地第四次發掘》，《文物》1994 年第 8 期，第 4—21 頁；北京大學考古學系、山西省考古研究所：《天馬—曲村遺址北趙晋侯墓地第五次發掘》，《文物》1995 年第 7 期，第 4—39 頁；北京大學考古文博院、山西省考古研究所：《天馬—曲村遺址北趙晋侯墓地第六次發掘》，《文物》2001 年第 8 期，第 4—21 頁。

②　朱鳳瀚：《中國青銅器綜論》，第 1264—1265 頁。

同一家族幾代人之世傳重器，如扶風莊白一、二號窖藏器群，即記錄微氏家族七代人歷仕西周王朝[①]。這裏值得討論的是函皇父器群與史頌器群[②]。

函皇父器群，《銘圖》可見有七件：

食器：函皇父鼎二（《銘圖》02111、02380）、函皇父簋三（《銘圖》05144—05146）；

水器：函皇父盤一（《銘圖》14523）、函皇父匜一（《銘圖》14921）。

其中除《銘圖》02111 函皇父鼎外，餘六件銘文大致相同，函皇父盤銘爲：

　　函（函）皇父乍（作）琱（周）娟（妘）般（盤）

　　盂障（尊）器鼎簋一鼒（具），自

　　豕鼎降十又一，簋八，

　　兩鑼（罍）兩鐙（壺）。琱（周）娟（妘）其

　　萬年子＝（子子）孫永寶用。

尊器應指盤、盂以下之食、酒器。由銘文似可知函皇父爲琱妘所作器有鼎十一、簋八、罍二、壺二、盂一、盤一。由其時盂、匜可通稱，似此處盂即應爲匜。

史頌器群，《銘圖》著錄有十一件：

食器：史頌鼎二（《銘圖》02443、02444）、史頌簋六（《銘圖》05259、05260、05264—05267）；史頌簠一（《銘圖》05766）；

水器：史頌盤一（《銘圖》14429）、史頌匜一（《銘圖》14920）。

其中鼎、簋銘文一致。另見頌所作同銘器有：

食器：頌鼎三（《銘圖》02492—02494）、頌簋六（《銘圖》05390—05393、05395、05397）；

酒器：頌壺二（《銘圖》12451—12452）。

這裏同樣需要留意的是器類的缺少與數量差別，函皇父器銘所記器物爲二十五件，但目前只見到六件可認爲當時同批所作之同組器物，似可推測同批所作之同組器物，似亦可能如曾侯諫器之情況，存在着不同用途和流向。

第三，大宗"分器"。過去羅森先生等提出的西周中晚期"禮制改革"，其重

---

①　寶雞市周原博物館：《周原—莊白西周青銅器窖藏考古發掘報告》，科學出版社，2016 年。

②　曹瑋：《周原出土青銅器》，巴蜀書社，2005 年。

要指標即禮器的體量明顯加大及器表裝飾的變化，以增加在宗廟祭祀場合使用時的瞻仰性與莊嚴性[①]。李峰先生近期提出，銘文書寫揭示出青銅器的運用有着廣泛的社會背景，其銘文深入貴族生活的方方面面。銘文使用的一個重要環境就是家内宴饗，這在銘文和傳世的西周詩篇中有很多記載。在這些由作器者的家人，也包括親戚、友人、同僚在内參加的社交場合，乃至宗族内宗教祭祀的場合[②]。朱鳳瀚先生根據叔趯父卣、伯狱組器與衛簋及新見宗人鼎、簋等同銘禮器銘文，論證在貴族内部，宗廟祭器有較統一的管理與製造程序。大宗可能控制着整個家族的作器，特別是小宗對祖先的祭祀。西周時期宗法制度在貴族家族内被嚴格執行，大宗不僅有管理權，有時候還會爲小宗作器或賞賜小宗禮器，即所謂"大宗分器"[③]。

聯繫葉家山曾侯諫作器不同流向，其似亦可視作"大宗分器"情況之一種，墓葬中所見的曾侯諫器同時似亦不可能排除在上述家内宴饗爲宗族成員共同使用的可能。若由此進一步聯想，則宗族成員宴饗使用的曾侯諫器，一方面其銘文確實與器用環境存在疏離的情況；另一方面其又與單純加入器用組合的外來器物不同，還蘊含着大宗宗子即曾侯，對整個宗族祭祀、作器等諸方面的管理權。

三

青銅禮器的製作與使用，是關心商周歷史與考古者繞不開的問題。葉家山曾侯墓葬同銘禮器的分散隨葬，在其上鑄銘等文字信息以外，提出考古學上青銅禮器物質屬性這一青銅器用的重要問題。拙文上論相當膚淺且未必準確，懇請方家賜正。惟所云如尚在情理，則目前所得三點認識如下：

其一，西周時期貴族作器的演變趨勢，是年代愈晚，自作器比例愈高。西周初期一段時間内數量繁雜的族氏銘文器物加入組合，即爲此提供了合理解釋，由此可見貴族作器、使用的現實考慮。

---

① 杰西卡·羅森：《西周青銅鑄造技術革命及其對各地鑄造業的影響》，《祖先與永恒》，生活·讀書·新知三聯書店，2011年，第48—62頁；羅泰：《有關西周晚期禮制改革及莊白微氏青銅器年代的新假設——從世系銘文説起》，臧振華主編：《中國考古學與歷史學之整合研究》，臺灣"中央研究院"歷史語言研究所，1997年，第651—676頁；曹瑋：《從青銅器的演化試論西周前後期之交的禮制變化》，《周秦文化研究》編委會編：《周秦文化研究》，陝西人民出版社，1998年，第443—456頁。

② 李峰：《青銅器和金文書體研究》，上海古籍出版社，2018年，第111—129頁。

③ 朱鳳瀚：《金文所見西周貴族家族作器制度》，《青銅器與金文》第1輯，第24—45頁；《宗人諸器考——兼及再論西周貴族家族作器制度》，《青銅器與金文》第2輯，第17—29頁。

其二，西周時期貴族自作器與墓葬出土用器的器用種類等組合關係亦漸趨一致。《左傳》桓公六年記季梁止隨侯追楚師：

> 公曰："吾牲牷肥腯，粢盛豐備。何則不信？"對曰："夫民，神之主也。是以聖王先成民，而後致力於神。故奉牲以告曰'博碩肥腯'，謂民力之普存也，謂其畜之碩大蕃滋也，謂其不疾瘯蠡也，謂其備腯咸有也。奉盛以告曰'絜粢豐盛'，謂其三時不害，而民和年豐也。奉酒醴以告曰'嘉栗旨酒'，謂其上下皆有嘉德，而無違心也。所謂馨香，無讒慝也。故務其三時，修其五教，親其九族，以致其禋祀，於是乎民和而神降之福，故動則有成。今民各有心，而鬼神乏主，君雖獨豐，其何福之有？君姑修政而親兄弟之國，庶免於難。"隨侯懼而修政。楚不敢伐。[①]

這裏"奉牲以告曰'博碩肥腯'""奉盛以告曰'絜粢豐盛'"和"奉酒醴以告曰'嘉栗旨酒'"提供了實用禮器器物組合、器用兩方面之例證，將其與《儀禮》等禮書中習見之盥器，如盤、匜、盂等相結合，則構成一個將祭禮、饗燕用器合而爲一的禮器器用體系。這個包含牲牢、黍稷之食器，酒醴之酒器與盥洗之水器的基本組合[②]，與上論墓葬的禮器器用組合（凶禮）、銘文記述的祭器組合（吉禮）及饗燕用器（嘉禮）的一致性，同樣顯示出周人禮器器用組合與禮器器用體系確立的動態歷史進程。

其三，同銘禮器的分散，即夫妻、子孫及宗族內部的不同流向，一方面揭示出在西周青銅器用儀節中（如上述吉、凶、嘉等），器物本身的物質屬性可能會大於文字信息。另一方面，其所涉大宗管制小宗作器，或賞賜小宗禮器體現出青銅器用以强化宗族內祭祀制度，强調尊祖敬宗以增强宗族合力的作器意圖，二者結合更是構成了整個西周時期貴族宗族禮制下青銅禮器器用的綜合圖景。

---

① 阮元校刻：《十三經注疏》（清嘉慶刊本），中華書局，2009年，第3799—3800頁。

② 楊博：《西周初期墓葬銅禮器器用區位研究——以隨州葉家山爲中心》，《江漢考古》2020年第2期，第91—102頁。

青銅觥銘文概覽 [*]

張翀

（中國社會科學院古代史研究所、
中國社會科學院甲骨學殷商史研究中心）

　　青銅觥器非常特殊，是王國維依據文獻另外命名的器物，後來學者沿用至今。這種青銅觥主要流行於商代晚期至西周前期，其與文獻當中的兕觥關係不大，也與後面出現的匜器爲不同的器物。因爲觥器十分特殊，其銘文也隨之具有顯著特點。一是，早期觥器僅標明器主。二，銘中自銘"彝"，雖多爲"彝器"的通稱，但也成爲我們觥、匜之判的綫索。三、進入西周後，因整體時代背景使然，觥上長篇銘文增多。故此，我們有必要對銅觥的銘文有所研究，儘管觥器數量不多，銘文字數也相對較少。然即使如此，之前也鮮少對此加以研究，只有一些整理性的工作。究其原委，更多是注意在器名器類與文獻的佐證，忽視了器銘本身的研究。

　　《殷周金文集成》收録了54件觥銘[①]，其中不乏有移録金石舊著録的摹寫器銘。吳鎮烽先生《商周青銅器銘文暨圖像集成》，不僅做了增補新出器的工作，還糾正《集成》漏收、誤或重收觥器。如⫶父癸觥，《集成》漏收。如潘祖蔭舊藏者女觥，《集成》誤爲甗。寏觥，《集成》有重（9289與5209），且誤爲卣。𤔲文父丁觥，《集成》重（9284與5733、5734），誤爲尊。《銘圖》收集有銘觥器65件，然根據我們研究剔除婦"觥"[②]、守宮"觥"[③]，共有63件，涵蓋了出土與傳世器。我們前已詳細討論過守宮"觥"的問題，而所謂婦"觥"，是因該器更近於帶流鼎，乃將其剔除。

---

* 本文爲"古文字與中華文明傳承發展工程"規劃項目"殷周青銅觥銘文整理與研究"（G3935）階段性成果，并獲中國社會科學院學科建設"登峰戰略"資助計劃資助，編號 DF2023YS15。

① 中國社會科學院考古研究所編：《殷周金文集成》（修訂增補本），中華書局，2007年，第4885—4905頁。
② 吳鎮烽編著：《商周青銅器銘文暨圖像集成》13601，第24冊，上海古籍出版社，2012年，第443頁。
③ 吳鎮烽編著：《商周青銅器銘文暨圖像集成》13657，第24冊，第495頁。

　　《商周青銅器銘文暨圖像集成續編》中增補 4 件所謂有銘銅觥。④ 所收者女觥，據云之前未著録，但蓋首手頭兩角做卷角，與其他者女觥的雙柱角絶不類。同時期的觥獸首多爲柱角，卷角之觥時代要早，在殷墟二期。同時，考慮有學者對《續編》收器的辨僞工作②，故我們不收入《續編》這件者女觥。史此觥③ 前也未有著録，并無器影公布，謹慎起見亦不考慮。而所謂郘公觥④ 與我們所討論的觥器是兩類器物。銘文最後一字"兄"，釋作"觥"，頗爲可疑。西周中期不見觥器，在春秋晚期又頓然出現，且帶有自名。觀其器形，似乎是獸形匜的可能性要大一些。因此，《續編》增收的四器，只有一件可以采納，即陶觥。不過《銘圖》只收録了 2 件亞醜者女觥銘，整組應爲 4 件亞醜觥。

　　《商周青銅器銘文暨圖像集成三編》收入 7 件觥⑤，包括 2020 年收繳的酒務頭三件觥、東坡齋舊藏𠂤册觥、日本私家藏冉中觥、作寶彝觥以及曾著録現下落不明的亞酌它𡥁觥。其中𠂤册觥曾現身 2021 年佳士得春季拍賣會、冉中觥現身 2018 年保利香港春季拍賣會、作寶彝觥現身 2019 年盛世收藏網。《銘圖》及《續編》《三編》漏收亞洲藝術博物館的光父乙觥⑥、河北定州北莊子嬰觥、曾在大阪美術館展出過的千石唯司收藏冉觥。再加之 1955 年河南魯山發現的父己觥。最近公布的河南安陽殷墟棚改區發掘材料，243 號灰坑中見有一件有銘觥蓋，字數爲兩行 11 字（圖7—1-2）⑦。其時代甚可晚至西周初年，銘文記載賜貝，較少見。故此，有銘銅觥（含蓋）實際爲 78 件。不過，就筆者所見，嬰觥尚未公布比較詳細銘文拓片，只有一張像素不高的黑白圖片。嚴志斌《商代青銅器銘文分期斷代研究》收録 30 件商代

④　吴鎮烽編著：《商周青銅器銘文暨圖像集成續編·3》0890—0893，上海古籍出版社，2016 年，第 197—203 頁。

②　黄錦前：《近刊銅器銘文辨僞舉隅》，《陝西歷史博物館館論叢》第 25 輯，三秦出版社，2018 年，第 54—67 頁。

③　《商周青銅器銘文暨圖像集成續編》0892，第 200 頁。

④　《商周青銅器銘文暨圖像集成續編》0891，第 199 頁。

⑤　吴鎮烽編著：《商周青銅器銘文暨圖像集成三編·3》1152—1158，上海古籍出版社，2020 年，第 267—274 頁。

⑥　《殷周金文集成》9273。b Renė—Yvon Lefenvre d'Argencė, Bronze Vessels of Ancient China in The Avery Brundage Collection,Pp66—67,fig30.

⑦　常懷穎：《夏商考古：二里頭庭院幾處，三星堆坑坎如何》，澎湃私家歷史頻道，2021 年 5 月 26 日，https://mp.weixin.qq.com/s/B8qqAIq7VqmibeOdy2t5RQ，最後登録時間 2021 年 6 月 11 日 18：37。

銅觥銘文，亦未收入嬰觥。^①而陶觥，先前已有學者做了公布和討論。^②我們依據之前的工作，整理觥器銘文一覽表。^③

觥器銘文一覽表

編號	器名	時代	釋文	銘文	著錄
1	婦好觥（M5:802）	殷墟二期	内底 2 字 婦好		銘圖 13608，婦好墓圖 34.7，集成 0926
2	婦好觥（M5:779）	殷墟二期	内底 2 字 婦好		銘圖 13609，婦好墓圖 34.8，集成 09261
3	司母辛觥（M5:803）	殷墟二期	蓋器同銘，各 3 字 司母辛		銘圖 13623，婦好墓 37 頁圖 25.5—6，集成 9280
4	司母辛觥（M5:1163）	殷墟二期	蓋器同銘，各 3 字 司母辛		銘圖 13624，婦好墓 37 頁圖 25.3—4，集成 9281
5	夲旅觥	殷墟三期	蓋器各 1 字 夲、旅		銘圖 13607，美集 R155a、b，A658，集成 9259
6	亯𠁁觥（亯非觥）	殷墟三期	蓋器同銘，各 2 字 亯𠁁		銘圖 13615，美集 R195a、b，A652，弗利爾 246 頁，集成 9262

① 嚴志斌：《商代青銅器銘文分期斷代研究》，社會科學文獻出版社，2014 年，第 1660—1665 頁
② 朱鳳瀚：《新見商金文考釋（二篇）》，復旦大學出土文獻與古文字研究中心編：《出土文獻與古文字研究》（第六輯），上海古籍出版社，2015 年，第 121—142 頁；李學勤：《論陶觥及所記史事》，李學勤主編：《出土文獻》（第七輯），中西書局，2015 年，第 1—3 頁；黃錦前：《陶觥讀釋》，《文博》2018 年第 4 期，第 73—75，67 頁；宋鎮豪主編：《甲骨文與殷商史》（新八輯），上海古籍出版社，2019 年，第 487—491 頁。
③ 本表格只是便於我們進一步的研究，僅突出銘文，相關器物信息請查閱傳世、出土兩表。著錄情況僅標明《商周青銅器銘文暨圖像集成》《殷周金文集成》以及首次發現或著錄的出處。時代方面，盡可能依據形制、紋飾以及銘辭等特點，詳細標明具體時代，如無條件，則注以商代晚期、西周早期。

續　表

編號	器名	時代	釋文	銘文	著録
7	𡗠觥	殷墟三期	内底2字 𡗠		銘圖13616，西清32.13，集成9255
8	𡧀雨觥	殷墟三期	内底2字 𡧀雨		銘圖13617，美集R201b、A651，集成9254
9	▲貯觥	殷墟三期	内底2字 ▲貯		銘圖13618，西清32.3，集成9256
10	册𣏟𡗠觥	殷墟三期	蓋器同銘，各3字 册𣏟𡗠		銘圖13621，集成9283
11	冉觥	殷墟三期	内底1字 冉		中國王朝の粹8—9頁
12	冉中觥	殷墟三期	内底2字 冉中		銘三1155
13	壴册觥	殷墟三期	内底2字 壴册		盧泊雪（S.N.FerrisLuboshez）、藍捷理、夏皮羅舊藏，佳士得，紐約，2021春
14	亞長觥 （M54:195）	殷墟四期	蓋器同銘，各2字 亞長		銘圖13610，花東122頁拓16

編號	器名	時代	釋文	銘文	著錄
15	𠦪己觥	殷墟四期	蓋器同銘，各2字 𠦪己		銘圖13619，美集R62a、b，A653，集成9263
16	羊父甲觥	殷墟四期	蓋器同銘，各3字 羊父甲		銘圖13625，金匱綜104圖1、2，集成9266
17	山父乙觥	殷墟四期	内底3字 山父乙		銘圖13626，西清32.10，集成9271
18	兴父乙觥	殷墟四期	蓋器同銘，各3字 兴父乙		銘圖13627，集成9268，山東成479
19	竟父戊觥	殷墟四期	蓋器同銘，各3字 父戊竟		銘圖13631，貞松10.31.2，布倫戴奇圖32，集成9276
20	天豕父乙觥	殷墟四期	内底4字 天豕父乙		銘圖13642，賽克勒（商）299頁49.10
21	王屮女叙觥	殷墟四期	蓋器同銘，各4字 王屮女叙		銘圖13645，西清32.9，集成9287
22	責引觥	殷墟四期	蓋器同銘，各5字 責引乍尊彝		銘圖13647，陶齋3.35，集成9288

續　表

編號	器名	時代	釋文	銘文	著録
23	憲觥	殷墟四期	蓋器同銘，各6字 憲乍父丁寶彝		銘圖 13649，集成 9289，美集 R328a、b、A662
24	盷觥（M53:4）	殷墟四期	蓋器同銘，各7字 盷乍母丙彝亞址		銘圖 13651，郭家莊 38頁圖 27.1
25	匬觥	殷墟四期	蓋器同銘，各8字 匬乍父辛寶尊彝牢		銘圖 13652，筠清 4.47.1—2，陝金 2.280，集成 9292
26	天黽觥	殷墟四期	蓋内、器内底、鋬手各2字 天黽		山右吉金・聞喜 176—181
27	獸形翌觥甲	殷墟四期	1字 翌		山右吉金・聞喜 190—193
28	獸形翌觥乙	殷墟四期	1字 翌		山右吉金・聞喜 194—199
29	矢宁觥	殷墟四期	内底2字 矢寧		銘圖 13606，集成 9258

編號	器名	時代	釋文	銘文	著錄
30	嬬觥	殷墟四期	内底1字 嬬		銘圖13602，新收1890
31	𤇏觥	商代晚期	内底1字 𤇏		銘圖13603，賽克勒（商卷）168頁8.2，集成9250
32	亞若觥蓋	商代晚期	内壁2字 亞若		銘圖13611，集成9523
33	庚奔觥蓋	商代晚期	内底2字 庚奔		銘圖13612，集成9264
34	友束觥蓋	商代晚期	内底2字 友束		銘圖13613，考古1993年10期896頁圖29.1
35	婦𩿧觥	商代晚期	内底2字 婦𩿧		銘圖13614，攘古1之2.39.3
36	册宜𤓰觥	商代晚期	蓋器同銘，各3字 册宜𤓰		銘圖13622，玫茵堂25
37	𤓰父乙觥	商代晚期	蓋器同銘，各3字 父乙𤓰		銘圖13628，西甲14.33，山東成480，集成9269
38	𤓰父乙觥	商代晚期	内底3字 父乙𤓰		銘圖13629，貞松10.31.1，山東成481，集成9270
39	𤓰父丁觥	商代晚期	内底3字 𤓰父丁		銘圖13630，陝北銅

續　表

編號	器名	時代	釋文	銘文	著録
40	父癸觥	商代晚期	蓋内 3 字 父癸		銘圖 13633，貞松 10.32.1
41	天黽父癸觥	商代晚期	内底 4 字 天黽父癸		銘圖 13641，積古 2.22，集成 9279
42	文父丁觥	商代晚期	蓋器同銘，各 4 字 文父丁		銘圖 13643，攈古 1 之 3.62.1，集成 9284
43	作母戊觥蓋	商代晚期	内壁 6 字 乍母戊寶尊彝		銘圖 13648，考古 1978 年 1 期 72 頁圖 2
44	者女觥	商代晚期	蓋器同銘，各 9 字 亞醜者女目大子尊彝		銘圖 13654，攈古 2 之 1.75.2，日精華 3.262，集成 9295
45	者女觥	商代晚期	蓋器同銘，各 9 字 亞醜者女目大子尊彝		銘圖 13655，攈古 2 之 1.76.1，陶齋 3.34
46	者女觥	商代晚期			
47	者女觥	商代晚期			

續　表

編號	器名	時代	釋文	銘文	著錄
48	文嬕己觥	商代晚期	鋬下 1 字 内底 18 字 丙寅子賜貝用 乍文嬕己寶彝 才十月又三		銘圖 13663，博古 20.34，集成 9301
49	嬰觥	商代晚期	不詳	未公布	《定州北莊子商墓發掘簡報》，《文物春秋》 1992 年增刊
50	父己觥	商代晚期	3 字 父己		《魯山縣發現一批重要銅器》，《文物參考資料》 1958 年第 5 期
51	戍父辛觥	商末周初	内底 3 字 戍父辛		銘圖 13632，集成 9278
52	仲子臩汙觥	商末周初	蓋器同銘，各 12 字 中子臩汙乍文 父丁尊彝，鑊 臤		銘圖 13659，日精華 3.264，布倫戴奇圖 31， 集成 9298，山東成 482
53	臩觥蓋	商末周初	蓋 2 行 11 字		常懷穎：《夏商考古： 二里頭庭院幾處，三星 堆坑坎如何》
54	亞酌它丮觥	商末周初	蓋器對銘，各 11 字		銘三 1158、彙編 515、 總集 139 頁 4922

續　表

編號	器名	時代	釋文	銘文	著錄
55	作寶彝觥	西周早期	蓋内 3 字 作寶彝		銘三 1157
56	王子耴觥	西周早期	内底 3 字 王子耴		銘圖 13634，集成 9282
57	天父丁觥	西周早期	内底 3 字 天父丁		銘圖 13635，集成 9275
58	父丁尊觥	西周早期	内底 3 字 父丁尊		銘圖 13636，集成 9274
59	爵丂父癸觥	西周早期	内底 4 字 爵丂父癸		銘圖 13644，博古 20.29，集成 9285
60	瞥觥	西周早期	蓋器同銘，各 4 字 瞥乍寶彝		銘圖 13646，博古 20.25
61	𠂤父辛觥	西周早期	内底 6 字 𠂤父辛寶尊彝		銘圖 13650，西清 32.14，商舊 34，集成 9290
62	踀觥	西周早期	蓋器同銘，各 10 字 册踀乍父乙寶尊彝戈寧		銘圖 13656，集成 9296

續　表

編號	器名	時代	釋文	銘文	著録
63	般觶	西周早期	内底 15 字 王令般貺米𢒼 摿丂𠧥𠧥用賓 父己來		銘圖 13660，西清 32.11，集成 9299
64	光父乙觶	西周早期	内底 3 字 光父乙		集成 9273，布倫戴奇圖 30
65	𢦚馭觶蓋	西周早期	内鑄 16 字 吴𢦚馭弟史饋 馬弗左用乍父 戊寶尊彝		銘圖 13661，文物 1972 年 7 期 11 頁圖 7，集成 9300，周原銅 10.2201
66	告田觶	西周早期	蓋器同銘，各 2 字 告田		銘圖 13605，考與文 1991 年 1 期 11 頁圖 6.10，集成 9257
67	句父庚觶	西周早期 前段	蓋器同銘，各 3 字 句父庚		銘圖 13637，集成 9277
68	長子口觶 （M1:92）	西周早期 前段	蓋器同銘，各 3 字 長子口	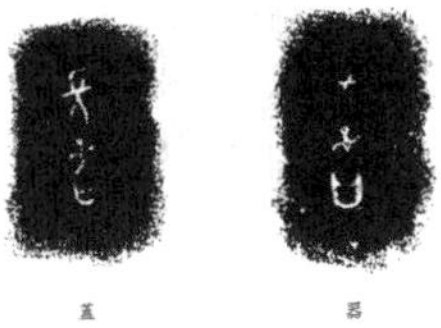	銘圖 13638，長子墓 107 頁圖 88.1、4
69	長子口方觶 （M1:86）	西周早期 前段	内底 3 字 長子口		銘圖 13639，長子墓 90 頁圖 71.4

續　表

編號	器名	時代	釋文	銘文	著録
70	天黽父乙觥	西周早期早段	蓋器同銘，各4字天黽父丁		銘圖13640，集成9267
71	豐觥（M13:3）	西周早期早段	内底11字豐啓乍乓且甲齊公寶尊彝		銘圖13658
72	癸萬觥	西周早期前段	内底2字癸萬		銘圖13620，美集R200b、A664，集成9265
73	廬觥	西周早期前段	蓋器同銘，各8字廬乍父乙寶尊彝亞		銘圖13653，泉博108，集成9293
74	陶觥	西周早期前段	蓋器同銘，各40字癸亥小臣甫賜百工王乍册殷友小夫麗圭賜圭一璧一璋五陶用乍上祖癸尊彝佳王曰司册才九月或		銘圖續893
75	丏甫觥	西周早期後段	蓋器同銘，各2字丏甫		銘圖13604，美集R278a、b、A665，集成9252

續　表

編號	器名	時代	釋文	銘文	著録
76	覥爾觥	西周早期後段	蓋器同銘，各16字 覥爾乍父丁寶尊彝子子孫孫其永寶戈		銘圖13662，晋國雄風58頁
77	作册折觥	西周早期後段	蓋器同銘，各42字 佳五月王在序戊子令乍册折覞望土於相侯賜金賜臣揚王休佳王十有九祀用乍父乙尊其永寶木羊册		銘圖13665，文物1978年3期10頁圖10，周原銅3.564、565，集成9303
78	日己觥	西周中期前段	蓋器同銘，各20字 乍文考日己寶尊宗彝其子孫孫萬年永寶用		銘圖13664，考古1963年8期414頁圖2.1，周原銅2.250、251，集成9302

　　通過上表，我們大致瞭解觥器銘文的情況，也能够把握一些趨勢。商代觥銘多短銘，常常指標明器主，愈是早期愈是如此。早期多鑄於器底，之後多爲器、蓋同銘。只有天黿觥等極少數的在鋬内有銘文。殷墟四期之後，會有器名、日名及族徽。器名多爲通稱，如“彝”“尊彝”“寶彝”等，并延續到西周早期。我們對觥、匜之判也是以此通名爲據的。也就是，所謂這類器是没有專名的。商代末期，出現10字左右銘文，進入西周後，觥上長銘的趨勢有所加強，但多爲器主＋祭者＋器名的結構，少見紀事、賞賜以及紀年（月）形式。般觥、犾馭觥蓋、文嫊己觥上有商末或周初少見的紀事或賞賜銘辭。觥器的長篇銘文絶少，僅有陶觥、作册折觥、日己觥幾例，字數分别爲40字、42字、20字。其中，以陶觥的長銘最爲顯眼，一是字

數長，二是有賞賜銘文，以至於有人認爲是僞銘。[1] 懷疑者從圭、璧、璋、嗣等字入手，比對字形。關於嗣字，周寶宏認爲其與西周金文相似。[2] 作册折觥的銘文，也有賞賜記録，只不過陶觥記録了商王嗣位的典禮[3]，較爲特殊。

　　青銅觥是一種特殊的器形，關於其銘文特點，亦可歸納兩點：一，大多見爲彝等通稱，未見有專名；二，多爲短銘，長篇銘文罕見。之所以會有這些情況，一是因爲觥器爲偶發的造器，未有相類似的陶器祖型亦是證明，不及給予專稱。後又受制於觚、爵等常規酒器之下，没有得到更廣泛的發展，也就没有必要做出長銘。二是因爲器物較特殊的形狀，蓋形多曲折，器底多窄長，不便鑄造較多的字數。另外，青銅禮容器上出現專名的時期，觥器已經衰落，自然也未見有專名。

---

① 張樂：《新出陶觥銘獻疑》，《勵耘語言學刊》2018 年第 1 期，第 103—108 頁。

② 周寶宏：《新見商末金文考釋兩篇》，《甲骨文與殷商史》第 12 期，上海古籍出版社，2022 年，第 270—285 頁。

③ 高鵬飛：《商代青銅器銘文所見殷禮三種》，東北師範大學碩士學位論文，2020 年。

讀王國維批校《攈古録金文》

《攈古録金文》三卷，是清代學者吴式芬所撰著作，收録商周青銅器銘文一千三百三十四器，爲同時期金文著録之佼佼者。其體例依字數由少至多爲序，相同字數者再按器型分類，亦屬首創。全書除描摹銘文并釋文外，還間有諸家（以許瀚、徐同柏爲最多）和吴氏本人的考證。遺憾的是，吴氏去世之時該書尚未完成，後由其子吴重熹請人校勘，直至光緒二十一年（1895）纔得以刊行。

《攈古録金文》有兩種版本。其一爲光緒二十一年刊行的吴氏家刻本，首卷前有光緒二十一年十二月二十五日王懿榮上呈御覽的奏折。其二爲民國二年（1913）西泠印社吴隱據吴氏家刻本的翻刻本，除首卷前王懿榮的奉文外，末卷尾刻有"山陰吴氏遯盒金石叢書之一"印，并附吴隱題跋二則。相較而言，吴氏家刻本更佳，西泠印社本在翻刻時出現了不少文字上的錯誤，在此不再贅述。

國家圖書館藏有王國維批校本《攈古録金文》三卷，二函，上函四册，下函五册，六合函套側面題"王國維校攈古録金文"。册高三十三點五厘米，寬二十二點五厘米，四眼綫裝，雙魚尾，版心題"攈古録金文"，有卷號。趙萬里《王國維先生手校手批書目》録此書爲"山陰吴氏重刻本"[1]。此本末卷尾確有"山陰吴氏遯盒金石叢書之一"印，但首卷前未見王懿榮進呈的奏折，末卷尾亦無吴隱題跋，其底本當印於民國二年后，具體情況待考。

此本卷首鈐有"王國維印"章，册中間有王國維批校。趙萬里評述云"據《攈古録》目録注藏器人姓名於題下，且就所知者補注一二，眉端又有考釋數十則"[2]，將王氏批校的内容分爲標注藏器人和其他考釋兩部分，大致可從。在整理中我們發

---

① 趙萬里：《王静安先生手校手批書目》，《王國維全集》第二十卷，浙江教育出版社，2010年，第170頁。
② 趙萬里：《王静安先生手校手批書目》，《王國維全集》第二十卷，浙江教育出版社，2010年，第170頁。

現，王氏對原書文字的校改在形式上似應僻爲一類單獨討論，故本文將王國維批校分標注藏器人、文字校改和其他考釋三個部分進行闡述。筆者旨在揭示此本中王國維批校的内容，以供學界參考；讀後稍有不成熟的感想，敬請方家指正。

一、標注藏器人

趙萬里評述的前半出自册末王國維題記。末卷尾板框左側，王氏記：

乙卯秋八月，據《攘古録》目録注藏器人姓氏於題下。此書成後迄今三四十年，器已屢易主，就所知者略補注一二云。

由此可知，王國維於民國四年（1915）校注此書，本意只是"注藏器人姓氏於題下"，并就成書後部分器物的遞藏進行補注。事實上，標注藏器人不僅是王氏批校的初衷，也是其最主要的内容。據統計，王氏標注藏器人共計九百四十七條，占全書總條目的七成左右，而其他考釋合計纔七十餘條，在數量上存在顯著差異。

正如王國維題記中所述，其標注的藏器人絶大多數來源於吴式芬的另一金石著作《攘古録》二十卷。該書收録了從三代至元代的金石一萬八千餘種，并詳注各物遞藏，其前三卷與《攘古録金文》三卷之器可一一對應。王國維所注一般較《攘古録》所注爲簡，如"江蘇儀徵阮氏藏"簡爲"阮文達藏"或"阮氏藏"、"山東海豐吴氏藏"簡爲"吴子苾藏"、"山東濰縣陳氏藏"簡爲"簠齋藏"或"陳氏藏"等。有些誤抄録爲相鄰條目的，則用竪排單引號括起來，并將正確的補寫其下。除内容移録自《攘古録》外，王氏亦效仿其形式，將絶大多數此類題記寫於器名下。

王國維補注的藏器人多是在《攘古録》的基礎上增補較晚收藏者，主要集中在潘祖蔭、端方、羅振玉、徐乃昌及日本住友氏等人。如父辛尊（1.3.50.3）[①]，《攘古録》中標注爲"廣東南海吴氏舊藏……今歸儀徵阮氏"，王氏注爲"吴荷屋、阮伯元舊藏，後歸潘氏攀古樓"。又如日庚父癸彝（2.1.22.4），《攘古録》中標注爲"積古齋録趙謙士摹本"，王氏注爲"今在上虞羅氏"。王氏增補的較早收藏者僅見一例，即吴季子劍（2.1.57.3），《攘古録》中標注"《積古齋》録舊摹本"，王氏補注"秀水曹秋岳溶舊藏"。曹溶（1613—1685），字秋岳，號倦圃，浙江秀水（今嘉興）人，是明清之交的文學家、政治家。

---

① 爲方便查閲，本文引用《攘古録金文》條目均用原書器名，其後索引號爲"卷號—分卷號—葉序—器序"，如父辛尊爲卷一之三第五十葉第三器，索引號爲"1.3.50.3"。

二、文字校改

文字校改是王國維對《攈古録金文》原書文字的修正。雖然文字校改的數量有限，僅涉及八個條目，但其在形式上與其他批校有别，是直接寫在相應文字旁的，故單僻爲一類。先將諸條目分列如下：

（1）父丁爵（1.2.68.2）

題名中"爵"改爲"舉"。

（2）白原□（2.1.30.1）

題名中"□"定爲"匜"。

（3）叔帶鬲（2.1.29.1）

釋文中"□"字定爲"薦"。

（4）耤田鼎（3.1.67.1）

釋文第二行"載"字改爲矞，第四行"宰"字改爲"僕"字。

（5）宗周鐘（3.2.56.1）

釋文右鼓末行"三國"改爲"三國"，鉦間兩處"服要"改爲"服子"，左鼓首行"迂昭"改爲"逆邵"，二行"卪"改爲"夷"，三行"文"改爲"又"，七行"它"改爲"慁"等。

（6）盂鼎（3.3.42.1）

釋文第一行末字"□"定爲"爽"。第三行"賓"下"□"字補"彳"旁。第五行"佩"後"□"似定爲"臧"，後"□"定爲"字"。第七行"□方"定爲"臧方"。第八行兩個"□"皆定爲"戜"，第一個"□"後補一"年"字。第九行首"乃□"改爲"人萬"。第十行"車""兩"間似補一"十"字。第十三行"在□"定爲"七戜"。第十四行"四"字前補一"冊"字。第十七行末字"□"定爲"臧"。第三十四行"□"定爲"翌"。第三十八行第一個"□"定爲"鞞"，第二個"□"定爲"冑"。

（7）智鼎（3.3.46.1）

釋文第三十三行"龙"字改爲"求"，"及"字改爲"人"。第三十四行"退"字改爲"得"。第三十六行"專"改爲"肀"，"□"定爲"曰"。第三十七行"恒"改爲"肶"。第三十八行"迺"改爲"遣"，"足"改爲"正"。第三十九行"丐"改爲"出"。第四十五行"乃"改爲"人"。

（8）毛公鼎（3.3.51.1）

卷三之三第五十七葉前半葉首行“享”改爲“庸”，第十一行“事”改爲“使”。第五十八葉後半葉第四行“貝”改爲“賦”。

文字校改以釋文修正爲主，對題名的修正只有兩條，皆是確定器型。（1）中“爵”字是重刻本排版致誤，光緒家刻本及《攈古録》對應條目皆作“舉”。（2）中“匜”是據其所見吳大澂手拓本確定，在其他考釋中有説明。

釋文中的一些修正在其他考釋中亦有説明。如（4）中“宰”改爲“僕”，（5）中“三國”改爲“三國”、“迁昭”改爲“逆邵”，（6）中定“翌”等處均有相應的文字考釋。其餘如（6）（7）中的大部分校改均未做説明。

三、其他考釋

其他考釋，即趙萬里所謂“眉端考釋”。從形式上而言，其不盡書於眉端，亦有書於題下或板框旁者。從内容上而言，筆者將其大致分爲遞藏補説、原器説明、辨僞和文字考釋四種類型。

（一）遞藏補説

此類批校與前述標注藏器人在形式上和内容上都有明顯的區别，故單列一類，計有八條，分列如下：

（1）蘇冶妊鼎（2.2.23.1）

> 近見之滬上，乃費西蠡家物。

（2）又虞司寇壺（2.3.32.1）

> 此二壺本簠齋物，其女嫁吳氏以此爲奩具。

（3）楚公鐘（3.1.19.1）

> 此器仍在人間，丁卯之冬歸上虞羅氏。

（4）师袁敦（3.2.52.1）

> 漢陽葉東卿舊藏，後歸漢軍許氏，近入端忠敏家，已有器無蓋。

（5）齊侯壺（3.3.23.1）

> 歸安吳平齋藏器，現已破碎不可問。

（6）又齊侯壺（3.3.26.1）

　　歸安吳平齋藏器，近歸廬江劉健之。

（7）盂鼎（3.3.42.1）

　　此鼎與大盂鼎同出郿縣禮邨溝坪間，宣城李文瀚宰岐山時得之。

　　上述題記皆與相應器物遞藏相關，但與標注藏器人相較提供了更多的遞藏細節，如（3）中遞藏時間、（2）中的遞藏原因和（4）（5）中的器物狀態等。其中如（2）（3）（5）（6）等各已移録《攗古録》注於題下，又另外眉批了上述題注。這裏有需要説明的是，（4）載師袁敦（即師袁簋）爲葉東卿（葉志詵）、漢軍許氏（疑爲許延暄）、端忠敏（端方）所藏，且端方藏器時已有器無蓋。實端方所藏有器無蓋者，與葉志詵所藏并非同一件師袁簋，王氏誤。

　　（二）原器説明

　　此類批校主要是對原器器型、銘文位置的説明，計有六條，分列如下：

（1）叔彝（1.3.10.1）

　　此卣非彝。

（2）伯矩彝（1.3.43.3）

　　何夙明云是盤。

（3）白原□（2.1.30.1）

　　見吳愙齋中丞手拓本，上署“匜”字。

（4）毅父甗（2.2.10.2）

　　簠翁曾借拓於都嗣，其器敢也。

（5）楚公鐘（3.1.19.1）

　　此銘在鐘內，與他鐘異。

（6）吳生鐘（3.1.30.1）

　　此鐘行款必不如此。此器拓本乃吕堯仙先得後段三十七字，吳子苾復得前十字，中間尚有缺佚。

　　前四條皆是對原器器型的説明。王氏對部分器物的器型提出新説，與其他著録不同，因未見原器或全形拓本，器型不敢遽定。如（1）"叔彝"（《通鑒》4180），有稱彝者，如《三代》《攗古》；有稱尊者，如《周金》《小校》《國史金》；有稱簋者，如《總集》；王氏新説以爲卣。又如（2）"伯矩彝"（《通鑒》4313），多著録爲簋，王氏據何澍（字夙明）稱是盤。

（3）"白原□"（即伯庶父匜，《通鑒》14888），王國維據吳大澂手拓本署"匜"字定爲匜，并對題名做了文字校改。今據全形拓本，此器確爲匜無誤。

值得注意的是（4）"𣪘父甗"，各處著録均未見器型，依自銘定爲甗。王國維稱此器爲敦（簋），其所稱"簋翁"當是陳介祺。是器拓本傳世頗多，國家圖書館藏舊拓中有一紙[①]，拓片上鈐有"陳介祺印"章，當是王國維所謂陳介祺"借拓於都嗣"時所拓。拓片旁有葉志詵題記"東卿藏敦"，下鈐"志詵"印，亦言此器爲簋（舊稱簋爲"敦"）。因此我們認爲，此器實際器型與其自銘或有矛盾。

後兩條是對原器銘文位置的説明。（5）楚公鐘（即楚公逆鐘，《通鑒》15782）題記指出銘文在鐘内，這與我們已有的認知相左：《通鑒》據銘文有梯形邊框推斷該器文在鉦間。但更多拓本未顯示出梯形邊框。此器已佚，器銘或如王氏所言在鐘内，猶未可知。

（三）辨僞

此類批校均與辨僞相關，計有二十七條，分列如下：

（1）蛟篆壺（1.1.14.2）

此僞器，復齋誤收入册中。

（2）象觶（1.1.24.3）

此僞器，乃摹自彝字爲之。

（3）應公觶（1.1.25.4）

此二字模應公鼎爲之。

（4）子孫角（1.1.27.1）

此器疑僞。

---

① 國家圖書館藏拓片，索書號：善拓 300—28。

（5）龍銷（1.1.37.2）

此偽器。

（6）寶彝（1.2.6.2）

此器偽。

（7）政鐘（1.2.45.2）

偽。

（8）申鼎（1.2.45.3）

此偽器。

（9）祖己彝（1.3.9.3）

此偽器。《博古圖》有祖己甗，彝字下有🛉字。此乃與彝字相連，故一字之長乃與兩字等。作偽之拙，亦可笑也。

（10）孅妊壺（1.3.33.2）

此偽器，上虞羅氏藏一車害，文曰“孅妊作安車”。此銘即仿彼爲之，不知壺不可云安也。

（11）叔虞鑊鼎（1.3.39.4）

此器後歸吳愙齋中丞，恐偽器也。

（12）可伯槍（1.3.65.3）

此偽器。

（13）師獲鐘（2.1.1.2）

偽。

（14）子孫豐（2.1.16.2）

此器文字不古，當是偽作。

（15）趄貞戈（2.1.31.1）

此器疑偽。

（16）又董武鐘（2.1.46.2）

此器在吾鄉許珊林先生家，曾見全形拓本，銘文位置與他鐘不類，殆僞器也。

（17）鄭邢叔鐘（2.1.47.1）

此器亦僞。

（18）册命父癸鼎（2.1.57.4）

此器疑僞。

（19）辛子卣（2.2.39.1）

此卣文字氣味甚俗，疑僞。

（20）王宜人甗（2.2.86.1）

此器曾見拓本，實僞器也。此器陳氏所藏者真，其僞者在滬上。

此器見拓本乃僞也。

（21）叔單鼎（2.3.1.1）

僞。

（22）正考父鼎（2.3.34.1）

此僞器無疑，復齋誤收入款識中。

（23）庚午父乙鼎（2.3.57.1）

此僞器，其見於宋人書者，亦恐非真。

（24）寰鼎（2.3.79.1）

此贗鼎也。見《敬吾心室款識》。

（25）師旦鼎（3.1.12.1）

此出復齋款識，僞器也。

（27）叔多父盤（3.1.74.1）

此器文章不類三代，乃僞器之精者。

王國維辨僞類題記多只斷僞，并未説明原因。其餘説明原因者，大致有以下三種類型。

　　第一種是説明被仿器以斷其僞。較爲典型的如（9）祖己彝，王氏據銘中“彝”字指出該器仿自《博古圖》祖己甗（即作祖己甗，《通鑒》3281），將甗中“彝”字與“✦（束）”字合爲一字。又如（10）嬛妊壺，王氏以此器仿羅振玉藏嬛妊車害作，并以有“安車”而無“安壺”定其僞。

　　第二種是由拓本判斷其僞。如（16）又董武鐘（即搏武鐘，《通鑒》15150），據拓本知“戎趆”二字在右鼓，“搏武敶内吳疆”六字在鉦間，“□末”二字在左鼓，不知王氏所見全形拓本中銘文位置如何分布。又如（20）王宜人甗（即作册般甗），王國維稱見拓本知其僞，并稱“陳氏所藏者真，其僞者在滬上”。但據《攗古録》載，此器即陳子良（陳承裘）所藏，其摹本與傳世陳氏藏器拓本亦大致無别，不知王氏所言陳氏所藏真者爲何。

　　第三種則據文字或行文不古斷其僞。如（14）子孫豐言“文字不古”，（27）叔多父盤言“文章不類三代”等。（19）辛子卣云“文字氣味甚俗”亦屬此類。今天看來（19）辛子卣（即馭卣，《通鑒》13286）和（27）叔多父盤（即厌叔多父盤，《通鑒》14533）似皆不僞。

　　其他誤斷爲僞器者，如（1）蛟篆壺當爲蒙壺（《通鑒》11989、11990重出），銘文爲鳥蟲書“蒙”字，曹錦炎師定爲戰國時期宋國器[1]。又如（15）趄貞戈當爲大王光逗戈（《通鑒》17082），是傳世三件大王光逗戈中舊藏杭州何嘉祥者。

　　（四）文字考釋

　　此類批校主要是涉及文字的考釋，計有34條，分列如下：

　　（1）弟鼎（1.1.3.2）

　　　　此拓本殆誤倒，即叔字也。

　　（2）鳳彝（1.1.4.4）

　　　　此文誤倒，乃象二人持木相對形。

　　（3）雙矢彝（1.1.5.4）

　　　　羅參事云此即斝字，有二柱三足一鋬，而無喙與尾，知非爵字也。

---

[1]　曹錦炎：《鳥蟲書通考》（增訂版），上海書畫出版社，2013年，435頁。

（4）手執刀觚（1.1.15.1）

此疑即攴字。

（5）子執戈觚（1.1.15.2）

此字與𢨉字義當相近，但𢨉字象人跪而執戈，此則立而執之。

（6）象形戈（1.1.17.1）

以下四器皆花紋非文字。

（7）手執干鼎（1.1.22.1）

此畢形，其上乃鳥也。

（8）重屋彝（1.1.23.1）

此乃橐字。

（9）重屋爵（1.1.36.1）

此 △ 字象屋形，或作 ⌂，又或作 △，即《説文》冂字也。冂又或省作 △，即广字。此字从"宀"从"羊"，殆古"庠"字。庠者，養也。《孟子》所云殆庠字之本義，不徒以聲音説也。

（10）白干爵（1.1.36.2）

拓本作 𠂤，此脱。

（11）奉册匜（1.1.43.2）

此器誤倒。

（12）父癸彝（1.2.8.4）

此手持角，非持爵也。

（13）旗單卣（1.2.31.2）

此畢字也，上 ⊗ 即西字，爲鳥巢，下爲鳥形，以畢捕之。

（14）父甲車彝（1.3.11.4）

當釋父甲遟車。

（15）友父鬲（2.2.30.2）

案：婗者，邾姓也。自《國語》云"曹姓邾莒"，《世本》及《史記》仍之，遂知邾爲婗姓者。觀此器與杞伯敦諸器，然後知"曹"之爲誤字也。

（16）曾諸鼎（2.2.37.1）

曾諸子，曾，國名，諸子，官名也。

（17）宗魯匜（2.3.10.1）

𨾊疑庥字，《殷墟書契》有此字作□，象人庥於屋下木旁之形。此器从⌒，與𠆢同，从屮与木同，假爲休美之休。

（18）叔家父簠（2.3.63.1）

𣆟即光字，觀《堯典》"光被四表"或作"横被四表"可知。

（19）許子簠（2.3.76.1）

許，姜姓。孟姜，許子之女，秦嬴之媵也。

（20）又周娟敦（3.1.5.1）

案：器文明云"盍皇父作周娟盤盉"，則皇父自是妘姓。《唐宰相世系表》後世之書未足爲據，此周娟正十月之閻妻也。

（21）尤敦（3.1.56.1）

𦥑字，《筠清》釋魯，此釋諸，其實書字之假借。古文授受同一字，王受作册尹書即王授作册尹書，猶頌鼎云尹氏受王命書矣。

（22）耤田鼎（3.1.67.1）

王馭潚中僕者，王馭其官，潚其氏，中其字，僕其事，猶云冉有僕矣。

（23）楚余義鐘（3.1.69.1）

此鐘乃徐國器，其云余義楚之良臣者。義楚即《春秋傳》之徐儀楚，後爲徐君郘王鑴所云郘王義楚是也。作器者乃義楚之臣。《積古》題"楚良臣鐘"，此題"楚余義鐘"，均失之。

（24）伯晨鼎（3.2.17.1）

夫与苐音同母，幽夫当即幽苐。盂鼎云"冕衣苐舃"。

（25）召伯虎敦（3.2.24.1）

（a）此二字似甲寅，又似戊寅。按宣王六年四月己丑朔二十六日得甲寅。

（b）又此第二字確是子字，上一字甲字多一筆，或係戊子，疑是共和六年器。共和六年四月庚辰朔九日得戊子。

（26）又召伯虎敦（3.2.25.1）

（a）宣王五年正月丙寅朔，己丑乃二十四日。

（b）𤕘𤱣當釋僕庸。僕庸王田即《魯頌》之"王田附庸"，《左傳》之"土田倍敦"也。漢人寫定《左傳》時，以僕爲倍，又誤爲陪。《釋文》本作"倍"。《説文》"培，培敦，土田，山川也"，如昭七年楚申無字云"僚臣僕，僕臣臺"，下又云是"無陪臺也"。陪字明係僕字之誤。𤱣，本古文庸字，與敦字相似，因誤爲敦。其實乃僕庸二字也。倍僕雙聲字，又倍與附聲亦相近（如倍陽或作蒷陽之屬），故或云附庸，或云僕庸，或云倍庸，本可通假。惟𤱣字必庸字無疑。《説文》既以爲庸之古文，又以爲郭之古文，未免歧誤矣。

（c）案：《左傳》"部婁無松柏"，《説文》引作"附婁"，而《易林》作"培塿"，蓋知附培二字本可通假。而陪敦之爲附庸，更無疑矣。

（d）《詩·景命》有僕。《毛傳》：僕，附也。

（27）師酉敦（3.2.27.1）

此器中𢎺字皆當釋夷，唯邑𢎺之𢎺乃人字耳。

（28）宗周鐘（3.2.56.1）

（a）三國當作三國，拓本脱一畫。

（b）邵，義如"王來紹上帝"之紹。

（29）虎敦（3.2.58.1）

此字从食戈聲。此敦假借爲載字，許説甚鑿。

（30）兮田盤（3.2.67.1）

（a）責即責字，下作責，與小篆責字正同。此當讀若委積之積。

（b）此器已見張掄《紹興内府古器評》。

（31）盂鼎（3.3.31.1）

（a）事，諸家皆釋即，然實御字，其左從，即午字。

（b）字，諸家釋乃，然實古文夷字，他器可證也。夷司與邦司對稱。盂之封内兼有夷狄，故有邦司以治其國人，又有夷司以理夷狄也。

（c）帚字，吳中丞釋獻，極是。

（32）盂鼎（3.3.42.1）

（a）字，從日從立，即昱也。《説文》："昱，明日也。""雩若昱乙酉"与《召誥》"粤若來三月"、《漢書·律曆志》引《逸·武成》"粤若來二月"，句法正同。《殷虚書契》卷二第三葉"□日乙酉"亦"昱日乙酉"也。

（b）《漢書·王莽傳》太保舜奏"明堂、辟雍，墮廢千載莫能興。公以八月載生魄庚子奉使朝，用書。越若翊辛丑，諸生、庶民大和會"，云"越若翊辛丑"，與此鼎所云"粤若昱乙酉"句法正同。王舜之奏，模仿《康誥》《召誥》，則《召誥》之"若翌日乙卯""越翌日戊午"殆本作"越若翊乙卯""越若翌戊午"。又《古文尚書》作粤不作越，王舜所據蓋《今文尚書》也。

（33）毛公鼎（3.3.51.1）

（a）惷者，蠢之假借字。《考工記·梓人》："則春以功。"注：春，讀爲蠢。蠢，作也，出也。《尚書大傳》："春，出也。"《廣雅·釋詁》："□，出也。"蠢、出一聲之轉，此云"毋又敢惷，勇命於外"，即"毋有敢出，勇命於外"也。前云"惷於小大政"，即"出於小大政"也。

（b）"字上從兩手奉杵，下從，即古文蔥字。蔥珩，古器多作黄，其證也。以爲從"心"者誤。

文字考釋是其他考釋中數量最多的一類，也是最能直接體現王國維學術觀點的部分。受筆者能力和文章篇幅所限，不能一一考述，兹就其中部分條目稍加評論。

王國維部分考釋內容可與其文章觀點互參。如（13）旗單卣中關於畢、西的考述，亦見於《釋西》一文。又如（32）盂鼎所論與《釋昱》一文大致相同。二文均見於其文集《觀堂集林》中，批校本中所見或是文章觀點雛形。

（10）白干爵，歷來著録因考釋文字不同而定名有別：劉喜海《清愛堂家藏鐘鼎彝器款識法帖》定名"白夫爵"；吳大澂《愙齋集古録》定名"祖庚爵"，據其題記知舊有"伯大"之名；方濬益《綴遺齋彝器考釋》定名"祖大爵"；《鬱華閣金文》《殷周金文集成》定名"且冇爵"；吳鎮烽《金文通鑒》定名"祖甲爵"；嚴一萍《金文總集》定名"△冇爵"。首字外框呈三角形，顯然是"且（祖）"非"白（伯）"。次字摹本皆作大形，拓本亦同。王國維指出，該字下有兩短橫，作冇。我們注意到，《金文總集》所用拓本與其他著録拓本相同，却隸定爲有兩短橫的冇字，與王氏所言一致，不知所據。但我們基本可以認定銘中此字實當從王、嚴之説隸定爲冇。《説文》載該字爲"泰"字古文，傳抄古文字亦見此字。但依商代金文辭例，"祖"字後當爲天干，未見有類似"祖泰"辭例的銘文。且該字作爲"甲"字繁構或"庚"字省文均不妥當，因此嚴一萍判斷此器疑偽，大致可從。

（25）召伯虎敦（3.2.24.1），即六年琱生簋。該條有王國維題記兩則，均是根據銘文首句干支推斷作器時間（釋文首行"癸子"處有標記）。王氏初讀爲"甲寅"，推爲宣王六年四月二十六日作器；後改定地支字爲"子"，却誤識天干字爲"戊"，讀爲"戊子"，推爲共和六年四月九日作器。我們現在知其干支字應釋爲"甲子"，是宣王時器。兩則題記觀點迥異，不是一次閱讀時所爲。

類似表現出相異觀點的條目如（33）毛公鼎，兩條題記皆是討論銘文中之字。（33a）將此字隸定爲忝（或忝），以爲蠢之假借字，訓爲出，與《毛公鼎銘考釋》是句觀點一致。其下（33b）却又認爲該字所从不是心，而是蔥，又否定了其前隸定。後者在《毛公鼎銘考釋》中未見，或是成文時自我否定了該觀點。

結語

整體而言，無論是標注藏器人的筆誤，或是未説明原因的斷偽，都反映出王國維在該本《攈古録金文》中的批校是其閱讀時隨手書記。我們從他的題記中，不僅能看到他很多學術觀點的雛形，甚至還能看到其不同觀點的交鋒。王國維批校《攈古録金文》具有較高的學術價值，筆者所及尚淺，有待學界進一步深入研究。

國家圖書館藏金文拓本價值略述 *

郭理遠

（中國美術學院漢字文化研究所）

國家圖書館（下文簡稱“國圖”）自京師圖書館初創以來，從公私藏家手中收集了數量十分可觀的青銅器銘文拓本，其中僅先秦銅器的拓本就達兩千餘紙，更不乏名品、精品，在海內各收藏單位中獨樹一幟。最近，這批先秦銅器的拓本已結集出版，可爲學界提供一批新的研究資料。② 今將其中有獨特價值者略述如下，以供大家參考并請識者指正。

一

首先是其中有一些此前未見公布的新資料。

例如“善拓189-033”拓本，上有一個族氏銘文“宮”。目前這一族氏銘文還見於以下七件器：

宮觚（集成06738）	宮觚（集成06739）	卜宮觚（集成07036）	宮爵（集成08279）

* 本文得到國家社科基金藝術學重大項目“漢字傳承與創新設計研究”（21ZD26）、國家社科基金藝術學重點項目“古文字書法史”（22AF010）、中國美術學院基本科研業務費項目“近出古文獻字詞考釋”（YW2024SK09）的資助。

② 曹錦炎主編：《國家圖書館藏金文全集》，浙江人民美術出版社，2023年。

續　表

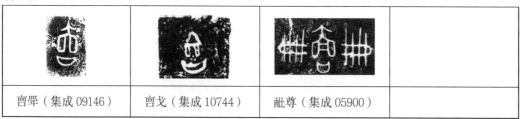

啚罙（集成 09146）	啚戈（集成 10744）	酛尊（集成 05900）	

　　觚銘皆鑄在圈足内，爵銘和罙銘在鋬内，戈銘在内上，尊銘在器腹内底。這七件器的時代，除了酛尊是西周早期之外，其他皆爲商代晚期。根據字形的特點，國圖這件器銘的時代也應該是商代晚期。從拓本反映的鑄造痕迹來看，與觚銘較爲接近，原器似有可能是觚。

　　"善拓166-023"拓本，是一件簋銘，銘文共三行，每行五字（"子""孫"二字爲重文），文曰："白（伯）□乍（作）奠（鄭）姬寶毁（簋），其萬年子＝（子子）孫＝（孫孫）永寶用。"從文字風格看，當屬西周晚期。首行第二字是一個新見字形，上部從雨，下部似與"齊"接近，若然，此器銘可稱伯霽簋銘。

　　"善拓189-009"是一件杞伯每亡鼎的拓本。春秋早期杞伯每亡之器目前已見十數件，其中鼎銘有三件（《集成》02494、02495、02642），《集成》02642這件器銘爲："杞白（伯）每亡乍（作）鄀（邾）嬇（曹）寶鼎（鼎），其萬年齎（眉）壽，子＝（子子）孫永寶用盲（享）。"較其他兩件多出"其萬年齎（眉）壽"一句及"盲（享）"字。國圖藏拓的銘文原應與之相同，只是現存每列文字均缺了首字；其中"壽"字作，與《集成》09687壺銘寫法相同，"老"旁均具齊系文字特點。

　　"善拓175-029"拓本經剪切，銘曰"曾侯乍（作）寶鐘"，其中"鐘"字筆畫殘損。從銘文風格來看，五字形體瘦長，"曾侯乍"三字多曲筆，與曾侯乙器接近，時代當屬春秋晚期或戰國早期。

二

　　其次是以往僅見摹本、未見拓本的資料。

　　《攈古録金文》卷一之二著録有兩套諸婦卣銘，器蓋同銘。其中，七七頁的這套，原器其實是方彝（《集成》09873），七六頁的這套，目前尚未見其他著録。國圖藏拓中，"善拓577-32""善拓577-33"爲兩套尊銘，其中"善拓577-32"即方彝的蓋銘和器銘，"善拓577-33"似可與《攈古》1之2.76的卣銘對應。但細審拓本，"善拓577-33"的蓋銘與"善拓577-32"的蓋銘當係同器，《攈古》1之2.76的蓋銘目前僅見於國圖藏拓。

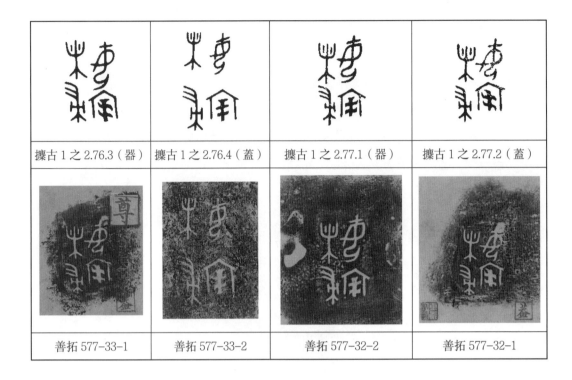

攟古 1 之 2.76.3（器）	攟古 1 之 2.76.4（蓋）	攟古 1 之 2.77.1（器）	攟古 1 之 2.77.2（蓋）
善拓 577-33-1	善拓 577-33-2	善拓 577-32-2	善拓 577-32-1

　　《攟古》2 之 2.9.2 所收叔娟鬲，所作釋文爲“□白碩□作叔娟寶鬲其萬年□□子”。《綴遺》27.7.2 亦摹入此銘，名曰“畢伯碩父鬲”，釋文爲“畢伯碩□作叔嬦寶鬲其萬（下闕）”，并有説明：“右畢伯碩父鬲銘，土蝕，可辨者十字。葉東卿兵部所藏器，據拓本摹入。‘碩’下是‘父’字，‘萬’下全闕，不可計。”後又加批注：“《攟古録金文》録此器，首（畢）字誤摹作　，下多一‘子’字。”①

① 旁又注器銘首字　。

攈古 2 之 2.9.2	綴遺 27.7.2	善拓 577-002

《集成》00642 收録此器，采納《綴遺》的命名，稱"畢伯碩父鬲"，但却用了《攈古》的摹本。《引得》所作釋文爲"芊白（伯）碩［父］乍（作）叔娟（妘）寶鬲，其萬［年］子☒。"[1]《銘圖》釋文略同。[2]

據《綴遺》説明，此器爲葉東卿舊藏。國圖藏拓"善拓 577-002"正是葉東卿所拓（鈐印"東卿手拓"），拓本首字作█，可知《綴遺》摹作█是很準確的。《攈古》摹作█，《引得》在此基礎上釋"芊"均有誤。另外，據國圖藏拓，《綴遺》所作釋文很準確，指出《攈古》摹本下多一"子"字也是可信的。

《筠清》4.36.1、《綴遺》27.7.1 摹録一件鬲銘，也是葉東卿藏器。《銘三》0304 根據《陶齋》4.36 收録此摹本[3]，"《陶齋》"當爲"《筠清》"之誤。國圖藏拓"善拓 577-006"即爲葉東卿手拓。《筠清》稱此器爲"周晋姬鬲"，釋文曰"晋姬作曻齊鬲"。《綴遺》指出所謂"晋"字與其他金文"晋"字寫法不類，《筠清》

---

① 張亞初：《殷周金文集成引得》，中華書局，2001 年，第 22 頁。

② 吳鎮烽編著：《商周青銅器銘文暨圖像集成》，上海古籍出版社，2012 年，第 6 卷 246 頁。

③ 吳鎮烽編著：《商周青銅器銘文暨圖像集成三編》，上海古籍出版社，2020 年，第 1 卷 339 頁。

所釋有誤，"此文乃从子執干，與前亞形方鼎文同"，將其隸定作"昏"。

筠清 4.36.1	綴遺 27.7.1	善拓 577-006
綴遺 5.3.1	嘯堂 1.2	綴遺 26.2.1

　　《綴遺》所謂"前亞形方鼎"，即 5.3.1 亞形鼎，云據自藏拓本輯入。但其文字與宋人著録之器全同，尤其是"竹"字的殘缺處也一樣，當是後人據宋代著録偽造。[1]該字又見於《綴遺》26.2.1 亞形罍（《集成》09793）。《綴遺》將鬲銘"昏"字與之聯繫確爲有見，但認爲鬲銘與鼎銘之字上部皆爲子執干形，罍銘爲子執戈形，"干戈意同，自是一字"，則不確。上引族名金文中之字，下有"竹"字，李學勤先生

---

[1] 《阜陽·亳州文物文字編》著録一件臨泉縣博物館藏的同文方鼎（韓自强主編《阜陽·亳州文物文字編》，阜陽市博物館、阜陽市老年專家協會，2004 年，第 36 頁），陳治軍《安徽出土青銅器銘文研究》（黃山書社，2012 年，第 25—26 頁）、吳鎮烽《商周青銅器銘文暨圖像集成續編》（上海古籍出版社，2016 年，第 1 卷 77 頁）均收録。此銘顯然也是據宋人著録偽造的。

指出即國名"孤竹"。① 此字現在一般隸定作"晉"，所謂的戈形和干形，其實是"瓜"。② 鬲銘之字的寫法與師孤父鼎（《銘圖》01651）[圖]同，李先生認爲鬲銘器主"晉姬"即"狐姬"。③

三

再者是以往所見拓本不够清晰，國圖藏拓更清晰者。

春秋中期齊國銅器國差罎，肩上鑄銘十行 50 字，另外器口沿處還刻有一字，以往著録的刻銘拓本皆不够清晰，如《商周青銅器銘文選》即云："另唇口鑿一字，拓本未清。"④ 四版《金文編》將此字摹作[圖]，收入附録。⑤ 趙平安先生曾釋此字爲"邈"，認爲"很可能就是後世的過字"⑥。不過此説信從者不多，如後出的《齊魯文字編》仍入附録。⑦ 鄔可晶先生近年系統研究了"曷"的演變，指出國差罎銘文之字除去辵、攴之外的偏旁其實是"匃"，趙先生釋"邈"之説大體不錯，并指出舊有摹本存在問題，即"匃"旁"右下尚存'刀'的一斜筆，還没有完全變爲'山'形"。⑧

---

① 李學勤：《試論孤竹》，原載《社會科學戰綫》1983 年第 2 期；收入李學勤：《新出青銅器研究》（增訂本），人民美術出版社，2016 年，第 47—51 頁。

② 陳劍：《釋"瓜"》，《出土文獻與古文字研究》第九輯，上海古籍出版社，2020 年，第 66—103 頁。

③ 李學勤：《試論孤竹》，《新出青銅器研究》（增訂本），第 49 頁。

④ 馬承源主編：《商周青銅器銘文選》（四），文物出版社，1990 年，第 536 頁。

⑤ 容庚編著，張振林、馬國權摹補：《金文編》，中華書局，1985 年，第 1182 頁。

⑥ 趙平安：《甲骨文"[圖]"即"曷"字説——兼談羯的族源》，原載《揖芬輯——張政烺先生九十年誕紀念文集》，社科文獻出版社，2002 年，第 230 頁；又載《國際中國學研究》第 5 輯，韓國中國學會，2002 年，第 205 頁；收入趙平安《新出簡帛與古文字古文獻研究》，商務印書館，2009 年，第 68 頁。

⑦ 張振謙：《齊魯文字編》，學苑出版社，2014 年，第 1904 頁。近些年一些專門研究齊系金文的學位論文中所録國差罎銘文或漏收此字。

⑧ 鄔可晶：《戰國時代寫法特殊的"曷"的字形分析，并説"散"及其相關問題》，復旦大學出土文獻與古文字研究中心編：《出土文獻與古文字研究》第七輯，上海古籍出版社，2018 年，第 183 頁。收入鄔可晶《戰國秦漢文字與文獻論稿》，上海古籍出版社，2020 年，第 15 頁。

善拓 299–457	三代 18.18.2	銘文選 846.2	集成 10361

　　國圖藏拓中此字每一筆都十分清晰，"勹"旁的"亡"和"刀"兩部分并未相連，可爲作"曷／勽"字形的演變提供清晰的過渡環節。

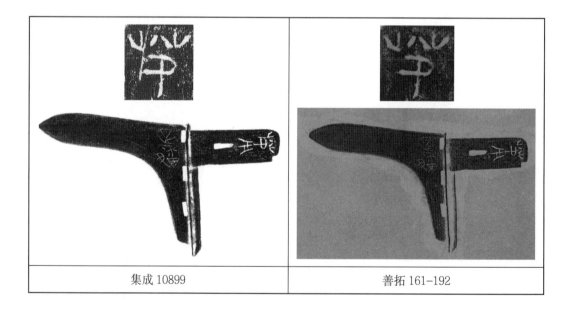

集成 10899	善拓 161–192

　　《集成》10899 著録一件故宮博物院藏的疋鄩戈，來源爲考古所拓片，刻銘四字，備注云："或以内上二字爲僞。"内上二字一般釋爲"妸用"，《戰國文字編》認爲屬晉系文字，[①]《戰國文字字形表》則歸爲燕系文字。[②] 此二字字形呆板、筆畫不甚流利，所謂"用"字寫法也不標準，疑僞頗有道理。國博藏拓"善拓 161–192"中，所謂"妸"字女旁左側的竪筆并不存在，考古所拓片中的這一筆應是拓片的折痕，

①　湯餘惠主編：《戰國文字編》，福建人民出版社，2001 年，第 41 頁。
②　徐在國、程燕、張振謙編著：《戰國文字字形表》，上海古籍出版社，2017 年，第 76 頁。

并非筆畫，如此來看，此字實不成形，當是出於臆造，大大增加了疑僞之説的可信度。

四

另外，國圖藏拓中有不少是有題跋的，從中可以窺探到原器及拓本的流轉信息，豐富相關認識。

例如西周中期的宵簋（或稱卣），僅有拓片流傳，著録於《三代》6.24.3-4（稱彝）、《筠清》5.21.1-2、《攈古》1之2.52.1（稱彝）、《周金》5.110.1-2（稱卣）、《鬱華閣》170.2-3、《集成》10544（稱器）、《總集》2024（稱簋）、《銘圖》04070（稱簋）等。歷來著録對其原器的流傳情況不明。國圖藏拓（館藏號：善拓300-63）上有葉志詵題跋："素方伯藏卣，今在定邸。"素方伯，即素夢蟾[1]，定邸是愛新覺羅·載銓的齋號，可知此器曾爲素夢蟾、載銓所藏。

程瑤田《通藝録·考工創物小記·桃氏爲劍考》文末曾記述：

> 曩余辛未歲，初得下士劍於揚州，同日有胡生得孫退谷所藏古劍銘拓本。孫手書釋之曰"吳季子之子保之永用劍"十字。又手書跋尾曰："昔吳季子有劍，爲徐君所愛，其劍之佳可知。此則其子之劍。或有二劍，一自佩，一以與其子乎？觀其制厚重，鋒鍔韜斂，雖世代久遠，然其德尚可想而見也。劍上字非籀非篆，別有一種古逸之致。吾見三代諸器款識多矣，鮮有及此者，殊可珍也。舊在睢陽，袁氏家曾向余言收買，時一字酬以十金。尚存乎見少，深余寶物出非其時之慨。退道人記。"余以爲此鳥蟲書之遺，不可使失傳也，遂橅圖

---

① 素方伯善拓，見陳介祺著、陳繼揆整理：《簠齋鑒古與傳古》，文物出版社，2004年，第12頁。

之，以附於後。他日倘睹是劍，取以相證，未可知也。①

由此可知，程瑶田曾得到孫承澤（退谷）所藏"吳季子之子逞之元用劍"（"逞""元"二字原誤釋爲"保""永"）的拓本，上有孫氏所作釋文及題跋。國圖藏拓中，編號爲"裱軸0859"的拓本，恰是程瑶田舊藏之拓。其形制爲裱軸，分爲上中下三部分，中爲劍銘拓本及孫氏釋文，下爲孫氏題跋，其後并有程瑶田二跋及翁方綱觀跋，上爲張廷濟題跋。

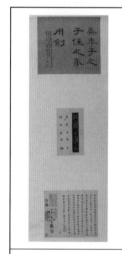		
裱軸0859全貌	劍銘拓本及孫承澤釋文	孫承澤、程瑶田、翁方綱題跋

程瑶田跋云：

　　乾隆辛丑六月，瑶田居揚州，説《考工記》，《桃氏爲劍篇》有見於先後鄭氏注，未得其審，而苦無左證，適於肆中得古銅劍，蓋下士所服者，足證余之説。持歸而同寓胡生亦於肆中得此劍銘。胡生少年，固不知余之説《考工》也，乃氣類相感、不謀同獲，殊非偶然。丁未二月望，京師寓齋記。壽丈人，時年六十有三。

　　此劍銘不可不收余《通藝録》中，乾隆六十年六月手摹圖之，爲文以紀顛末，付之開雕。讓堂老人，時年七十又一。

可知乾隆辛丑年（1781）他得到胡生所贈拓本後，丁未年（1787）作了第一段跋，

---

① （清）程瑶田撰，陳冠明等校點：《程瑶田全集》，黃山書社，2008年，第163頁。153頁也記有相關内容，但不如此處詳細。

乾隆六十年（1795）又作了第二段跋。第二段跋云“爲文以紀顚末”，應正是前録《桃氏爲劍考》之内容。

附：引用書目簡稱表

簡稱	書名
《集成》	《殷周金文集成》
《引得》	《殷周金文集成引得》
《總集》	《金文總集》
《銘圖》	《商周青銅器銘文暨圖像集成》
《銘三》	《商周青銅器銘文暨圖像集成三編》
《陶齋》	《陶齋吉金録》
《攈古》	《攈古録金文》
《綴遺》	《綴遺齋彝器考釋》
《筠清》	《筠清館金文》
《三代》	《三代吉金文存》
《周金》	《周金文存》
《鬱華閣》	《鬱華閣金文》

蜚廉死葬霍太山考[*]

——兼談蜚廉族氏的遷徙

楊楊

（故宮博物院、
"古文字與中華文明傳承發展工程"協同攻關創新平臺）

一

蜚廉文獻亦寫作飛廉，嬴姓，爲秦、趙之祖。嬴姓之祖《史記·秦本紀》云"帝顓頊之苗裔孫曰女修"[1]。至舜時，其族被賜姓爲嬴氏；得國命氏者十三支即"有徐氏、郯氏、莒氏、鍾離氏、運奄氏、菟裘氏、將梁氏、黄氏、江氏、修魚氏、白冥氏、蜚廉氏、秦氏"。《秦本紀》追溯秦人世系云："大費生子二人：一曰大廉，實鳥俗氏；二曰若木，實費氏。其玄孫曰費昌，子孫或在中國，或在夷狄。費昌當夏桀之時，去夏歸商，爲湯御，以敗桀於鳴條。大廉玄孫曰孟戲、中衍……其玄孫曰中潏，在西戎，保西垂。生蜚廉。蜚廉生惡來。惡來有力，蜚廉善走，父子俱以材力事殷紂。周武王之伐紂，并殺惡來。"[2]蜚廉的封地據《路史·卷二十五國名紀》："蜚也，蜚廉國。龍門縣南七里有蜚廉故城，非子祖也。又絳之正平蜚廉城，云事

---

* 本文爲國家社科基金重大項目"故宮博物院藏殷墟甲骨整理與研究"（14ZDB059）及"古文字與中華文明傳承發展工程"資助項目"中原王朝與西北諸國族關係研究——以晚商西周古文字資料爲中心"（G3618）的階段性研究成果。

[1] （漢）司馬遷撰，（南朝宋）裴駰集解，（唐）司馬貞索隱，（唐）張守節正義：《史記》卷五，中華書局，1982年，第173頁。
[2] 《史記》卷五，第174頁。

紂所居。"① 其國或曰滅於武王伐紂，或曰滅於秦。② 《秦本紀》又云："蜚廉復有子曰季勝。季勝生孟增。孟增幸於周成王，是爲宅皋狼。皋狼生衡父，衡父生造父。造父以善御幸於周繆王，得驥、溫驪、驊駠、騄耳之駟，西巡狩，樂而忘歸。徐偃王作亂，造父爲繆王御，長驅歸周，一日千里以救亂。繆王以趙城封造父，造父族由此爲趙氏。自蜚廉生季勝以下五世至造父，別居趙。趙衰其後也。惡來革者，蜚廉子也，蚤死。有子曰女防。女防生旁皋，旁皋生太幾，太幾生大駱，大駱生非子。以造父之寵，皆蒙趙城，姓趙氏。"③ 由秦人自己對族源的回溯，不難看出，東周時期常爲諸侯諷爲戎狄的秦國上層與夏商周三朝王室都有較近的關係。蜚廉父子勤於王室的記載還見於《荀子・儒效》："（紂）刳比干而囚箕子，飛廉、惡來知政。"④《太平御覽》引《尸子》："飛廉、惡來力角虎兕，手搏熊犀。"⑤ 正是由於蜚廉一族忠於殷商，纔有周武王伐紂殺惡來，周公東征誅蜚廉的發生。"是時蜚廉爲紂石北方，還，無所報，爲壇霍太山而報，得石棺，銘曰'帝令處父不與殷亂，賜爾石棺以華氏'。死，遂葬於霍太山。"⑥

秦人對自己祖先的追溯和認同，不止見諸傳世文獻，隨着考古事業的發展還得到了出土文獻的支持。例如，于省吾先生就曾經指出，典籍之"惡來"應當是"亞來"之訛誤，"亞來，亞其官，來其名也"⑦。此後，陸國權⑧、白國紅⑨等學者又做了進一步闡述。與"亞"相關的官名在甲骨文中特別重要，是構建商代職官體系的支撐材料。陳夢家先生認爲亞爲武職⑩，孫亞冰認爲亞是甲骨文中"常見的官職，側重武職，但具體職責十分廣泛"⑪。王宇信、徐義華兩位先生則認爲它可能"不

① （宋）羅泌：《路史》卷二十五，上海古籍出版社影印文淵閣《四庫全書》本，第383册，1987年，第310頁。
② 《風俗通義・姓氏篇》："飛廉氏，飛廉國，秦所滅，因氏焉，漢書光禄大夫飛廉安國。"（漢）應劭撰，王利器校注：《風俗通義校注》，中華書局，1981年，第503頁。
③ 《史記》卷五，第175頁。
④ （清）王先謙撰，沈嘯寰、王星賢點校：《荀子集解》，中華書局，1988年，第136頁。
⑤ （漢）王充著，黃輝撰：《論衡校釋》，中華書局，1990年，第343頁。
⑥ 《史記》卷五，第175頁。
⑦ 于省吾：《雙劍誃諸子新證》，中華書局，2009年，第474—475頁。
⑧ 路國權：《説"惡來"——秦族起源再探》，《咸陽師範學院學報》2011年26卷5期，第1—3頁。
⑨ 白國紅：《嬴秦之祖"惡來"稱名及相關問題辨析》，《求索》2019年第2期，第165—172頁。
⑩ 陳夢家：《殷虚卜辭綜述》，科學出版社，1956年，第508頁。
⑪ 孫亞冰：《卜辭所見"亞"字釋義》，王宇信、宋鎮豪主編《紀念殷墟甲骨文發現一百周年國際學術研討會論文集》，社會科學文獻出版社，1999年。

是專職的外服官"①。

"亞＋某"和"某＋亞"的稱謂見之於甲骨卜辭的還有：

（1）……亞辛。（《合集》5697）

（2）貞隹……令比亞侯。（《合集》3310）

（3）己亥卜，在長，貞王……亞比岳又伯伐……方，不眉戈。在十月又……（《前》2·8·5）

甲骨文中還有"多亞"一詞，是爲多個亞某的集合名詞，與"多屯、多馬、多射、多尹、多工、多籠、多犬、多卜、多奠、多后、多婦、多父、多子等的辭例相同"②。甲骨文中不單有某亞與亞某，還有其配偶的相關材料，如"亞侯婦、婦亞弨、亞束午婦等"③。傳世文獻《尚書·酒誥》曰："自成湯咸至於帝乙……不敢自暇自逸，矧曰其敢崇飲。越在外服，侯、甸、男、衛、邦伯；越在内服，百僚庶尹、惟亞、惟服、宗工；越百姓、里君、罔敢湎於酒。"④由此不難看出，"亞"作爲職官理解，無論是内服僚屬，還是外服諸侯，惡來都是商紂王的肱股之臣。

1985 年，陝西省鳳翔縣南指揮村秦公一號大墓出土的一枚編號爲 M1:252 的殘磬，也值得我們關注。這枚曾屬於秦景公的編磬銘爲："湯湯厥商。百樂咸奏，允樂孔煌。虎（鉏）鋙載入，又（有）？凯載羕（漾）。天子郾喜，龏（共）、桓是嗣。高陽又（有）靈，四方以䰞（宓）平。"磬銘中"高陽有靈"的"高陽"就是顓頊的名號，即秦人最早的高祖。這和《史記》《大戴禮記》等傳世文獻是互相印證的。

二

商周時期，與秦同族的嬴姓諸國如奄、郯、莒、徐、黄、江、樊、谷、養等大多分布在今天山東半島和淮河流域；而秦國崛起於西戎，其遠祖蜚廉伏誅於商奄，一西一東；蜚廉又葬於霍太山，居天下之中。這些彼此抵牾的史料，彙集到一起，令人頗爲費解。尤其是《孟子·滕文公》："周公相武王，誅紂伐奄，三年討其君，驅飛廉於海隅而戮之，滅國者五十，驅虎豹犀象而遠之，天下大悦。"則更容易讓

---

① 王宇信、徐義華：《商代史·商代國家與社會》，中國社會科學出版社，2011 年，第 521 頁。

② 張秉權：《中國田野考古報告集·殷虚文字丙編考釋》，臺灣"中央研究院"歷史語言研究所，1961 年，第 126 頁。

③ 宋鎮豪：《夏商社會生活史》，中國社會科學出版社，1994 年，第 148—151 頁。

④ （清）孫星衍撰，陳抗、盛冬鈴點校：《尚書今古文注疏》，中華書局，2004 年。

人誤以爲蜚廉被殺於東海之濱。殷商時期，蜚廉的封地，或者説秦人曾經的祖居地在哪里，學術界有過長久的爭論。大致可概括爲"西來説""東來説""由東遷西説"。蒙文通先生力主"西來説"，[①] 他認爲嬴秦源出西戎，翦伯贊[②]、吕振羽[③]、熊鐵基[④]等先生與其觀點相近。傅斯年先生首倡"東來説"，他認爲："秦趙以西方立國，而用東方之姓者，蓋商代西向拓土，嬴姓東夷在商人旗幟下入於西戎。《秦本紀》説此事本甚明白。"[⑤] 經衛聚賢[⑥]、黄文弼[⑦]、徐旭生[⑧]、林劍鳴[⑨]等先生深入研究，此一觀點逐漸成爲學界主流。《史記・秦本紀》載（戎族）申侯曾諫孝王曰："昔我先酈山之女，爲戎胥軒妻，生中潏，以親故歸周，保西垂。"[⑩] 王玉哲先生整理文獻，進而提出"秦人西遷，始於殷商滅夏"[⑪] 的秦人"由東遷西説"。鄒衡[⑫]、趙化成[⑬]、劉軍社[⑭]、牛世山[⑮]等先生支持此説，贊同殷商時期秦人先祖已經開始西遷，未必要等到周公東征誅殺蜚廉。除去"西來説"否認秦人曾經遷徙外，"東來説""由東遷西説"都不否認秦人的東方屬性。

1973 年，長沙馬王堆三號漢墓出土的《戰國縱横家書・蘇秦謂燕王章》："自復而足，楚將不出睢（沮）、章（漳），秦將不出商閼，齊不出吕（隧），燕將不出屋、注，晋將不奇（逾）泰（太）行，此皆以不復其常爲進者。"實際上講的就是楚、秦、齊、燕、晋等國的始居之地。秦國所居之"商閼"即商王南庚所遷之奄，亦即周公"因商奄之民，命以伯禽，而封於少昊之墟，是爲魯國"之地。周公東征殘奄封魯的記載，同樣見於出土的金文材料。現藏國家博物館的禽簋銘："王伐奄侯，周公謀，禽祝，

---

① 蒙文通：《秦爲戎族考》，《禹貢》1936 年第 6 卷第 7 期，第 17—20 頁。

② 翦伯贊：《秦漢史》，北京大學出版社，1984 年，第 1 頁。

③ 吕振羽：《中國原始社會史（補訂本）》，三聯書店，1961 年。

④ 熊鐵基：《秦人早期歷史的兩個問題》，《社會科學戰線》1980 年第 2 期，第 154—182 頁。

⑤ 傅斯年：《夷夏東西説》，《中央研究院歷史語言研究所集刊》外編第一種《慶祝蔡元培先生六十五歲文集》下冊，1933 年，第 1093—1134 頁。

⑥ 衛聚賢：《中國民族的來源》，《古史研究》第三集，上海商務印書館，1934 年，第 49—51 頁。

⑦ 黄文弼：《嬴秦的東方氏族考》，《史學雜志》，1945 年創刊號。

⑧ 徐旭生：《中國古史的傳説時代》（增訂本），文物出版社，1985 年，第 48—52 頁。

⑨ 林劍鳴：《秦史稿》，上海人民出版社，1981 年，第 30—31 頁。

⑩ 《史記》卷五，第 177 頁。

⑪ 王玉哲：《秦人的族源及遷徙路綫》，《歷史研究》1991 年第 3 期，第 32—40 頁。

⑫ 鄒衡：《論先周文化》，《夏商周考古學論文集》，文物出版社，1980 年，第 297—356 頁。

⑬ 趙化成：《尋找秦文化淵源的新綫索》，《文博》1987 第 1 期，第 1—8 頁。

⑭ 劉軍社：《壹家堡類型文化與早期秦文化》，《秦文化論叢》第 3 輯，西北大學出版社，1994 年，第 495—508 頁。

⑮ 牛世山：《秦文化淵源與秦人起源探索》，《考古》1996 年第 3 期，第 41—50 頁。

禽有脈祝。王賜金百鋅，禽用作寶彝。”而新出的清華大學藏戰國竹簡《繫年》①，則更進一步印證了秦人曾居奄的歷史。

> 周武王既克鼙（殷），乃執（設）三監于殷。武王陟，商邑興反，殺三監而立嶽子耿。成王屎（踐）伐商邑，殺嶽子耿，飛曆（廉）東逃于商盍（蓋）氏。成王伐商盍（蓋），殺飛曆（廉），西曑（遷）商盍（蓋）之民于邾（朱）虔（圉），以御奴虜之戎，是秦先（之先），媟（世）乍（作）周屈（衛）。周室即（既）宐（卑），坪（平）王東曑（遷），止于成周，秦中（仲）女（焉）東居周地，以獸（守）周之坌（墳）蘽（墓），秦以訋（始）大。②

清華簡《繫年》中提到的“邾圉”，應與《尚書·禹貢》“西傾、朱圉、鳥鼠至於太華”提到的“朱圉”爲一地。孔穎達疏曰：“圉，一作‘圄’。朱圉山在天水冀縣南。”《漢書·地理志》天水郡冀縣的“朱圉”在冀縣南梧中聚，可確定在“今甘肅甘谷縣西南”③。李學勤先生提出秦人西遷始自周公東征，甘肅省甘谷縣的朱圉，可能是秦人最早的西遷之地。

1947 年，考古學家裴文中先生進行渭河流域調查時便在甘谷縣磐安鎮毛家坪村等地發現多處遺址。20 世紀 80 年代以來，甘肅省文物考古研究所、國家博物館田野考古部、北京大學考古文博學院、陝西省考古研究院、西北大學文化遺產學院等多家單位，在此進行過多次聯合發掘，發現了大量早期秦人遺址。近年來，甘肅省天水市清水縣李崖遺址、寧夏回族自治區彭陽縣新集鄉姚河村下姚河組姚河塬商周遺址也出土了大量可以證明早期秦文化與殷商文化有着某種淵源關係的遺存。例如，李崖嬴秦墓地出土的方唇分襠陶鬲、三角紋陶簋等商式風格陶器，和盛行的腰坑、殉狗。姚河塬墓地普遍的腰坑、殉狗和殉牲。從這些遺址的葬俗來看，帶有殷商文化因素的嬴姓氏族西遷，應當早於武王滅商，秦人在蜚廉死後的遷徙不是單純的懲罰性遷徙或西逃，而是有目的、有準備的。嬴秦在遷居西戎之地後，還長期保持着自己的文化傳統。“春秋中晚期莒國、薛國貴族殉人墓及同屬東夷的臨沂鳳凰嶺東周殉人墓與甘肅禮縣圓頂山嬴秦貴族殉人墓及陝西鳳翔秦公一號大墓在殉人方式上

---

① 清華楚簡《繫年》年代與《楚居》相同，約成書於楚肅王（前 370—前 341 年）時期。詳見趙平安：《〈楚居〉的性質、作者及寫作年代》，《清華大學學報》（哲社版）2011 年第 4 期，第 29—33 頁。

② 釋文參考馬楠：《清華簡〈繫年〉輯證》，2015 年，中西書局，第 37—38 頁。李松儒：《清華簡〈繫年〉集釋》，2015 年，中西書局，第 75 頁。

③ 李學勤：《清華簡關於秦人始源的重要發現》，載《光明日報》2011 年 9 月 8 日。

的還保持着一定的相似性。"①

三

清楚了秦人的始居之地和西遷之地，再看蜚廉葬地霍太山，一幅秦人遷徙的壯麗畫卷躍然展現。晚商時期，商王朝西部散居着大批種姓不同的戎狄，如見於《竹書紀年》等書的就有"西落鬼戎""燕京之戎""餘無之戎""始呼之戎""翳徒之戎"……顧頡剛先生認爲"季歷所伐的西落鬼戎可能是鬼方，燕京之戎因居燕京之山而得名，燕京山即管涔山，在山西北部"②。《史記》也記載（戎族）申侯曾對周孝王言道："昔我先酈山之女，爲戎胥軒妻，生中潏。"③據顧先生考證，驪戎的地望在今山西南部。④王玉哲先生更進一步研究得出，申侯的居地，在周宣王以前，也在山西霍太山一帶。⑤

商代的甲骨文材料同樣記録了許多今日山西地區的國族材料，例如：

（4）其呼戍御羌方于義、則，牧羌方，不喪衆？（《合集》27972）

（5）……自西……舌方征我……莧亦牧舌……（《合集》6062）

（6）乙未卜，貞：召方來，于大乙延？（《屯南》1116）

羌方是晚商時期商人在西部地區最强勁的敵人之一，其分布在今山西省南部與河南省西部的廣闊地域。舌方是商人在西部的另一强敵，其地望在今山西省中北部。召方地在晉南沁水流域。據考古資料，晚商時期，在山陝北部黃河兩岸，分布着"兩個文化系統，一個是以山西石樓、陝西綏德等地出土的青銅器爲代表的具有草原特色的并與商文化并行發展的青銅文化系統；一個是以靈石旌介銅器群爲代表的青銅文化系統，是商文化在發展過程中在當地形成的一個地域類型，其遺存應屬與商王朝有着較穩定臣屬關係的包括靈石一帶ⅨX族在内的友好方國。石樓-綏德類型青銅文化"或者是單一的舌方文化，或者是該地區包括舌方在内以舌方爲主體的與商王

---

① 印群：《論春秋時期魯東南殉人墓的文化因素——兼及東夷與嬴秦文化的關係》，《復旦學報》（社會科學版），2020 年第 4 期，第 50—60 頁。

② 顧頡剛：《從古籍中探索我國的西部民族——羌族》，《社會科學戰綫》1980 年第 1 期，第 117—157 頁。

③ 《史記》卷五，第 177 頁。

④ 顧頡剛：《史林雜識初編·驪戎不在驪山》，中華書局，1963 年。

⑤ 王玉哲：《先周族最早來源於山西》，《中華文史論叢》1982 年第 3 輯，第 1—24 頁。

朝基本上處於敵對狀態的諸敵對方國的文化"①。晚商時期，山西境内的商文化遺存主要分布在晋南地區，商王朝西部的邊界應當也不出這個範圍。

《史記》没有明確地提及蜚廉死亡地點，但云："周武王之伐紂，并殺惡來。是時蜚廉爲紂石北方，還，無所報，爲壇霍太山而報，得石棺，銘曰'帝令處父不與殷亂，賜爾石棺以華氏'。死，遂葬於霍太山。"②王洪軍在《新史料發現與"秦族東來説"的坐實》中結合《孟子》等文獻認爲："武王滅商後，飛廉帶着家族逃到商奄，其中包括惡來的兒子女防，周成王討伐商奄，殺死飛廉。"③張志祥與李祖敏的《飛廉之死考》，④則是綜合《繫年》與《孟子·滕文公下》之觀點，否認了《史記·秦本紀》的記載。結合清華簡《繫年》來看，蜚廉應死於周公第二次東征，死亡地點約在山東曲阜一帶。⑤蜚廉之所以没有同其子惡來一同亡於商周鼎革，實因其"爲紂石北方"。《史記》"石北方"之"石"與清華簡《金縢》"石東"之"石"均爲"迈"之省，意爲出巡、出征。⑥《水經注·汾水注》云："汾水又南，與彘水合，水出東北太岳山，《禹貢》所謂岳陽也，即霍太山矣。上有飛廉墓。飛廉以善走事紂，惡來以多力見知。周王伐紂兼殺惡來。飛廉先爲紂使北方，還無報，乃壇於霍太山，而致命焉……死遂葬於霍太山。"

殷亡之後，蜚廉參與反對周王朝的叛亂，被殺死在嬴秦一族的大本營商奄。此後，其族人離開始居地，踏上漫漫西遷之路。從今天的山東翻越太行山遷到山西，再由山西渡過黄河遷往陝西，最後再定居在甘肅東部。⑦

"飛廉族人并非自商奄全部遷至甘肅，而是有些遷至甘肅東部，成爲秦人始祖；另外一些在山西霍太山一帶定居下來，則是趙衰的先人。"⑧《史記·秦本紀》云："蜚廉復有子曰季勝。季勝生孟增。孟增幸於周成王，是爲宅皋狼。皋狼生衡父，衡父生造父。造父以善御幸於周繆王，得驥、温驪、驊騮、騄耳之駟，西巡狩，樂而忘歸……繆王以趙城封造父，造父族由此爲趙氏。自蜚廉生季勝以下五世至造父，

① 詳見李伯謙：《從靈石旌介商墓的發現看晋陝高原青銅文化的歸屬》，《中國青銅文化結構體系研究》，科學出版社，1998年，第167—184頁。
② 《史記》卷五，第175頁。
③ 王洪軍：《新史料發現與"秦族東來説"的坐實》，《中國社會科學》2013年第2期，第182頁。
④ 張志祥、李祖敏：《飛廉之死考》，《棗莊學院學報》2014年1期，第63頁。
⑤ 劉光勝：《清華簡〈繫年〉與"周公東征"相關問題考》，《中原文化研究》2016年第2期，第73頁。
⑥ 禤健聰：《〈史記〉釋讀札記二則》，《文獻》2014年第2期，第123頁。
⑦ 王玉哲：《秦人的族源及遷徙路綫》，《歷史研究》1991年第3期，第32—40頁。
⑧ 劉光勝：《清華簡〈繫年〉與"周公東征"相關問題考》，《中原文化研究》2016年第2期，第74頁。

別居趙。趙衰其後也。"①《集解》："徐廣曰：'趙城在河東永安縣。'"《正義》引《括地志》云："'趙城，今晉州趙城縣是。本彘縣地，後改曰永安，即造父之邑也。"②西漢時的彘縣、東漢時的永安縣，即今霍州市。蜚廉的後人造父受封後，在緊鄰趙成的霍太山爲蜚廉建壇、修墓祭祀。蜚廉以下六代居趙的時間，大約是周成王至懿王時期。造父推薦非子"遠赴隴右，爲周王室保西垂，防範犬戎之變"③，大約在周懿王當政後期或孝王前期。④因此，可以說霍太山，在秦人西遷過程中，具有極爲重要的意義。從山西省運城市絳縣橫水鎮西周墓地、臨汾市翼城縣大河口墓地的考古發掘情況來看，兩地皆有西周早中期殷遺民的流行葬俗，如腰坑、殉狗等，"它又與甘肅東部發現的西周中晚期秦墓以及關中地區春秋時期高等級秦貴族墓的葬俗極爲相似。這種相似性不是偶然的，既說明商末周初嬴秦先祖與佣、霸等原殷商方國遺民由於地域鄰近、身份經歷類似而采用了相似的葬俗，也反映了嬴秦西遷之後文化承襲的歷史脉絡。"⑤

四

《國語·楚語下》云"壇場之所，上下之神，氏姓之出，而心率舊典者爲之宗"。蜚廉族人在霍太山爲壇而報，并將蜚廉遷葬於此，可見霍太山在時人心目中的重要性。報祭即"祒"，亦稱告祭，是指報功、報恩的祭禮。商代甲骨文，即有"壇"類建築的記載。例如"庭旦"（《屯南》60）、"薈旦"（《合集》1074）、"毓祖丁旦"（《合集》27308）、"父甲旦"（《合集》27446）等。旦字，陳夢家先生疑借爲壇⑥，可能爲人工夯築圓墩形基址的高壇式建築物。由卜辭材料來看，壇通常有具體的地點或受祭者稱謂，如"南門旦""祖丁旦"等。蜚廉族人所設之壇，可能名爲"霍山壇"或"蜚廉壇"。甲骨文中，與"旦"類似的，還有"單"，墠也。它們有所區別，"單是自然而經修整的墠式祭所，旦是人工構築的夯土壇。《尚書·金滕》'爲三壇同墠，爲壇於南方，北面'，孫星衍疏引鄭注《禮記·祭法》云'封土曰壇，除地曰墠'，指出三壇同墠，意思說'既除地爲墠，又加三壇其上'。

①　《史記》卷五，第175頁。
②　《史記》卷五，第177頁。
③　梁雲：《論嬴秦西遷及甘肅東部秦文化的年代》，《秦始皇帝陵博物院》2012年，第278頁。
④　侯毅：《論秦文化的起源與發展》，《山西師大學報》（社會科學版）1987年，第85—87頁。
⑤　梁雲：《論嬴秦西遷及甘肅東部秦文化的年代》，《秦始皇帝陵博物院》2012年，第272頁。
⑥　陳夢家：《殷虚卜辭綜述》，科學出版社，1956年，第472頁。

除地即平整土地，封土則謂人工層層夯築的祭壇，前者爲墠，後者爲壇。甲骨文中有‘小單’（《合集》31683）、‘東單’（《合集》36475）、‘南單’（《合集》28116）、‘西單’（《合集》9572）等”①。

甲骨卜辭中，報祭的材料并不少見，且報祭對象多爲殷人之先公先王，這與蜚廉族人報祭蜚廉在文化習俗上是一致的。甲骨文報祭材料有：

（7）貞：其報于上甲家。其……（《合集》13580）

（8）丁丑貞：屮（侑）報于高祖亥。

丁未貞：酒高祖報，其牛高妣。（《屯南》608）

（9）貞：屮（侑）報于大甲。（《合集》1432）

（10）貞：乙未卜，爭貞：來辛亥酒崔報于祖辛。七月。（《合集》190）

上舉（7）—（10）都是商王報祭祖先的記録，報祭對象有商人建國前的上甲、王亥，立國後的大甲、祖辛。《國語》曰：“上甲微，能率契者也，故殷人報焉。”報爲祭名，韋昭釋爲報德之祭，義或然也。行此報祭，必有其所，於是特爲立廟焉。《周禮·春官·大司樂》賈公彦疏云：“五穀成，於神有功，故報祭之。”秋收有獲，於神有功，登獻新穀，意在回報神靈佑護五穀豐登之功，并冀望繼續得到保佑，以此爲勉。《孔叢子·論書》説的“每歲之大嘗而報祭焉”正是此意。商王在國都報祭祖先的場所，可能就是安陽殷墟宗廟區丙組基址。這是一組晚商時期國家級祭壇遺存。它們大多有臺無礎，土臺上殘存有玉璧、人牲、獸牲、柴灰、燎牲、穀物、陶器、空坑等8種不同的祭祀遺迹。蜚廉族衆在霍太山報祭的活動，可能也并非單純的追思活動，而是帶有建政晉南的意義。

商人祭祀祖先的對象除了有歷史上真實存在過的先公先王，還有人格化、神格化的自然神河、岳等。屈萬里先生認爲甲骨文中屢屢出現的祭祀對象“岳”，“即太岳山，亦即霍山，文獻中又稱霍太山”②。顧頡剛③、唐曉峰④等先生也認爲岳應爲山西之霍山。甚至到春秋時期，晉國訂立盟約時，仍常以“岳”神爲證并尊稱其

---

① 宋鎮豪：《商代史·商代社會生活與禮俗》，中國社會科學出版社，2010年，第38頁。
② 屈萬里：《屈萬里全集·書傭論學集》，臺灣聯經出版社，1984年，第286—306頁。
③ 顧頡剛：《四岳五岳》，《史林雜識初編》，中華書局，1963年。
④ 唐曉峰：《卜辭“岳”之地望》，《九州》第三輯，商務印書館，2003年。

神爲"岳公"。① 三家分晋之後，趙國延續了對霍太山的祭祀，《史記·趙世家》云："於是趙北有代，南併知氏，強於韓、魏。遂祀三神於百邑，使原過主霍太山祠祀。"② 由是觀之，在霍太山祭祀，對蜚廉一族的遷徙具有極爲重要的意義。這裏除了是蜚廉族人遷徙的中轉站，也是戰漢以降蜚廉神格化的轉折點。

經過小文的梳理，可見嬴秦一族或曰蜚廉一族從東向西的遷徙，應是多次完成的。既有周人懲罰性遷徙的原因，更有其族殷商時期勤勉王室服務於北疆的因素。甚至，周人對他們這支殷遺民的遷徙，也是利用其熟悉與北方戎狄打交道的關係。

據史念海先生研究，"霍山南北的氣候已有差異，霍山以北當時再未見有諸侯封國，則當時的農牧業地區分界綫實應在霍山之上。或謂晋國始封當在晋陽。晋陽在今山西太原市西南，已遠在霍山之北，則當時的農牧業地區的分界綫似應遠在晋水之北，不當近在霍山"。西周時期的農牧業地區分界綫，"由周人發祥地周原附近隴山之下向東北引伸的農牧業地區的分界綫。具體説，這條分界綫是由隴山之下向北繞過當時的密，也就是現在甘肅靈臺縣，折向東南行，由今陝西涇陽縣越過涇河，趨向東北，過相當於今陝西白水縣北的彭衙之北，東至今陝西韓城市，越過黄河，循汾河西側，至於霍太山南，又折向南行，過澮河上源，至於王屋山，更循太行山東北，繞北燕國都城薊之北，再東南至於渤海岸上，燕國所都的薊就是現在的北京市"③。無論是蜚廉爲商紂王出使北方，還是其後裔受封趙城、居犬丘，這一族氏始終服務於中原王朝的邊境事務，他們的幾次遷徙都是沿着當時的農牧分界綫進行的。

① 魏克彬：《侯馬與溫縣盟書中的"岳公"》，《文物》2010年第10期，第76—83頁。

② 《史記》卷四三，第1795頁。

③ 史念海：《論兩周時期農牧業地區的分界綫——〈黄土高原歷史地理研究·農牧地區分界編〉之一》，《中國歷史地理論叢》，1987年第1期，第29頁。

清華十二《參不韋》釋文商榷*

單育辰

（吉林大學考古學院古籍研究所、
"古文字與中華文明傳承發展工程"協同攻關創新平臺）

近期清華簡《參不韋》發表，簡文通過參不韋對啓的告誡，闡述了天道人事，内容宏大。② 其部分内容與 2021 年發表的清華簡《五紀》有關聯。《參不韋》佚失已久，棗林鋪造紙廠簡《詩書之言（甲篇）》中亦見"三不韋"之名，《墨子·非命中》："有於《三代不國》有之曰：'女毋崇天之有命也。'命《三不國》亦言命之無也"，趙曉斌先生認爲"三代不國""三不國"即"三不韋"之訛。③ 但《墨子》所引文句在本篇中未見踪迹，疑戰國時尚有另一本《參不韋》流傳。清華簡《參不韋》字體風格極爲特别，與常見的楚文字字體風格差别較大，而與清華一《保訓》字體風格一致，李松儒認爲《參不韋》《保訓》都有爲魯國抄本的可能。④ 整理者對《參不韋》做了非常完善的釋文考釋，不過也偶有一些問題可以再加以討論。本文準備分爲"簡文釋讀問題""釋讀統一問題""簡文標點問題"三部分加以論述。

一、簡文釋讀問題

（一）簡 2+3+4："帝乃命【2】參不韋撲天之中，秉百神之機，播誓百堇（艱），審义陰陽，不虞唯信，以定帝【3】之德。"

整理者説："敷，《説文》'播'字古文，讀爲'布'，訓爲遍。《墨子·天志中》

---

* 本文爲國家社科基金重點項目"清華簡佚《書》類文獻整理與研究"（21AYY017）、古文字與中華文明傳承發展工程規劃項目（G1935）的階段性成果。

② 黄德寬主編：《清華大學藏戰國竹簡》（拾貳），中西書局，2022 年。

③ 趙曉斌：《據清華簡〈參不韋〉校〈墨子〉一則》，簡帛網，2022 年 10 月 1 日。

④ 李松儒：《清華簡中的特殊書手群及相關問題研究》，彰化："首屆出土文獻語言文字研究國際學術研討會"會議論文，2022 年 12 月。

'播賦百事'，孫詒讓《閒詁》引畢沅云：'播，布。'詻，從言，芥聲，讀爲'簡'，辨別檢閱；簡 62 作'替'，易'言'旁爲'口'旁，與'詻'爲一字異體。《周禮·大宗伯》'大田之禮，簡衆也'，鄭注：'古者因田習兵，閱其車徒之數。'敔詻，又見簡 47'敔（播）詻（簡）乃過而罤之'，簡 62 有'自敔（播）自替（簡）'。百堇，讀爲'百艱'。"

按，整理者所言的出現與"詻"字相應的還見於以下兩段簡文：

簡 46+47+48+49："启，乃【46】主唯土，乃尸唯畫，弗宅弗匿，播詻乃過而罤之。乃上唯天，司幾監【47】又民盈而省之。司中視中罰，司命受罰命，乃而先祖、王父、父執【48】其成。"

簡 61+62："启，汝乃逆天之命，亂、兇、懈，不用天則。萬民【61】唯自播自替，以情告。"

從上下文看，"堇"與"過"（簡 47）、"亂兇懈"（簡 61）有關，所以"堇"應從整理者讀爲"艱"，程浩先生認爲"堇"讀爲"根"，[1]認爲指代植株，應該有問題。

那麼，"詻"讀爲"散"可能更好。"芥"楚簡常用爲"閒"。"閒"見紐元部，"散"心紐元部，二字古韵相同，聲紐有牙、齒之異。典籍中"簡"與"柬"常通假，[2]"簡"從"閒"得聲，而清華三《良臣》簡 3"柬宜生"即"散宜生"，清華四《筮法》簡 59"爲雪，爲露，爲霓（霰）"，"柬""見"皆見紐元部，聲紐屬齒音，而通"散""霰"，所以"閒""散"二字音近可通。"播"有散義，《國語·晉語二》"隱悼播越"韋昭注、《吕氏春秋·必己》"盡揚播入於河"高誘注、《漢書·翟義傳》"逋播臣"顏師古注等皆訓"播"爲散。"播散"爲近義詞連用，傳布播撒的意思。而"簡"是簡擇之義，與表示不加選擇的播撒的"播"的意思還是有一定的差別。又，簡 47 的"罤"即"冥"字，又見簡 101+102"某不敢懈，乃某懈而亂則，及乃嗣後，自上【101】泩（省）之，自下罤之"。整理者認爲讀爲"罤"，罤勉的意思。語義不通順，具體如何釋讀尚待研究。

（二）簡 9+10："乃修邦内之經緯城郭，濬慮行【10】水。"

整理者説："澈慮，濬疏溝渠。清華簡《天下之道》簡 1 有'涩'字，與'慮'所指應相同，'亞'加注'虎'聲，讀爲'污'。《吕氏春秋·達鬱》'水鬱則爲污'，

①　程浩：《清華簡第十二輯整理報告拾遺》，《出土文獻》2022 年第 4 期，第 25—28 頁。
②　高亨、董治安：《古字通假會典》，齊魯書社，1989 年，第 190 頁。

高誘注：'水淺不流曰污。' 行水，治水。"

《尚書·舜典》"濬川"，孔傳："有流川，則深之使通利。" 以及"濬"在這個意義上的異體字"浚"，《春秋·莊公九年》："冬，浚洙。" 杜預注："浚，深之。" 都是強調深挖這個動作。又如《尚書·益稷》"濬畎澮"、《漢書·溝洫志》"宜博求能浚川疏河者"、《戰國策·中山》"增城浚池以益其固"、《孟子·萬章上》"使浚井"，而疏通污水顯然不應用"濬"來表示，典籍也未見"濬（浚）污"連用者。

"盧"讀爲"壑"好，參清華八《天下之道》簡1"深其澀而利其櫥齹"，其中之"澀"我們讀爲"壑"，[①]《詩·大雅·韓奕》"實墉實壑"，毛傳："言高其城，深其壑也"，《釋文》"壑，城池也"，正可與《天下之道》"高其城，深其澀（壑）"對比。

又，《天下之道》的"櫥齹"，我們以前以爲似應讀爲"阻障"，認爲末一字所從有可能是"障"而非"赣"，[②]網友"哇那"、王寧認爲從"赣"讀爲"險"。[③]他們的説法是正確的，參本篇簡37"赣易"即讀爲"險易"。由此亦見安大二《曹沫之陣》簡27"行阪濟墊"，"墊"整理者讀爲"險"；[④]清華八《邦家之政》簡9"其刑墊而忮"，"墊""哇那"讀爲"險"，[⑤]皆正確可從。[⑥]

（三）簡19+20："乃秉則不違，共▇不遲，走趨以幾，骨節唯諧，三末唯齊，翼翼祇祇，天之【19】命是依。"

按，相類之句又見簡100+101："秉德不違，共▇不屖〈屖—遲〉，走趨以幾，翼翼【100】祇祇，天之命是依。"

整理者説："▇，新見字形，簡文作出現三次。該字上從隹，下從廾，中部之形類似'弓'或'勹'。或疑該字爲甲骨金文'䕶'字異體，中部所從可能爲'弓'

① "ee"：《清華八〈天下之道〉初讀》，簡帛網論壇，2018年11月17日，"ee" 2018年11月17日第1樓的發言；單育辰：《〈清華大學藏戰國竹簡（捌）〉釋文訂補》，《出土文獻》第十四輯，中西書局，2019年4月，第166—173頁。又，林引：《讀清華簡（捌）〈天下之道〉零札》，復旦大學出土文獻與古文字研究中心網，2018年11月20日。

② "ee"：《清華八〈天下之道〉初讀》，"ee" 2018年11月17日第1樓的發言；單育辰：《〈清華大學藏戰國竹簡（捌）〉釋文訂補》，《出土文獻》第十四輯，中西書局，2019年4月，第166—173頁。

③ "ee"：《清華八〈天下之道〉初讀》，"哇那" 2018年11月18日第3樓、王寧" 2018年11月20日第7樓的發言。

④ 黃德寬、徐在國主編：《安徽大學藏戰國竹簡》（二），中西書局，2022年，第67頁。

⑤ "ee"：《清華八〈邦家之政〉初讀》，"哇那" 2018年11月18日第3樓的發言。

⑥ 又參"潘燈"：《清華簡〈參不韋〉初讀》，簡帛網論壇，2022年10月9日，"海天游蹤" 2022年12月4日第52樓的發言。

聲，讀作‘祠’。‘共■’，讀爲‘恭祠’。或分析爲从廾，鳧聲，疑讀爲‘覆’。《説文》：‘蒦，規蒦，商也。……一曰蒦，度也。覆，蒦或从尋，尋亦度也。’‘共■’，疑爲‘秉持法度’之意。共■不犀（遲），與簡91‘共■不敉（皇）’相對，‘不犀（遲）’與‘不敉（皇）’意相反。簡8有‘秉中不營，唯固不遲’，‘唯固不遲’與‘共■不犀（遲）’相近。”賈連翔先生認同整理者的第一“刁”聲説[1]，而程浩先生認同整理者的第二“勹”聲説，但又讀爲“拱伏”[2]。

按，“■”“隹”下“収”上之形與“勹”形相差甚遠，而與“司”形基本一致，但省“口”形而已，所以整理者的第一説是可信的，該字可隸定爲“衡”讀爲“祠”。簡19、簡91、簡100“共衡（祠）”，“共”應以讀爲“供”好，供獻的意思。蔡邕《陳留索昏庫上里社銘》“春秋之中，命之供祠”，正是供、祠連言。

又，簡91+92：“秉德專妄，共（供）■不皇。走趨不行，乃自縈自謗。遣【91】祀不章，亂天之紀綱。”

整理者説：“遣，讀爲‘徵’，招致。”網友“質量復位”説：“‘徵’一般是‘徵召’的意思，與‘招致’還是有所區別。‘△’（辰按，即遣）或可讀爲‘登’。楚簡中有與‘△’同聲符之字用爲‘登’的例證（《簡帛古書通假字大系》P938、939）。‘登祀’一詞見於傳世古書，意爲奉祀、祭祀。《宋史·樂志八》：‘登祀濟濟，神兮顧瞻。’只是文獻所屬時代偏晚。值得注意的是，《史記·封禪書》云：‘其俎豆之禮不章。’‘俎豆’有祭祀、奉祀的意思。甲骨文‘登’像兩手捧豆奉獻之形。沈培先生指出，甲骨文‘登’象對祖先或鬼神舉行進獻食品之祭。此外，‘登’‘烝’同源，而‘烝’是祭祀的通稱。所以，‘登’當有‘祭’的意思。簡文‘登祀不章’可以理解爲祭祀之禮不明確。”[3]其説基本可從，“徵”應讀爲“烝”或“登”或“蒸”，但他未能舉出較“登（烝／蒸）祀”連言較早文獻的用例，其實早先的文獻也有用例，如《集成》2837“有柴糵（烝）祀無敢醾”，《集成》9734“寅祇丞（烝）祀”。本句的“遣（烝）祀”與“共衡”互文見義，這也限定了“共衡”也一定是祠祀之類的意思。

（四）簡22+23：“隹（雖）彼不宜，唯（雖）山，啓，乃朋之；唯（雖）【22】澤，朕（騰）之；戎庶，克之；盜殘，得之。”

① 賈連翔：《清華簡〈參不韋〉的禱祀及有關思想問題》，《文物》2022年第9期，第63頁。
② 程浩：《清華簡第十二輯整理報告拾遺》，《出土文獻》2022年第4期，第25—28頁。
③ “潘燈”：《清華簡〈參不韋〉初讀》，“質量復位”2022年12月4日第46樓的發言。

整理者説："朕，讀爲'騰'。雖山崩之，雖澤騰之，可參看《詩·十月之交》："百川沸騰，山冢崒崩。高岸爲谷，深谷爲陵。'戎庶，指戎敵。"

第一個"佳"整理者讀爲"唯"，按，亦應讀爲"雖"，即使的意思，與後面的兩個"佳"都讀爲"雖"相應。本句句讀有更動，"之"後面的逗號皆改爲分號。整理者原句讀"戎庶克之，盜殘得之"，今於其間加逗號，這樣更能看出後面的"之"都是指代前面的"戎庶""盜殘"，但與前相較，省略了"佳（雖）"而已。

"朋"整理者讀爲"崩"，然而看本句中的"騰""克""得"，都是主動者所發出的動作，"崩"顯然與這些動詞意義不諧，且把山崩塌的意義也偏於嚴重。"朋"應讀爲"凌"或"陵"，前者并紐蒸部，後者來紐蒸部，從聲紐來説，《老子》"渙兮若冰之將釋"，馬王堆帛書《老子》甲本行120、乙本行231皆作"淩（凌）"，正是唇音、牙音相通之證。所以"朋"與"凌""陵"古音很近。《左傳·昭公二十五年》"公徒釋甲執冰而踞"，《正義》："《詩》云'抑釋掤忌'……掤與冰，字雖異，音義同，是一器也。"此則"朋"可借由"冰"而與"凌"相通。《管子·兵法》"凌山阬，不待鈎梯"，杜甫《望岳》"會當凌絶頂，一覽衆山小"，《吕氏春秋·論威》"雖有江河之險，則凌之"，高誘注："凌，越也。"《左傳·成公二年》"齊侯親鼓，士陵城"，《文選·張衡〈西京賦〉》"陵重巘，獵昆駼"，薛綜注："猶升也。"①

（五）簡63+64："啓，乃秉民之機略，佳（唯）汝中，天則佳（唯）【63】長，佳（雖）終不終，佳（唯）乃啓。"

在《參不韋》中，絶大多數"佳"用爲｛唯｝，如簡3"不虞佳（唯）信"、簡4"帝乃不虞，佳（唯）參不韋"、簡5"行五行佳（唯）順"等，而《參不韋》中的"唯"則用爲｛雖｝，如簡74"唯（雖）無益於身而增由之"、簡75"唯（雖）有益於其身而罰之"，應該是有意用"佳""唯"二字分別不同詞義。不過也有少

---

① "好好學習""質量復位"皆提示"朋"可以讀爲"馮"，參"潘燈"：《清華簡〈參不韋〉初讀》，2022年11月29日第24樓、2022年11月29日第25樓的發言。按，筆者寫文章之前也曾考慮過"朋"讀爲"憑"或"馮"，但檢索《故訓匯纂》後，發現"憑"或"馮"訓爲登的用例很少，且典籍中有些訓爲登的，如《楚辭·九章·悲回風》："馮崑崙以瞰霧兮，隱岷山以清江。"洪興祖補注："馮，登也。"但其中"馮"和"隱"（"隱"，洪興祖補注："依據也。"按，即"隱几"之隱之義）對文，"馮"應該還是憑依的意思。《荀子·宥坐》："數仞之墻而民不踰也，百仞之山而豎子馮而游焉，陵遲故也。"《韓詩外傳》卷三："夫一仞之墻，民不能踰，百仞之山，童子登游焉，凌遲故也。"可以算是僅有的"馮"訓登比較確定的例子，也很可能是由憑依而引申出來的意思。典籍中訓登的"馮""憑"遠比訓升、越的"凌""陵"的用例少，故從典籍用語習慣讀爲"凌"或"陵"。

數的"隹"應該讀爲"雖",我們在第四則中提到簡 22"隹彼不宜",整理者把"隹"讀爲"唯",從文義上看,還是以讀爲"雖"好,與其後的"唯(雖)山,啓,乃陵之;唯(雖)澤,騰之"相應。因爲"隹""唯"一字分化,比較容易混用。簡 63 的"隹"也以讀爲"雖"好。"天則隹(唯)長,隹(雖)終不終"是説:天道是長的,即使(將其)終結也不能終結。如果讀爲"唯"就不好理解了。

（六）簡 67+68+69:"啓,剴盈、剴得、剴富、剴【67】大(泰)、剴達而不宜,是謂內副。剴戲、剴溢、剴華、愷上、愷獨,是謂外【68】副。"

整理者説:"剴,讀爲'愷',《爾雅·釋詁上》'愷,樂也'。涅,讀爲'盈'。芋,楚簡多用爲'華'。副,讀如字,訓爲'裂'或'析'。句意謂貪得務奢,財物榮華最終會離析散失。"

整理者把"剴"讀爲"愷",文意上不太妥帖。"激流震川 2.0"説:"揆諸文義,似乎可讀爲'冀',希求之意。幾、豈關係密切,又《左傳·哀公十六年》'國人望君,如望歲焉,日月以幾',《釋文》:'幾,音冀,本或作冀。'"[1] 應該是正確的。參清華九《迺命一》簡 11"剴其有立命","剴"即讀爲"冀"。"剴"也可以讀爲"覬",覬覦、冀望的意思。其下的"副"訓爲"裂"或"析",在文意上也是比較奇怪的,從文意上看,應該有不好的意思,似應讀爲"逼",逼迫之義。

（七）簡 78+79:"啓,【78】乃旨(稽)噩罰戮,是謂內攘,以自除也。"

整理者説:"旨,讀爲'稽',《説文》:'稽,留止也。'清華簡《五紀》簡一〇七'肆虐迺旨','旨'讀爲'稽',訓止,可證。噩,字形在常見字形上益二'口'形,讀爲'闘'。"

"旨"整理者讀爲"稽",是,但引《説文》訓爲留止,則不確,"稽"應該是考察的意思。《周禮·地官·縣正》:"既役,則稽功會事而誅賞。"

"旨"下一字作▋形,從字形上看,釋"噩"是正確的,相關字形亦可見長臺關簡 2—1"▋(瓠)"左旁所從,清華簡中從此形者,見於清華五《湯在啻門》簡 14"▋(澀)"、清華八《迺命一》簡 8"▋(戤)"。又,清華九《迺命二》簡 8 有"▋"字,和上幾字字形差異較大,看似與"噩"無關,整理者釋爲"澀",但

---

① "潘燈":《清華簡〈參不韋〉初讀》,"激流震川 2.0" 2022 年 12 月 2 日第 36 樓的發言。

據清華十《四時》簡 4 ▨（竪）形的繫聯，可知亦可釋爲 "澀"。①

"噩"，整理者讀爲 "鬭"，語義不諧。按，"噩" 應讀爲 "誅"，如 "噩" 爲 "鬭" 之聲符，"鬭" 端紐侯部，"誅" 亦端紐侯部，二字古音很近。《禮記·曲禮上》："以足蹙路馬芻，有誅。齒路馬，有誅。" 鄭注："誅，罰也。"

（八）簡 112+113+114："啓，▨監天則，毋亙（懈）弗敬，春秋【112】冬夏，寒暑不亙（懈）。啓，丕唯天之德。啓，日月星辰，雷霆、妖祥、風雨，不失【113】其時。啓，丕唯天之伐。"

"伐" 整理者釋爲 "暴" 讀爲 "表"。又説："伐，从爻聲，讀爲 '表'，表率。丕唯天之德、丕唯天之表，'丕唯' 乃强調 '天之德' '天之表'。"

整理者釋 "伐" 爲 "暴"，應該是依從陳劍對相關字的考釋。② 按 "伐" 在楚簡中不論是從對讀還是押韻看，都與 "衛" 音相近，沒有一例可以確定與 "暴" 有關者。③ 上博四《昭王與龔之脽》簡 9+10 "楚邦之良臣所殼【9】骨"，陳劍釋讀 "殼" 爲 "暴（曝）"，與 "殼" 在楚簡中基本與 "衛" 音有關顯然不合。金俊秀把 "殼" 讀爲 "薲"，"薲" 與 "曝" 同義，且 "薲"，邪紐月部，與 "衛" 古音極近。如銀雀山漢簡《六韜》簡 664 "日中必衛"，此即今本《六韜·守土》的 "日中必彗"，《漢書·賈誼傳》作 "日中必薲（薲）"。④《三不韋》中的 "伐" 也應該與 "衛" 音相同或相近。"丕唯天之德" 與 "丕唯天之伐" 是對應關係，"德" 在這裏是規律、屬性的意思，"伐" 的意思也應該與之相關。

二、釋讀統一問題

（一）簡 30+31+32："啓，乃秉民之中，以詰不宜、專妄、罰不【30】周。乃勸秉則，使毋墮；罰兇則，使毋盈，使萬民毋亙（懈）【31】弗敬，亙（懈）乃罰。"

"宜" 整理者如字讀，沒有解釋，似乎把 "宜" 理解爲適宜的意思，然而從上

---

① "▨" 字 "末之" 已言："右半部分，下爲 '立' 形，上部疑爲 '噩' 形之省"，參 "ee"：《清華九〈廼命二〉初讀》，"簡帛" 網論壇，2019 年 11 月 22 日，"末之" 2019 年 11 月 23 日第 5 樓的發言。又參 tuonan：《清華十〈四時〉初讀》，簡帛網論壇，"松鼠" 2021 年 1 月 20 日第 44 樓引筆者説。

② 陳劍：《上博竹書〈昭王與龔之脽〉和〈東大王泊旱〉讀後記》，簡帛研究網，2005 年 2 月 15 日；又收入其《戰國竹書論集》，上海古籍出版社，2013 年，第 127 頁。

③ 單育辰：《楚文字兩考》，《簡帛》第六輯，上海古籍出版社，2011 年，第 317—322 頁。

④ 金俊秀：《〈上海博物館藏戰國楚竹書（四）〉疑難字研究》，花木蘭文化出版社，2008 年，第 54—59 頁。

下文看，"宜"明顯是與道德有關的一種行爲規范。按，簡 66 "勉德、勉宜、勉法"、簡 84 "及乃嫡父、父之秉宜"、簡 85 "秉宜不渝"，這些 "宜" 整理者都讀爲 "義"。這是合理的。以上的那些 "宜" 也都應該讀爲 "義"。

另外，簡 67+68："啓，覻盈、覻得、覻富、覻【67】大（泰）、覻達而不宜，是謂內副（逼）。"

簡 71+72："啓，知其不宜也，以有益於其身而徵由之，是謂內憂。知其宜【71】也，以無益於其身而弗徵由，是謂外憂。"

簡 74+75+76："啓，知其宜也，雖無益於身而增由之，是謂【74】外屏。啓，知其不宜也，雖有益於其身而罰之，是除穢章明，【75】才（灾）罰弗當。"

簡 115："啓，唯天之宜乃不謹。"

從上下文看，這些簡文裏的 "宜" 也應該讀爲 "義"。

（二）簡 110+111+112："隹（唯）昔方有【110】洪，溢戲，高其有水，權其有中，曼（漫）泆，乃亂紀綱，莫信德。乃作德之五蕫、【111】九蕫之參，以交天之不祥。"

整理者説："權，清華簡《五紀》作 '蕫'。《戰國策·韓策三》'何意寡人如是之權也'，鮑彪注：'權，猶變也。'"

查清華十一《五紀》簡 1："唯昔方有洪，奮溢于上，蕫其有中，慮其有德，以乘亂天紀。" 整理者説："蕫，讀爲 '權'，變。《説文》'權……一曰反常'。"①

按，《參不韋》簡 1+2 可與以上兩段簡文對照："啓，唯昔方有洪，不用五則，不行五行，不聽五音，不章五色，【1】不食五味，以泆戲自莧自亂，用作無刑。"

整理者説："莧，讀爲 '讙'，喧囂。《説文》'囂，讀若讙。'……《五紀》開篇：'唯昔方有洪，奮溢于上，權其有中，戲其有德，以乘亂天紀。'……可與簡文開篇對比參看。"

《參不韋》簡 1 的 "莧" 與《五紀》簡 1 的 "蕫"、《參不韋》簡 111 的 "權" 代表的無疑是一個詞，但整理者或讀爲 "讙" 或讀爲 "權"，明顯不統一。

網友 "gefei" 早先在評論《五紀》時已説："簡 1 '蕫（權）其有中，慮（戲）其有德'，'蕫' 與 '戲' 對舉，可改讀 '讙'，《説文》：'讙，譁也。'"② 賈連翔先生在評論《參不韋》簡 110+111 時説："這裏的 '權'（辰按，指簡 111

---

① 黄德寬主編：《清華大學藏戰國竹簡》（拾壹），中西書局，2021 年，第 90 頁。
② "潘燈"：《清華簡〈五紀〉初讀》，簡帛網論壇，2021 年 10 月 15 日，"gefei" 2021 年 12 月 22 日第 136 樓的發言。

的‘權’及簡111、112的‘藿’）皆可讀爲‘懽’（或患），它們都是違背五刑則的禍患行爲。”①網友“gefei”後來亦把《五紀》簡1的“藿”及《參不韋》簡111的“權”讀爲“懽”，又説：

> “讙”，喧嘩、嘩亂不安静，與亂、擾亂自然很近。比如“譁/嘩”“收/恢”“讓/攘”“譊/擾”“譟/躁”，都是可與“讙”平行比證的例子。《説文》：“譁，讙也。”《孫子兵法·軍爭》：“以治待亂，以静待嘩。”一本作“譁”。“治”“静”近，“嘩/譁”與“亂”亦近。清華簡《湯在啻門》簡16“政嘩/譁亂而無常”，亦可參。②

這些都是比較好的説法。以上諸簡的“藿”“權”“莧”的釋讀應該如以上諸先生説法統一起來。又，《參不韋》簡112的“交”應讀爲“邀”，“交”“邀”通假在楚簡中常見。

與上簡相聯繫的簡116+117：“启，毋用妖藿以自沮。德之五藿，百神弗享。九藿之參，淫【116】涵康（荒）則毁，……”

整理者亦把這三個“藿”讀爲“權”，可以很明顯地看出，這三個“藿”也讀爲“懽”好。

簡76：“启，内有亂德，是謂外藿。外有亂德，是謂内嚾。”整理者把“藿”“嚾”讀爲“歡”，網友“質量復位”讀“藿”“嚾”爲“讙”（與“讙”爲一字異體）③。

又，《參不韋》中以下諸簡的“藿”或“嚾”也應該讀爲“讙”：

簡115：“启，唯天之宜乃不藿。启，其溢洪，乃藿。”

整理者把兩個“藿”亦讀爲“權”，若參簡1+2“启，唯昔方有洪，……以洗戲自莧（讙）自亂”，簡115“其溢洪，乃藿”中的“藿”與簡1+2“以洗戲自莧自亂”中的“莧”很明顯代表的是一個詞，則簡115的兩個“藿”亦應讀爲“讙”。

又，簡119：“妖用、誣言、妖藿則亂。”簡122：“启，乃毋既□□涵藿，有懈德。”簡119及122的句讀有更動。這兩處的“藿”整理者也讀爲“權”，亦應改讀爲“讙”。值得注意的是簡119“妖用、誣言、妖藿（讙）則亂”可與簡8+9“妖用、誣言、妖亂之禁”對應起來，“藿（讙）”正與“亂”相應，也能證明“藿（讙）”確實應該有亂一類的意思。

---

① 賈連翔：《清華簡〈參不韋〉的禱祀及有關思想問題》，《文物》2022年第9期，第60頁。
② “潘燈”：《清華簡〈參不韋〉初讀》，“gefei”2022年11月30日第26樓的發言。
③ “潘燈”：《清華簡〈參不韋〉初讀》，“質量復位”2022年12月2日第39樓的發言。

三、標點問題

（一）簡6+7：“參不韋乃授啓天之五刑則：秉章則、秉則、不秉則、秉亂則、秉兇則，唯五德之【6】稱。”

整理者原句讀爲：“參不韋乃授啓天之五刑則，秉章則、秉則，不秉則、秉亂則、秉兇則，唯五德之稱。”

我們在“天之五刑則”後面改用冒號，起領起下文的作用。主要有問題之處，是整理者於“秉則”後用逗號，應改用頓號爲好，“秉章則、秉則、不秉則、秉亂則、秉兇則”這五個即上所説之五刑則之内容。①

（二）簡8+9：“士修邦之寇盜、相亂不周、妖用、誣言、【8】妖亂之禁。司寇修殘賊、殺伐、仇讎、間諜及水火。”

整理者原句讀爲：“士修邦之寇盜，相亂不周，妖用誣言，【8】妖亂之禁。司寇修殘賊殺伐，仇讎間諜及水火。”意思不甚明朗，“寇盜”“相亂不周”“妖用”“誣言”應該是并列的所禁止的内容，參簡119“妖用、誣言、妖蘿則亂”，其中“妖用”“誣言”“妖蘿”亦是并列的内容，與簡8+9相應，整理者亦未斷讀，作“妖用誣言妖蘿則亂”，今在其後皆施加頓號。另外，簡8後面的“殘賊”“殺伐”“仇讎”“間諜”“水火”也是并列的内容，今在其後亦施加頓號。

---

① 本則意見最早發表於“潘燈”：《清華簡〈參不韋〉初讀》，“ee”2022年12月4日第78樓的發言。後見“肖大心”：《〈參不韋〉第一段試解（一）》，復旦大學出土文獻與古文字研究中心網論壇，2022年12月11日；正式發表於劉釗、李聰：《清華簡〈參不韋〉訓釋雜説》，《簡牘學與出土文獻研究》第二輯，商務印書館，2023年，第36—37頁，亦有相同觀點，可謂不謀而合。

清華簡《參不韋》字詞零釋六則[*]

蔡一峰

（中山大學博雅學院、
"古文字與中華文明傳承發展工程"協同攻關創新平臺）

  清華簡第十二册收録有長篇先秦佚籍《參不韋》，凡 124 支簡，主要記述神祇"參不韋"對夏启的訓誡，以"五刑則（五則、五行、五音、五色、五味）"爲思想核心，涉設官建邦、修明刑罰、祭祀祝禱、治國理政諸端^①，内容豐富博雜。該篇與清華簡另一長篇佚籍——第十一册収録的《五紀》（凡 130 支簡）多有相通關聯^②，學者或稱之互爲因應的"姊妹篇"^③，研讀時自有合勘的必要。《參不韋》整理報告對文本已有精彩的疏證，時彥亦不乏高見添綴。筆者研習後略有心得，草就轉録如次，尚祈方家教正。

一、自莧（滿）

  簡 1—2："启，唯昔方有洪，不用五則，不行五行，不聽五音，不章五色，［不］食五味，以逢（洪）戲（戲）自△自亂，用作無刑。"△簡影如下，整理報告釋"莧"讀爲"蓶"，喧囂，引《説文》："囂，讀若蓶。"研究者或從之，或謂"莧"讀"寬"，

---

* 本文係國家社科基金冷門絶學研究項目（23VJXG009）、國家社科基金重大項目（22&ZD300）及中央高校基本科研業務費創新人才培育計劃青年拔尖項目（23WKQB09）的階段性成果。

① 清華大學出土文獻研究與保護中心編，黃德寬主編：《清華大學藏戰國竹簡》（拾貳），中西書局，2022 年。
② 清華大學出土文獻研究與保護中心編，黃德寬主編：《清華大學藏戰國竹簡》（拾壹），中西書局，2021 年。
③ 程浩：《清華簡〈參不韋〉中的夏代史事》，《文物》2022 年第 9 期，第 64 頁。

"自寬"猶"自縱"①。或改釋△爲"蔑"，謂"自蔑"即自暴自弃。②

△：（簡2）

按，△釋"莧"可從，但"自莧"讀爲"自謹"恐爲不辭③，"莧"徑讀"寬"於用字亦非無疑④，且"自寬"之"寬"指寬慰、寬宥，係褒義詞，與"自縱"仍有別⑤，置簡文文義亦不甚剴切。"莧"或當讀爲"滿"，與清華簡《四時》簡1和簡22所見"澷（滿）溢"之"澷"有關，源自西周晚期史頌諸器銘中的"瀾"字。⑥《國語・魯語下》："今吾子之戒吏人曰'陷而入於恭'，其滿之甚也。"韋昭注："驕爲滿，恭爲謙。"《孔子家語・六本》："夏桀、昆吾，自滿而無極，亢意而不節，斬刈黎民如草芥焉。天下討之如誅匹夫，是以千載而惡著，迄今而不滅。觀此，如行，則讓長，不疾先。如在輿，遇三人則下之，遇二人則式之。調其盈虛，不令自滿，所以能久也。"竹簡"自莧（滿）"與前文"逢（泆）戲（戲）"正相呼應，"逢（泆）"古書也作"佚""逸"。"泆戲"猶"佚游"（《論語・季氏》）、"游佚"（《墨子・尚同下》）、"佚樂"（《商君書・算地》）、"佚怠"（《晏子春秋・諫下十九》）、"逸豫"（《詩・小雅・白駒》）、"放逸"（《逸周書・時訓》）、"驕逸"（《國語・周語中》）、"驕佚"（《左傳・成公六年》）、"淫戲"（《書・西伯戡黎》）、"戲怠"（《書・盤庚下》）、"戲豫"（《詩・大雅・板》）云云。清華簡《五紀》開篇即言"唯昔方有洪，奮溢于上，權其有中，戲其有德，以乘亂天紀"（簡1），劉釗先生指出"奮溢"之"奮"既有"揚起"義又有"驕矜"義，"溢"

---

④ 《清華簡〈參不韋〉初讀》，簡帛網，"質量復位"（2022—11—30）、王寧（2022—12—7）發言，http：//www.bsm.org.cn/forum/forum.php？mod=viewthread&tid=12766&extra=page%3D1。劉釗、李聰：《清華簡〈參不韋〉訓釋雜說》，《簡牘學與出土文獻研究》第二輯，商務印書館，2023年，第33頁。

⑤ 《清華簡〈參不韋〉初讀》，簡帛網，潘燈（2022—12—26）發言，http：//www.bsm.org.cn/forum/forum.php？mod=viewthread&tid=12766&extra=page%3D1。

③ 此讀大概還受到《五紀》簡1"藋其有中，戲其有德"的影響，"藋""莧"又碰巧音近，實則二句措辭迥異，不宜類比。"藋"整理者讀"權"可從，《參不韋》簡110—111有"參不韋曰：啓，唯昔方有洪，溢戲，高其有水，權其有中，漫泆，乃亂紀綱，莫信德"。

④ 六國文字的｜寬｜用"悹愋愩""完""衰"等字，詳周波：《戰國時代各系文字間的用字差異現象研究》，綫裝書局，2012年，第117—118頁；白於藍：《簡帛古書通假字大系》，福建人民出版社，2017年，第1247頁。

⑤ 《大戴禮記・子張問入官》："愛之勿寬於刑"，王聘珍《解詁》："寬，縱也。"今按，"勿寬於刑"猶"勿寬刑"，"寬"仍指寬緩、寬宥。《國語・吳語》："吾修令寬刑，施民所欲，去民所惡，稱其善，掩其惡，求以報吳。"《管子・戒》："人患死而上寬刑焉，則人不患死矣。"

⑥ 清華大學出土文獻研究與保護中心編，黃德寬主編：《清華大學藏戰國竹簡》（拾），中西書局，2020年，第133頁。

既有"泛濫"義又有"驕傲自滿"義，"奮溢"既可以用來形容洪水的"上涌漫溢"，又可以用來形容擬人化後的洪水的"驕矜自滿"①。其説甚是。清華簡《芮良夫毖》用作滿盈之"滿"的"圖"凡兩見，其中位於簡4的文例是"毋婪貪、悖悃，圖（滿）盈、康戲，而不知瘝覺"，所叙亦能與上述簡文合讀。"圖"是"滿"字古文，何景成先生主張源自"圜"的省變，所從"馬"本是"莧"，"圜"字見於春秋晚期齊侯盤（《集成》10159）。②此説值得重視。若釋"莧（滿）"不誤，它可能也是"圜"省，其間變化與"灡"省作"潣"完全平行。

二、叢五刑則

簡7—8："參不韋曰：啓，五則：乃以立建后、大放、七承、百有司、萬民，及士、司寇。建后叢五刑則，秉中不鎣（營），唯固不遲。"整理報告有注釋言"叢，讀爲'總'，統領。'叢''總'二字古音齒音東部，音近可通。《易·坎》'寘於叢棘'，馬王堆帛書《周易》'叢'作'總'。鎣，從室，營室之'營'的專造字。不營，不惑。《淮南子·俶真》：'耳目不燿，思慮不營。'簡一九有'秉則不違'，與'秉中不營'意近。"

按，"叢"訓聚、集，無需讀破。《説文·丵部》："叢，聚也。"徐鍇《繫傳》："此凡物叢萃也。"《書·益稷》"元首叢脞哉"，陸德明《釋文》引馬云："叢，總也。"江聲《集注音疏》："叢是叢集。"學者已揭示"取"聲字和"悤"聲字多含會聚之義，"叢""總"有語源關聯。③清華簡《五紀》簡18—19："后曰：集章文禮，唯德曰禮、義、愛、仁、忠，合德以爲方。"《國語·晉語八》："及爲成師〈帥〉④，居大傅，端刑法，緝訓典，國無奸民，後之人可則，是以受隨、范。"《潛夫論·志氏姓》："爲成率，居傅，端刑法，集訓典，國無奸民，晉國之盜逃奔於秦。""集章""緝/集訓典"云云與"叢五刑則"亦相類。

---

① 劉釗：《關於〈尚書·洪範〉篇名中"洪"字的理解》，復旦大學出土文獻與古文字研究中心網站，2022年12日11日；劉釗、李聰：《清華簡〈參不韋〉訓釋雜説》，《簡牘學與出土文獻研究》第二輯，第32頁。

② 何景成：《史頌器銘"瀆蘇滿"新解》，《吉林大學古籍研究所建所三十周年紀念論文集》，上海古籍出版社，2014年，第39—44頁。

③ 楊樹達：《形聲字聲中有義略證》，《積微居小學金石論叢》，商務印書館，2011年，第87—89頁；殷寄明：《漢語同源詞大典》，復旦大學出版社，2018年，第1067—1068頁。

④ 王引之撰，虞思徵、馬濤、徐煒君點校：《經義述聞》，上海古籍出版社，2018年，第1252—1253頁。

三、發（撥）晦朔

簡 13—14：“史乃定歲之春秋冬夏，雙劉朔，秉法則儀禮，典卜筮以行歲事與邦辻。”“雙劉朔”整理報告釋文作“雙（發）劉（晦）朔”，注釋言“劉，從墨（黑），從月，‘晦’字異體，清華簡《成人》簡三作‘卿’。《周禮·大史》：‘正歲年以序事，頒之於官府及都鄙，頒告朔於邦國。’”馬楠女士認爲《周禮·大史》一句類於簡文的“定歲之春秋冬夏，發晦朔”①。張新俊先生認爲“發晦朔”就是頒布、發布晦朔的日期。②

按，整理報告釋“劉（晦）朔”甚是，於“雙（發）”則無詳説。從所引文獻及疏解看，諸家是將“發”與頒告朔之“頒”聯繫，主張“發”表發布，但細審終覺語義不倫。“定歲之春秋冬夏”與“發晦朔”互文，鄙意“發”讀“撥”，如“定”，同對應於《周禮·大史》“正歲年以序事”之“正”。《説文·手部》：“撥，治也。”段注：“《公羊傳》：‘撥亂世，反諸正。’何注曰：‘撥猶治也。’何言猶者，何意撥之本義非治。撥之，所以爲治也，許則直云治。”《詩·商頌·長發》“玄王桓撥”，毛傳：“撥，治。”《廣韵·末韵》：“撥，理也。”“撥”有分開義。《詩·邶風·谷風》“毋發我笱”，馬瑞辰《傳箋通釋》：“發，宜訓開。”③《禮記·曲禮上》：“衣毋撥，足毋蹶。”孫希旦《集解》：“趨走則衣易撥開。”④《釋名·釋言語》：“發，撥也，撥使開也。”王先謙《疏證補》：“發、撥古字本通。《詩·長發》‘玄王桓撥’，《釋文》引《韓詩》作‘玄王桓發’。”⑤“撥晦朔”就是使晦朔分明，晦朔明晰也是行事有序的重要環節。《五紀》簡 73—75 云：“日月爰次，晦朔以紀天，弦望以爲綱，叙行其節，合離相望。轉周相受，一晦一明，章視象則，萬生所望。贛司民德，爲吉爲凶，爲柔爲剛。夫是故后寺羅作事，而診名是揚。”《史記·五帝本紀》：“（舜）遂見東方君長，合時月正日。”鄭玄曰：“協正四時之月數及日名，備有失誤。”《正義》：“既見東方君長，乃合同四時氣節，

① 馬楠：《清華簡〈參不韋〉所見早期官制初探》，《文物》2022 年第 9 期，第 58 頁。
② 張新俊：《清華簡〈叁不韋〉字詞釋讀三則》，《第二屆簡牘學出土文獻語言文字研究學術研討會論文集》，2023 年 8 月 4—7 日，蘭州，西北師范大學，第 701 頁。
③ 馬瑞辰撰，陳金生點校：《毛詩傳箋通釋》，中華書局，1989 年，第 134—135 頁。
④ 孫希旦撰，沈嘯寰、王星賢點校：《禮記集解》，中華書局，1989 年，第 37—38 頁。
⑤ 劉熙撰，畢沅疏證，王先謙補，祝敏徹、孫玉文點校：《釋名疏證補》，中華書局，2008 年，第 113 頁。

月之大小，日之甲乙，使齊一也。”①

《鶡冠子·度萬》：“神化者定天地，豫四時②，拔陰陽，移寒暑。”“拔陰陽”之“拔”舊無善解③，竊意也讀爲“撥”，同“撥晦朔”的“撥”。郭店簡《性自命出》簡23：“凡聲，其出於情也信，然後其入拔人之心也厚。”“拔”裘錫圭等先生也讀“撥”。④《風俗通義·皇霸·三皇》引《春秋運斗樞》曰：“伏羲、女媧、神農，是三皇也。皇者天，天不言，四時行焉，百物生焉。三皇垂拱無爲，設言而民不違，道德玄泊，有似皇天，故稱曰皇。皇者，中也，光也，弘也；含弘履中，開陰陽，布剛上，含皇極，其施光明，指天畫地，神化潛通，煌煌盛美，不可勝量。”“開陰陽”正猶“撥陰陽”。

四、以班爲之胸民涅

簡17—18：“五味：啓，乃以稱五則、五行、五音、五色之上下大小，以班爲之胸民涅，有量有算。唯和。”“以班爲之胸民涅”整理報告釋文作“以班爲之胸（斟）民涅（盈）”，注釋言：“班，班次。胸，讀爲‘斟’，平衡、較量。《説文》‘斟，平斗斛也’簡文謂‘五味’‘乃以稱五則、五行、五音、五色之上下大小’，發揮均衡調和作用。涅，讀爲‘盈’。《詩·抑》‘民之靡盈，誰夙知而莫成’，陳奐傳疏：‘盈，滿也。靡盈，言財用不滿足也。’（《詩毛氏傳疏》卷二五）一説讀爲‘彌盈’，屬下讀。”沈培先生認爲“涅”當讀爲“逞”，研究者或從之，謂“胸民涅”可理解爲“治民逞”。⑤

按，諸家疏通大致可從，報告所釋“班次”之“班”是動詞非名詞，古書也訓“布”，猶《五紀》多見的“尃（敷）”，表布設。《五紀》簡1—2：“五紀既尃（敷），五算聿度，大參建常。天地、神祇、萬貌同德，有昭明明，有洪乃㞢，五

---

① 司馬遷撰，裴駰集解，司馬貞索隱，張守節正義：《史記》（點校本二十四史修訂本），中華書局，2013年，第28—29、31頁。

② 許可先生主張“豫四時”讀爲“序四時”，詳《據出土戰國楚簡文獻校讀〈鶡冠子〉》，《文獻》2023年第1期，第29頁。

③ 黃懷信：《鶡冠子彙校集注》，中華書局，2004年，第163頁；黃懷信：《鶡冠子校注》，中華書局，2014年，第157頁。

④ 王輝：《古文字通假字典》，中華書局，2008年，第645頁；白於藍：《簡帛古書通假字大系》，第100、109、757頁。

⑤ 《清華簡〈參不韋〉初讀》，簡帛網，“wzy”（2022—12—17）發言，http://www.bsm.org.cn/forum/forum.php？mod=viewthread&tid=12766&extra=page%3D1。

紀有常。"簡 16—17："后曰：日唯常，而月唯則，星唯型，辰唯經（綜）①，歲唯紀，専（敷）枳（設）五章。索秋因僞遳起，五算合參，禮義所止，愛忠輔仁，建在父母，矩方徜圓，行用恭祀。"簡 62："后曰：五紀既専（敷），參伍叡章，明明不惰，有昭三光。"又簡 72—73："夫七節枳（設）専（敷），而周盪（盈）陰陽。"第十一册整理報告言"専（敷）"訓"布"②，甚是。馬王堆帛書《十六經·五正》有："吾欲布施五正，焉止焉始？……五正既布，以司五明。"③《鶡冠子·度萬》："故布五正以司五明。"司馬遷《素王妙論》："黄帝設五法，布之天下，用之無窮。"這裏施設"五正""五法"的動詞也用"布"。

《管子》有《五輔》篇，是講爲君者執政治國於德、義、禮、法、權五方面的舉措，但通篇無"輔"而有"布"（如"五經既布"）。郭沫若説："題名'五輔'者，'輔'乃'布'之假，即五種措施也。尹《注》'謂五者可以輔弼國政'，非是。"④循此，題名"五輔"亦讀"五敷"。

五、重先

簡 86—89："啓，乃冕壇，乃告曰：有某，某唯乃某，敢哀説截命册告，乃某重先知味之苦甘酸鹹辛，乃知富矢〈大？〉貧寠勞，乃知西東南北中，乃知美好惡醜盗，乃知高下土之安否。""重先"整理報告釋文作"重（主）先"，注釋云："重先，讀爲'主先'，即'先主'，自稱其亡父或祖先。《左傳》哀公二十年：'趙孟曰：黄池之役，先主與吳王有質。"研究者或認爲"重"當讀"種"指種植，主張這段話跟種植有關，重新將釋文作："乃某種，先知味之苦甘酸鹹辛，乃知富大貧寠勞，乃知西東南北中，乃知美好惡醜境，乃知高下土之安否。"⑤子居先生從之，并謂此處應是言啓以種植當先了解各種相關知識來比喻執政當先知天則。⑥

按，據"乃冕壇，乃告曰：有某，某唯乃某，敢哀説截命册告"云云，知下文

---

① 陳劍先生主張讀爲"統"，見《與清華簡〈五紀〉相關的兩個字詞問題："蠲"與⌞統⌟》，《中國文字》二〇二二年夏季號，萬卷樓圖書股份有限公司，2022 年，第 64—71 頁。

② 清華大學出土文獻研究與保護中心，黄德寬主編，《清華大學藏戰國竹簡》（拾壹），第 90 頁。

③ 湖南省博物館、復旦大學出土文獻與古文字研究中心編纂，裘錫圭主編：《長沙馬王堆漢墓簡帛集成》（肆），中華書局，2014 年，第 155—156 頁。

④ 郭沫若：《管子集校》（一），《郭沫若全集·歷史編》（第五卷），人民出版社，1984 年，第 262 頁。

⑤ 《清華簡〈參不韋〉初讀》，簡帛網，"不求甚解"（2022—12—11）發言，http://www.bsm.org.cn/forum/forum.php？mod=viewthread&tid=12766&extra=page%3D1。

⑥ 子居：《清華簡十二〈參不韋〉解析（六）》，中國先秦史網站 2023 年 4 月 29 日。

皆是册告祝禱之辭①，改釋之新説實已偏離題意。整理報告以爲"重先"是稱其亡父或祖先，此説近是，但徑讀爲"主先"，謂"主先"即"先主"則未安。"重先"應指代上下文多見的"王父、父"（見簡48、84、103—105、110，其中簡84作"嫡王父、父"）。"王父"是祖父，"父"是生父，因皆已故去，故合稱"重先"。類如"重親"，是并稱祖父母與父母。《金石萃編·漢郃陽令曹全碑》："收養季祖母，供事繼母，先意承志，存亡之敬，禮無遺闕。是以鄉人爲之謐曰：重親致歡。"又近如"二廟"，是祖父廟和父廟合稱。《禮記·祭法》："適士二廟一壇，曰考廟，曰王考廟。"孔穎達疏："考廟者，父廟也。王考廟者，祖廟也。"親屬稱謂"曾祖""曾孫"之"曾"也有"重"義。②就參不韋告誡的對象——夏啓而言，他的"重先"就是鯀和禹，分別見於簡34"而先祖伯鯀"和簡35"而考父伯禹"。"重先"之"重"猶"重世""重代"之"重"，訓累、再、叠。竹簡與"王父、父"并見的還有"先祖"（簡48），或作"先高祖"（簡84、簡103—105），報告注釋已謂簡文的"先祖"指祖父以上的祖先。

六、攸（修）、史

全文"攸（修）"凡七見，辭例分別如下：

參不韋曰：啓，五則：乃以立建后、大放、七承、百有司、萬民及事（士）、司寇。建后叢五刑則，秉中不營，唯固不遲。事（士）攸（修）邦之寇盗，相亂不周，妖用訴（訴）③言，妖亂之禁。司寇攸（修）殘賊殺伐，仇讎間諜及水火。唯稱。

五行：啓，乃以立司工、司馬、徵徒。司工政（正）萬民，乃攸（修）邦内之經緯城郭，濬虞行水，及四郊之辻稼藿。司馬麞（展、繕）甲兵戎事，攸（修）四封之内經緯術路，還封疆稼藿。徵徒政（正）四郊之閉及徒戎。唯順。

五音：啓，乃以立祝、事（史）、師。祝乃攸（修）宗廟彝器，典祭祀犧

---

① 賈連翔先生認爲簡82—110記述了一段禱祀程式，是參不韋教導啓若因不遵奉五刑則而招致天殃時，應如何向諸神先祖禱告，包括禱告的具體對象（簡82—86）、禱辭（簡86—102）以及君臣所立壇位等（簡102—110），詳《清華簡〈參不韋〉的禱祀及有關思想問題》，《文物》2022年第9期，第59頁。

② 宗福邦、陳世鐃、蕭海波主編：《故訓匯纂》，商務印書館，2003年，第1050頁。

③ 《清華簡〈參不韋〉初讀》，簡帛網，"質复復位"（2022—11—30）發言，http://www.bsm.org.cn/forum/forum.php？mod=viewthread&tid=12766&extra=page%3D1。

牲及百執事之敬。事（史）乃定歲之春秋冬夏，發（撥）晦朔，秉法則儀禮，典卜筮以行歲事與邦逑。師皋〈暴（表）〉則定后之德，典尚音古律毋淫，以與祝、事（史）比均。唯均。

五色：啓，乃以立宰、工、賈。宰典后之家配，四方之遂。工比五色以爲文，安宅及戎事。賈攸（修）市價賈（價）□……朋。唯文。

（簡 7—17）

自□□往來日之後，某所敢不黽勉措乃心腹及乃四體，勿蓋勿匿，以共攸（修）某邦之社稷，及上下、外內、大小。（簡 95—97）

整理報告於簡 8 之"攸（修）"處有注釋曰：

攸，讀爲"修"，主管、職責。清華簡《治邦之道》簡一五至一六："君守器，卿大夫守政，士守教，工守巧，賈守買鬻聚貨，農守稼穡，此之曰攸（修）。"清華簡《治政之道》簡一："昔者前帝之治政之道，上下各有其攸（修），終身不懈，故六詩不淫。"

按，"攸"讀"修"是，但謂表主管、職責則未達一間。通觀全文之"攸（修）"皆動詞，且後接賓語包括"寇盜""相亂不周""殘賊殺伐""仇讎間諜"等亂人亂象，及"經緯城郭""宗廟彝器"等具體事物，"攸（修）"當訓整治，如此與上下文相當位置之動詞"政（正）""塵（展、繕）""定""發（撥）"①"典""比"等也照應。"修"古常訓"治"②，出土文獻中與上述類似用例多見，如上博簡《柬大王泊旱》簡 11—12"帝將命之攸（修）諸侯之君之不能治者"、《舉治王天下》簡 19"黃帝攸（修）三損"、《曹沫之陣》簡 5"鄰邦之君明，則不可以不攸（修）政而善於民"（安大簡《曹沫之陣》同）、清華簡《子產》簡 11—12"有道之君能攸（修）其邦國以和民"、《湯處於湯丘》簡 8"以攸（修）四時之正"、《越公其事》簡 26"攸（修）社位③"、簡 37"攸（修）市政"、《鄭武夫人規孺子》簡 6"老婦亦將糾攸（修）宮中之正"、《管仲》簡 10"攸（修）六正"、《晉文公入於晉》簡 3"攸（修）晉邦之祀"、《治政之道》簡 35"兵甲不攸（修）"、《行稱》簡 7"攸（修）府庫"、《五紀》簡 2"攸（修）歷五紀"等等。上引第十二冊整理報

---

① "發（撥）"之釋讀詳第三則"發（撥）晦朔。"

② 宗福邦、陳世鐃、蕭海波主編：《故訓匯纂》，商務印書館，2003 年，第 120 頁。

③ 詳高佑仁：《清華柒〈越公其事〉研究》，萬卷樓圖書股份有限公司，2023 年，第 298—302 頁。

告所舉清華簡《治邦之道》"守器""守政""守教""守巧""守買鬻聚貨""守稼穡"之"守"是職守職掌，也伴有"治"的語境義。

上引釋文第一部分（簡7—17）主要講官制，涉及多種早期職官及其職務。所記官名"土"和"史"之字，整理報告皆釋爲"事"（書末字形表亦皆置於"事"字下），但按理説當時的古人不至對兩類職官混淆不辨①。細審簡影，所謂"事（史）"字其實與"事（土）"及同篇其他確識的"事"字寫法不同。爲便比對，兹將字形臚列如下：

事（史）	事（土）	事	
簡 12； 簡 13； 簡 15	簡 7； 簡 8	簡 11； 簡 14； 簡 22；	簡 13（殘）； 簡 16； 簡 29

不難看出，三例"事（史）"都比其他"事"字多出頂上與中間竪畫交錯且自左向右的一橫。簡13、15與"事"字變化最甚，頂上橫畫不僅衝出兩邊分歧的竪畫，"又"旁右上還多出一向右伸出的飾筆，這都是同篇"事"字沒有的特徵。整理者已經注意到其中差異，注釋有言"事，上部寫法特別，當爲訛形"，惜未作進一步追溯。竊以爲"事（史）"本即字形捎帶變化的"史"字。簡13、15的"史"非典型楚文字，除了"又"旁右上多出的飾筆有楚系特色外，上部形態與"史"的早期古文字（　）更近，只是頂端橫畫被拉長出頭而已。②簡12之"史"和"事"字最似，都有"甘"

① "史""事"本一字，字用上自西周春秋以降也已基本分化，説詳陳英傑：《史、吏、事、使分化時代層次考》，《金文與青銅器研究論集》，上海古籍出版社，2020年，第1—126頁，原載《中國文字》新四十期，藝文印書館，2014年。

② 不過這種寫法在楚簡中似也有端倪可尋。如上博簡《曹沫之陣》中"史"有作　（簡29）、　（簡33）、　（簡36），上部"　"形中間的橫畫延伸衝出"　"之兩端，類似"兄"可作　（郭店簡《語叢一》簡70）、"兌"可作　（郭店簡《忠信之道》簡4）等。陳斯鵬先生認爲這種寫法的"史"介乎"史""弁"之間，見《楚簡"史""弁"續辨》，《卓盧古文字學叢稿》，中西書局，2018年，第137—138頁，原載《古文字研究》第二十七輯，中華書局，2008年。

形與頂部三歧，大概是受異域底本或抄手書寫習慣影響導致的類化或雜糅，顯得不倫不類。① 不過頂上交錯的短橫仍可視爲 "史" 的區別性特征，如▨（清華簡《禱辭》簡5）、▨（清華簡《越公其事》簡1）、▨（侯馬盟書156：21）等。石小力先生認爲《參不韋》與《保訓》是同一書手抄寫，整體上屬於典型的楚文字，但一些字的構形或寫法僅見於其他國別，如 "參" 從 "三" 作見於齊系文字， "夭" 字的寫法與燕文字相合等，反映了戰國時期不同國別文字的互相影響與交融。② 賈連翔先生認爲《參不韋》通篇有三種字迹，分屬兩位書手寫成，其中抄寫的主體跟清華簡《保訓》是同個書手，這位書手可能具有一定齊文化背景，能熟練掌握不同書法風格和當時通行文字的多種異體，且具有很强的創新性和個性鮮明的審美追求，但抄寫作風并不夠嚴謹。③ 結合齊系與燕系文字的 "史" 字正是繼承殷周早期文字作▨、▨、▨、▨等諸形來看④，竹簡 "史" 字的辨識似能與上述石、賈二文的論斷暗合。《參不韋》書手的複雜性由此可見一斑，但無論文本生成的真相如何，可以肯定的是，當時書手對 "史" 和 "事（士）" 之別必然是了然於心的。

　　附記：拙文初稿及修訂承蒙陳偉武、鄔可晶、王輝、石小力等師長惠賜寶貴意見，謹致深謝。

---

① 陳英傑先生指出戰國時期 "事" 和 "史" 在隸變過程中可能會發生混同，需利用文例和字形雙重限定來區分，見《史、吏、事、使分化時代層次考》，《金文與青銅器研究論集》，第58、108頁。

② 石小力：《清華簡〈參不韋〉概述》，《文物》2022年第9期，第54頁。

③ 賈連翔：《跳出文本讀文本：據書手特點釋讀〈參不韋〉的幾處疑難文句》，《出土文獻》2022年第4期，第16—17頁。文中還提到該書手在本篇進行了兩次有一定時間間隔的抄寫，以簡20爲分界，前後字迹頗有不同但各自統一，是一種新見的 "同卷異寫" 類型。據此也有助於理解上表中簡22和29兩例 "事" 字與其他 "事" 字寫法差異的性質，與 "事（史）" "事（士）的差異迥別。

④ 參看張振謙：《齊魯文字編》，學苑出版社，2014年，第381—382頁；張振謙：《燕文字編》，文物出版社，2023年，第242—243頁。

清華簡《五紀》的書寫情況研究 *

李松儒

（吉林大學文學院）

　　《清華大學藏戰國竹簡》第十一册（下文簡稱作清華十一）僅公布了一篇文獻，整理者名爲《五紀》。《五紀》全篇 130 支竹簡爲同一人書寫，該書手還抄寫了清華四《筮法》、清華六《子産》、清華八《心是謂中》三篇，并參與了清華十《四告》部分竹簡的書寫。我們曾對《筮法》《子産》《心是謂中》的文本書寫及字迹特徵進行過研究②，本文就《五紀》與《心是謂中》《筮法》《子産》字迹進行對比，并對《五紀》的書寫情況進行全面研究。

一、竹簡形制及概貌特徵

（一）竹簡形制

　　《五紀》共 130 支竹簡，簡 14、15 缺失，現存 128 支竹簡。整理者介紹簡長約 45 厘米，寬約 0.6 厘米③，我們據圖版測量簡長約爲 44.6 厘米。竹簡兩端平齊，三道編繩，簡背有連續劃痕，無篇題，竹簡正面第三編繩下有表示簡序的編號。我們將《五紀》與該書手所寫《子産》《心是謂中》竹簡形制進行對比④，見表 1。

---

* 本文爲 2023 年國家社科基金一般項目"基於現代筆迹學原理的甲骨文字迹研究"（23BYY002）的階段性成果。

② 參見李松儒：《清華簡〈筮法〉〈子産〉字迹研究》，《簡帛》第二十一輯，第 29—61 頁，上海古籍出版社，2020 年 11 月；李松儒：《談清華簡〈心是謂中〉的書寫情況》，《簡帛研究》（二〇二一秋冬卷），廣西師範大學出版社，2022 年，第 31—44 頁。

③ 參見黃德寬主編：《〈五紀〉説明》，《清華大學藏戰國竹簡》（拾壹），中西書局，2021 年，第 89 頁。

④ 由於《筮法》簡長差別較大，且《筮法》的文本格式及内容性質與《五紀》《子産》《心是謂中》三篇不同，下文僅在運筆特徵、文字寫法等特徵中選取《筮法》的文字與《五紀》《子産》《心是謂中》進行比較。

表 1 《五紀》《子產》《心是謂中》形制表① （單位：厘米）

篇名	數量	介紹簡長	測量簡長	簡寬	簡首至一契	一契至二契	二契至三契	三契至簡尾	簡背劃痕	簡號
五紀	128/130	45	44.6	0.6	1	21.2	21.2	1.2	連續	正面簡尾
子產	29	45	45	0.6	1	21.4	21.5	1.1	連續	無
心是謂中	7	44.6	45	0.6	1	21.3	21.6	1.1	連續	無

上表可見，《五紀》與《心是謂中》《子產》兩篇竹簡形制差別較大，《心是謂中》與《子產》竹簡形制相近。

（二）概貌特徵

《五紀》文字大多書寫在第一與第三編繩之間，簡 83 第一編繩上有兩個字，係補文，第三編繩下寫表示簡序的數字，這種情況與《筮法》將簡序數字寫在第三編繩下方式一致。《五紀》每簡容字 31—40 字，字距一字左右，文字布局疏朗。

因《筮法》受格式限定，文字形體略扁。《子產》《心是謂中》《五紀》三篇文字形體占據長方形空間。《五紀》字數較多，書寫速度較快。

二、運筆特徵

《五紀》行筆且速度較快，起筆處形態較多，作 ◐— 形或 ◐— 形；一些長橫畫筆畫不均勻，綫條有起伏，如 ≣（簡 72），或向右下行筆，收筆處或快速提筆。豎畫側鋒頓壓起筆，起筆處略尖，大多垂直下筆，收筆處尖尾，作 ▮ 形。對稱的左撇畫及右斜畫寫成左弧筆及右弧筆，作 ⌢ 形，《筮法》《子產》篇該部分筆畫如此，《心是謂中》中則弧筆較少見，清華簡其他抄手所寫的撇筆與右斜畫多寫作 ⌒ 形。現將《五紀》與《筮法》《子產》《心是謂中》運筆形態舉例對比，見表 2。

---

① 本表數據是據《五紀》簡 2、《子產》簡 1、《心是謂中》簡 2 圖版測量所得。《五紀》簡 2 的長度在《竹簡信息表》中計爲 44.9 厘米，參看黃德寬主編：《竹簡信息表》，《清華大學藏戰國竹簡》（拾壹），中西書局，2021 年，第 231 頁。

表2　《五紀》與《筮法》《子產》《心是謂中》運筆形態對比

篇名	例字					
五紀	53	4	7	28	17	38
筮法	9	33	37	33	14	8
子產	2	28	11	1	20	23
心是謂中	2	1	3	1	5	4

三、筆畫運向及搭配比例特徵

（一）筆畫運向及筆畫間搭配

我們以"之""正""是""百""貝""人"等字或字部爲例來看《五紀》與《筮法》《子產》《心是謂中》的筆畫運向及筆畫間搭配比例情況。

1. 之

我們將"之"的四個筆畫及交接位置分別命名爲：，該書手所寫"之"字 β 點在 4 筆三分之二處，γ 點在 4 筆三分之一處。2 筆爲長斜畫，作（心中2）形，或彎曲作（五紀31）形，3 筆呈斜畫，4 筆收筆處向下行。

表3　《五紀》與《筮法》《子產》《心是謂中》"之"筆畫搭配舉例

五紀	筮法	子產		心是謂中	
5	31	35	1 　 27	2	4

2. "正""是"

我們將"正""是"兩字中"止"部的三個筆畫分別用 α、β、γ 表示，如。《五紀》與《筮法》《子產》《心是謂中》中"正""是"兩字的"止"部 γ 寫成豎折筆，《五紀》中該豎折筆或轉折生硬或轉折較圓轉，如（簡5）形與（簡 42）形，如 γ 也有寫成弧筆的，如（筮法 39）、（五紀 10）等，《五紀》中“是”字“止”旁 γ 寫成斜畫的情況較多。《五紀》與《子産》《心是謂中》中“正”“是”兩字的“止”部 β 與 γ 相交位置在 γ 水平筆畫中間，作形，《筮法》“正”字的“止”部也如此，但是“是”字 β 與 γ 相交位置偏右，有時 β 與 γ 相交位置在 γ 收筆處，作形。

表 4　《五紀》與《筮法》《子産》《心是謂中》“是”“正”筆畫搭配舉例

	五紀		子産	心是謂中	筮法	
是	64	90	26	1	46	57
正	42	10	16	——	9	

3. 百

該書手所寫“百”字長横與右邊弧筆起筆處相連，作形。如下：

表 5　《五紀》《子産》《心是謂中》“百”字筆畫搭配舉例

	五紀	子産	心是謂中
百	91	22	心 2

4. “貝”部

《五紀》中“貝”部最上面兩筆爲横畫，最下面的兩個筆畫起筆處相接，作形，與《筮法》與《子産》中“貝”部的搭配關係相同（《心是謂中》無从“貝”的字），如下：

表 6　《五紀》與《筮法》《子産》“貝”部筆畫搭配舉例

篇名	例字							
五紀	5	13	129	52	75	31	129	57
筮法	58	31	54	57				

續　表

篇名	例字						
子產	〔字〕1	〔字〕15	〔字〕26	〔字〕27	〔字〕8	〔字〕11	〔字〕22

5. 人及"人"部

我們將構成"人"字的兩個筆畫分別用 α、β 表示，如 〔圖〕，《五紀》與《筮法》《子產》《心是謂中》中"人"字及部分"人"畫 α 書寫略豎直，α 筆與 β 筆搭配關係也相近，如下：

表 7　《五紀》與《筮法》《子產》《心是謂中》"人"筆畫搭配舉例

	筮法	子產	心是謂中		五紀	
人	〔字〕2	〔字〕10	〔字〕3	〔字〕5	〔字〕11	〔字〕93

《筮法》與《子產》中上下結構的字，位於下方的"人"形 α 向左撇出，β 起筆與 α 起筆相交，作〔形〕形，如下：

表 8　《五紀》與《筮法》《子產》《心是謂中》上下結構中"人"部筆畫搭配舉例

筮法			子產		心是謂中		五紀	
〔字〕57	〔字〕48	〔字〕39	〔字〕19	〔字〕26	〔字〕2	〔字〕4	〔字〕54	〔字〕43

左右結構的字，位於左側的"人"旁 α 向左撇出，β 起筆在 α 二分之一處，然後折筆向左下撇出，作〔形〕形，有時折角不明顯，作〔形〕形，如下：

表 9　《五紀》與《筮法》《子產》《心是謂中》左右結構中"人"部筆畫搭配舉例

篇名	例字					
五紀	〔字〕59	〔字〕55	〔字〕102	〔字〕57	〔字〕16	〔字〕90
	〔字〕93	〔字〕94	〔字〕101	〔字〕108	〔字〕96	〔字〕96

續　表

篇名	例字				
筮法	〔字形〕47	〔字形〕56			
子產	〔字形〕20	〔字形〕17	〔字形〕19	〔字形〕22	
心是謂中	〔字形〕6	〔字形〕1	〔字形〕1	〔字形〕1	

上舉是該書手較爲穩定的搭配方式，也有一些相對穩定的搭配方式在不同文本中有些變化，如《五紀》中"玉"部有一例寫作〔字形〕形，如〔字形〕（簡33），這種搭配方式與《筮法》與《子產》中"玉"部寫法相同；有兩例作〔字形〕形，如〔字形〕（簡118）；其餘"玉"部均作〔字形〕（簡34）形，如下：

表 10　《五紀》與《筮法》《子產》《心是謂中》"玉"部筆畫搭配舉例

篇名	例字						
五紀	〔字形〕115	〔字形〕115	〔字形〕115	〔字形〕115	〔字形〕126	〔字形〕119	〔字形〕87
筮法	〔字形〕58	〔字形〕57	〔字形〕57	〔字形〕57			
子產	〔字形〕24						

再如，例如《子產》中"于"字作〔字形〕（簡28）形，《五紀》中"于"字縱向筆畫或作折筆呈〔字形〕（簡55）形，或作弧筆呈〔字形〕（簡106）形或〔字形〕（簡115）形。這也是《五紀》篇幅較長，字數較多，書手有時略有變換造成的。

（二）字部間搭配

我們以"而""命""取""聖"爲例來看《五紀》與《筮法》《子產》《心是謂中》的字部間搭配比例情況。

1.而

除《子產》中"而"字作〔字形〕（簡28）形，最下面兩筆畫爲兩個弧綫外；《五紀》中有一個含"而"部的字作〔字形〕（簡17）形，同"而"的寫法一致。在《筮法》《心是謂中》《五紀》中，該書手所寫"而"字均作 （筮法5）形，長橫下的四個筆畫是由 形與 形構成的，其中 部兩個收筆處都在 部的彎處，如：。

2.命

"命"字由 部與 部構成，其中"卩"部收筆處作 形，"口"部所占比例也較大，作 （五紀7）形。

3.取、聖

"取"字中"又"的""畫均寫在"耳"的""畫半包圍內，作""形，如 （心中5）。"聖"字中"耳"部與"呈"部的搭配關係也是如此，如 （五紀87）。

表11　《五紀》與《筮法》《子產》《心是謂中》搭配比例特徵對比

篇名	而	命	取	聖
五紀	32	7	90	87
筮法	5	36	16	——
子產	28	25	1	1
心是謂中	4	5	5	5

四、文字寫法

（一）特徵字

我們將一些在清華簡中出現頻率較高的文字在《五紀》中的寫法列出，并與《筮法》《子產》《心是謂中》的寫法進行對比，見表12。

表12　《五紀》與《筮法》《子產》《心是謂中》特徵字對比

篇名	之	天	女	爲	人	"虍"旁	民
五紀	5	4	58	18	93	38	34

續　表

篇名	之	天	女	爲	人	"虍"旁	民
笘法	9	49	15	52	2	34	——
子產	27	29	16①	16	10	15	9
心是謂中	2	6	3	5	6	3	3

上揭清華簡常見字中，"民""人"兩字縱向筆畫或筆畫運向略有變化，如《子產》中"人"字縱向筆畫或弧度較大作（簡11）形；《五紀》中"人"字縱向筆畫或弧度較大作（簡11）形，"民"縱向筆畫或寫成豎筆，作（簡66）形，另，"民"字作（簡10）與（簡91）形，各有一例。

再如清華簡"乎""若"兩個常見字《笘法》《子產》中未見，在《心是謂中》《五紀》中寫法一致，如"乎"字作（心中6）、（五紀69）形；"若"字作（心中1）、（五紀21）形。

由於《五紀》篇幅較長，全篇異寫字較多，但是總有一種寫法與《笘法》《子產》《心是謂中》是一致的。如清華簡"於""余""弗"等常見字在《五紀》中的寫法見表13：

表13　《五紀》與《笘法》《子產》《心是謂中》"於""余""弗"寫法對比

篇名	於		余		弗		
五紀	77	75	21	30	95	55	96
笘法	14		11				
子產	1		19		18		
心是謂中	6		——		4		

① 《子產》中無"女"字，用含"女"部的"母"字舉例。

上揭《五紀》中"於"字有一例寫作 （簡79）形，并非常規寫法，後文有述。

《五紀》與《筮法》《子產》《心是謂中》中同一篇內存在的文字異寫現象，往往在其他篇中有對應的寫法，如《筮法》中"是"字有兩種寫法，分別作 （簡24）形與 （簡57）形；《子產》與《心是謂中》中作 （簡1）形；《五紀》中作 （簡64）形。

表 14　《五紀》與《筮法》《子產》《心是謂中》"是"字寫法對比

	五紀	筮法		子產	心是謂中
是	(64)	(24)	(57)	(26)	(1)

再如《五紀》中"者"作 （簡28）與 （簡7）形，在《筮法》《子產》《心是謂中》中亦有對應寫法， （簡51）的寫法涉及底本地域特徵，我們在下文進行分析。

表 15　《五紀》與《筮法》《子產》《心是謂中》"者"字寫法對比

篇名	者		
五紀	(28)	(7)	(51)
筮法	(47)	(16)	
子產	(29)	(14)	(23)
心是謂中	(3)		

在《五紀》與《筮法》《子產》《心是謂中》中，一些字的寫法在各自篇中較爲穩定，如《五紀》"中"字作 （簡17）形；《筮法》與《心是謂中》"中"字寫法一致，作 （簡1）形；《子產》簡21上有兩處"中"字作 形，不過在文中是用作人名的"仲"，這屬於文字用法，《子產》表示｜中｜則寫作"审"，作 （簡4）形，也是在"口"形的豎畫上加橫畫。

表 16 《五紀》與《筮法》《子產》《心是謂中》"中"（"审"）字寫法對比

五紀	筮法	子產		心是謂中
（字形）17	（字形）33	（字形）4	（字形）21	（字形）1

再如《筮法》《心是謂中》《五紀》三篇中"視"字都作（五紀54）形，"見"字都作（心中2）形。《子產》中"視"字作（簡5）形，與《五紀》等篇寫法略有不同。①

表 17 《五紀》與《筮法》《子產》《心是謂中》"視"與"見"寫法對比

	五紀	筮法	子產	心是謂中
視	（字形）54	（字形）39	（字形）5	（字形）2
見	（字形）96	（字形）1	——	（字形）2

作爲長篇幅的《五紀》中文字異寫情況較多，如"皇"作（簡31）、（簡37）、（簡55）、（簡68）；"貞"作（簡87）、（簡121）、（簡69）；"豊"作（簡6）、（簡39）、（簡45）、（簡51）、（簡88）、（簡47）；"名"作（簡43）、（簡75）；等等。《五紀》中一詞多形現象較多，如｛道｝作（簡46）、（簡87）；｛亂｝作（簡1）、（簡54）；｛肺｝作（簡93）、（簡84）；等等。有關《五紀》中文字異寫與一詞多形現象將有專文整理，這裏不再盡舉。

（二）文字的地域特徵

《五紀》中許多文字寫法與常見的楚文字寫法不同，但可以和郭店簡《唐虞之道》《忠信之道》相對應，如《五紀》"於"字作（簡76）、（簡79）等形，與《唐虞之道》中"於"字作（簡8）、（簡14）、（簡16）形相近；《五紀》中"者"作（簡51）、（簡52）、（簡81）等形，與郭店簡《唐虞之道》中"者"字

---

① 該字整理者釋爲"見"，單育辰釋爲"視"，參《清華六〈子產〉初讀》，簡帛網，"ee"（2016—4—25）發言，http://www.bsm.org.cn/forum/forum.php？mod=viewthread&tid=12766&extra=page%3D1；又，單育辰：《清華六〈子產〉釋文商榷》，《出土文獻》第十一輯，中西書局，2017年，第210—218頁。

作🖋（簡9）、🖋（簡28）形的寫法可對照；①《五紀》中"虖"作🖋（簡75），《唐虞之道》的"虖"作🖋（簡21）、🖋（簡11）等形；《五紀》中"坙（地）"作🖋（簡92），可與《忠信之道》中的🖋（簡4）對比；②《五紀》中的"甚"作🖋（簡43），可以和《唐虞之道》中的🖋（簡24）對比。③

《五紀》中還有一些字形不常見於楚文字，而與《保訓》相類者，如《五紀》中的"咼"作🖋（簡2），可以和《保訓》中的🖋（簡1）對比。《五紀》中的"丑"作🖋（簡20）、🖋（簡28），可以和《保訓》中的🖋（簡1）對比。④

另外，楚文字的"后"多以"句"爲之，但《五紀》則作🖋（簡26）形，也可與郭店《唐虞之道》的"后"字作🖋（簡3）形對比，不過要説明的是，清華簡其他篇中也有一些"后"作此形的，這個并不可以完全算做非楚因素。

不僅《五紀》中出現了許多非楚因素的寫法，該書手所抄的《筮法》《子產》篇也出現了一些非楚因素的寫法。比較《五紀》書手抄寫的《筮法》《子產》《心是謂中》《四告》（部分文字）這些篇字迹，其全篇書寫風格都是楚文字風格。《五紀》簡79的"於"字還有一種寫法作🖋，右邊字部似乎是書手本要順着自己的習慣寫成正常的楚文字寫法，如簡77"於"字作🖋（簡77）形的右邊字部寫法，可能書手突然發現若寫完的話，和其他"於"字不太統一，便戛然而止。有關《五紀》的底本地域特徵我們在另文中有詳細論述。⑤總之，《五紀》中出現的非楚因素寫法反映了該篇所抄底本的地域特徵。

（三）數字寫法

1. 正文數字

《五紀》中表示｛一｝的字寫作"一"，表示｛二｝的字寫作"弍"，表示｛三｝的字寫作"三""晶""參"，表示｛四｝的字作"四""亖"。我們將《五紀》與《筮法》《子產》中用來表示數字｛一｝至｛四｝的各寫法對比如下：

---

① "潘燈"：《清華簡〈五紀〉初讀》，簡帛網論壇，2021 年 10 月 15 日，http：//www.bsm.org.cn/forum/forum. php？ mod=viewthread&tid=12694，"松鼠"2021 年 10 月 28 日第 24 樓的發言。

② 子居：《清華簡十一〈五紀〉解析（之二）》，中國先秦史網，2022 年 1 月 25 日，https：//www.xianqin. tk/2022/01/25/3794/。

③ 陳民鎮：《略説清華簡〈五紀〉的齊系文字因素》，《北方論叢》2022 年第 4 期，第 51—59 頁。

④ 陳民鎮：《略説清華簡〈五紀〉的齊系文字因素》，《北方論叢》2022 年第 4 期，第 51—59 頁。

⑤ 參看李松儒：《清華簡中的特殊書手群及相關問題研究》，"首屆出土文獻語言文字研究國際學術研討會"會議論文，臺灣彰化：彰化師範大學國文學系、成功大學中國文學系、臺灣出土文獻研讀會主辦，2022 年 12 月 17—18 日。

表 18　《五紀》與《筮法》《子產》表示數字 ｛一｝至 ｛四｝ 的文字寫法對比

	五紀			筮法		子產	
｛一｝	（字）4			（字）19	（字）47		
｛二｝	（字）4	（字）46		（字）48	（字）20		
｛三｝	（字）4	（字）62	（字）19	（字）1		（字）24	（字）26
｛四｝	（字）4	（字）88	（字）90	（字）58	（字）9		（字）17

《心是謂中》全文僅有 ｛四｝ 一個數字，作（字）（簡 1）形。

2. 簡序數字

《五紀》簡背表示簡序的數字中 “二十” “三十” “四十” 的寫法首次出現，分別寫作（字）、（字）、（字），與常見寫法不同，不過在簡 120 寫作（字），其中的 “二十” 爲常見寫法。部分簡序數字的主要寫法如下：

表 19　《五紀》中部分簡序數字的主要寫法

四	九	二十	二十五	三十	四十	六十	六十六	七十
（字）	（字）	（字）	（字）	（字）	（字）	（字）	（字）	（字）

五、校改

《五紀》中出現了 4 處補文，分別在簡 61、82、83、97 上。簡 61 補文書於簡首第一字與第二之間，字略窄小；簡 82 末尾兩字補文在第三編上，應是刮去原簡文字後補上，因字數不够接着在簡 83 第一編繩上補入兩字，應刮去簡首第一字後接着補入兩個字，這是全篇補文最多的兩處了；簡 97 補文是補入兩字之間，字略扁小。

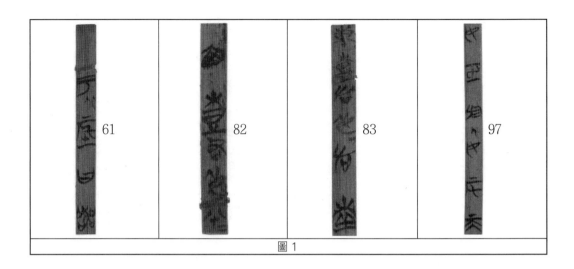

圖 1

簡 64 "奉正衰殺" 一句中 "衰" 字、[1] 簡 110 "以其目爲罩" 一句中 "罩" 字，兩字墨迹較淡，相鄰字迹清晰，不知道這兩字是否爲刮削後重寫，見圖 2。

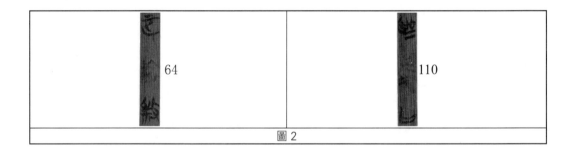

圖 2

六、標識符號

《五紀》有合文、重文、句讀、表篇末結束符號。我們將《五紀》與《筮法》《子產》《心是謂中》等篇標識符號的使用情況統計如下：

表 20　《五紀》與《筮法》《子產》《心是謂中》標識符號使用情況

篇名	簡數	合文	重文	句讀	篇末
五紀	128/130	27	53	66	
筮法	64	4	5	152	
子產	29	2	38	114	
心是謂中	7	0	5	29	

---

① 簡 64 "衰" 字未在字表中出現。簡 129 "衰" 字作 形，簡 64 左邊似還有其他字部。

　　《五紀》全篇共 26 處合文，除簡 78 "七星" 一詞寫成合文没有合文符號，其餘合文均有合文符號，作 "="形；重文共 54 處，除簡 13、123 上各有一處重文符號作 "–"形外，其餘皆作 "="形，如下：

圖 3

　　《五紀》現存的 128 支竹簡中表示句讀的符號共 66 處，作 "–"形或 "∟"形，見圖 4。相較《筮法》《子產》《心是謂中》三篇，《五紀》中句讀類標識符號使用頻率較低。②

圖 4

　　我們統計的《五紀》句讀符號中，一些句讀符號整理者并未標出，如下：

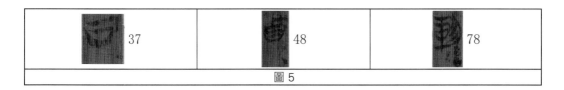

圖 5

　　《五紀》簡 40 "司正" 一詞 "正"下有污迹，不知是否有符號，如下：

圖 6

　　《五紀》中 "日某"下常有句讀符號，簡 40 與簡 41 上各有一處本當在 "日某"下的句讀符號誤置在 "日"下的情況，簡 56 有 "成式之表"一句，其中 "之"字下有一墨點狀符號，也應是誤置，如下：

---

① 此處整理者所做釋文爲 "日盟（明）之"，重文符號未標出。此重文符號若非衍符，該句釋文應是 "日盟＝（明明）之"，參見黃德寬主編：《〈五紀〉釋文》，《清華大學藏戰國竹簡》（拾壹），中西書局，2021 年，第 102 頁。

② 有關《筮法》《子產》《心是謂中》句讀符號使用頻率的分析參見李松儒：《談清華簡〈心是謂中〉的書寫情況》，《簡帛研究》（二〇二一秋冬卷），廣西師範大學出版社，2022 年，第 31—44 頁。

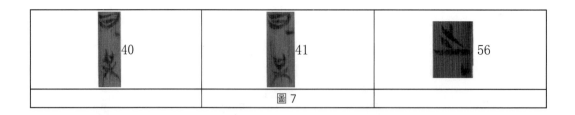

40	41	56
	圖 7	

4. 專有詞等其他符號

《五紀》中有 5 處標識符號的位置與我們今天閱讀習慣不同，整理者也未標出，這些符號分別在簡 34、71、107、112、118 上。其中簡 107 "黃帝" 一詞下符號是對專有詞的標記，戰國簡常見。再有簡 34 "民之裕材" 的 "之" 下、簡 71 "乃占育殃" 的 "占" 下、簡 112 "夫是故凡侯王肰〔新（親）〕自率師攻邦圍邑" 中 "肰" 下、簡 118 "后詞（歌）曰" 中 "詞" 下都有一處符號。

5. 衍符

簡 54 "時" 下 "=" 爲衍符，如下：

圖 8

七、竹簡的製作與編聯

《五紀》使用了六節竹筒，我們將該篇使用的竹簡及竹筒的情況列出，見表 20。

表 21　《五紀》竹筒的使用情況

竹筒	竹筒 I	竹筒 II	竹筒 III	竹筒 IV	竹筒 V	竹筒 VI
簡號	1—26	27—50	51—76	77—100	101—125	126—130
竹節	2	1	2	1	2	2
簡數	26	24	26	24	25	5

《五紀》契口在右，契口形態見圖 9。《五紀》應是先寫後編，一些字寫得離編痕很近，若是先編後寫則可避開，如圖 10。

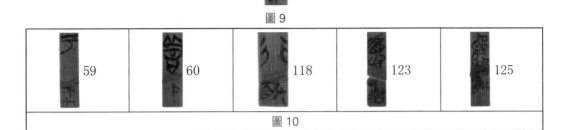

圖 9

圖 10

補記：2023 年公布的《清華大學藏戰國竹簡》第十三冊中的《五音圖》字迹亦屬《五紀》等篇書手所寫。

談談清華簡《參不韋》中的特殊文本特徵 *

黃一村

（蘭州大學文學院）

收録於清華簡第拾貳輯的《參不韋》，是一篇篇幅長達 124 簡、2977 字的文獻。簡文以對話體的形式記載了參不韋與夏啓關於"五刑則"及以其指導治國理政的討論。本篇的主角雖然是天帝使者參不韋與夏啓，但從文本内容所體現的思想特徵來看，其文本形成的時間不會太早，應當是戰國時人托古之作。

石小力先生指出，本篇"全篇用楚文字抄寫，但一些字的構形或寫法則僅見於其他國别"，并舉出簡文中的"參""夭"等字爲例。[①] 這種"特殊文本特徵"現象，也屢見於其他典籍類文獻，過去學者已圍繞這一問題做了不少研究。戰國時代雖然未聞有正字法，但是在一定時間、一定區域内的典型文字材料中，文字形體、用字習慣等文本特徵是相對規律的，本篇中的"特殊文本特徵"，是指與以包山簡、望山簡文書類材料文字爲代表的戰國中晚期"典型楚文字"不合的文本特徵。以下結合一些實例，對本篇中的這一現象試作分析。

1. 神

戰國時代的典型楚文字中，"神"字 4 見，"申"字 45 見，其構形穩定，作如下之形：

（新蔡甲二 40）（包山 91）

典籍類文獻中的"神"及"申"大多數亦作此形，其特徵是从二"口"形。"申"字从"口"形的寫法在戰國時其他地域的文字材料中罕見，應可視爲楚文字的典型

---

* 本文的寫作得到了國家社科基金青年項目"戰國楚地典籍類文獻特殊用字現象整理與研究"（23CYY001）的經費支持。

① 石小力在《清華大學藏戰國竹簡（拾貳）成果發布會》上的發言，學堂在綫，2022 年 11 月 25 日，https：//www.xuetangx.com/live/live20221116zzgzj/live20221116zzgzj/14550973。

寫法。在春秋時代的楚文字材料中，"申"大多仍不從"口"，如：

（蓮子受鎛，銘圖 15774）　（王子申盞，集成 4649）

可見楚文字中"申"字從"口"的寫法，應當是在春秋、戰國間逐漸形成并成爲主流的。《參不韋》篇中"神"字 6 見，分別寫作如下之形：

（簡 3）　（簡 33）　（簡 44）

（簡 106）　（簡 116）　（簡 121）

除簡 3 一例之外，其餘 5 例"神"字所從的"申"皆不從"口"，與楚文字的典型寫法不同。郭店簡《忠信之道》簡 6 有"君子弗申（陳）爾"，其"申"字作，馮勝君先生認爲此形即《説文》所收作形的"古文申"，來源於戰國燕、齊文字：①

（陳貼簠盖，集成 4190）　（璽彙 0876）

《參不韋》中的 5 例"神"字，構形與燕、齊文字及《忠信之道》的"申"字寫法相似。②

2. 於

《參不韋》中，"於"字 19 見，皆作如下之形：

（簡 72）　（簡 85）

這種寫法可以析分爲左邊的鳥形和右邊的"人"形部件兩部分，追溯其形體之本，應爲西周金文中的（叔𧅄父卣，集成 5429）一類寫法。文書類文獻中"於"出現數百次，其中以包山簡、望山簡爲代表的，楚文字典型性最強的材料中皆作如下之形：

（包山 2）　（望山一 108）

在典籍類文獻中這種寫法也占絕對強勢的地位，應可視爲當時楚文字的典型寫法。《參不韋》中的"於"字與之相比，在形體上有明顯的差異。郭店簡《唐虞之道》有"六帝興於古"，其"於"作""形，與《參不韋》簡文中的"於"相合。

---

① 　馮勝君：《郭店簡與上博簡對比研究》，綫裝書局，2007 年，第 275—276 頁。

② 　《唐虞之道》簡 6 有"神明均從"，"神"字作""。《唐虞之道》亦爲帶有齊文字特徵的篇目，此字可能是由《忠信》的那種寫法進一步簡化形成的。

馮勝君先生已指出郭店簡中的這類 "於" 寫法接近於齊系文字。[①] 齊文字 "於" 作：

（庚壺，集成 9733） （鮑子鎛[②]，集成 271） （陶錄 2 · 35 · 3）

與楚文字相比，有鳥尾向下、左右不相連兩個特徵。陶文中筆畫雖有所簡化，但仍保留了這兩個特徵。

3. 者、圖

《參不韋》篇中 "者" 字 2 見，皆記錄 "諸"，又有 "圖" 字 1 見，分別作如下之形：

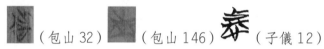

（簡 115） （簡 115） （簡 21）

在楚文書類材料和典籍類材料中，"者" 字皆十分常見：

（包山 32） （包山 146） （子儀 12）

其形體依抄寫者個人書寫習慣的差異而呈現複雜的面貌。楚文字中，"者" 的個人書寫差異主要集中在字的下半部，有寫作 "旨" "皿" "口" 等形的，但上半接近於 "延" 形的寫法則相對較爲規律，應當可以視爲楚文字的典型性特徵。《參不韋》中 "者" 字上部寫得與 "耂" 相似，與楚文字典型寫法不同。郭店《唐虞之道》中有 12 例 "者" 字，皆作 之形，與《參不韋》簡文相合，馮勝君先生已指出這種寫法與齊文字相似。[③] 齊文字中的 "者" 字作：

（陳純釜，集成 10371） （子禾子釜，集成 10374）

後者應由前者簡省而來，在齊陶文中很常見。相比於《唐虞之道》的 "者" 字，《參不韋》的寫法與陳純釜、子禾子釜更爲接近。

4. 月

《參不韋》篇中 "月" 及從 "月" 之字多見，皆作如下之形：

（簡 32） （朔，簡 13） （盟，簡 18）

---

① 馮勝君：《郭店簡與上博簡對比研究》，第 269—270 頁。

② 此器原稱 "鮝鎛"，馮峰指出 "鮝" 非名，應改稱 "鮑子鎛"，其說可信。見馮峰：《鮑子鼎與鮑子鎛》，《中國國家博物館館刊》2014 年第 7 期，第 96—111 頁。

③ 馮勝君：《郭店簡與上博簡對比研究》，第 270—272 頁。

　　"月"字中間由兩筆寫成，這種寫法的"月"特徵是將中間的兩筆寫成一長一短，較長的一筆彎曲與外面的一筆相接，較短的一筆有時寫成點形。這種寫法源自西周文字，春秋時代大部分國家的文字中皆作此形：

（子犯編鐘，銘圖 1020）　（蔡侯鐘，集成 211）　（何次簠，銘圖 5953）

　　到了戰國時代，在楚文書類與典籍類材料中，"月"則皆寫作如下之形：

（望山一 14）　（包山 20）

　　兩筆幾乎等長，且外面一筆不彎曲。這種寫法在各類楚文字材料中占據絕對强勢的地位，應可視爲當時楚文字"月"的典型寫法。①《參不韋》的寫法與之不同。在同時期的其他地域文字中，"月"較多保留春秋時代寫法的僅有齊、燕文字：

（陳逆簠，集成 4096）　（陶録 4·1·1）

5.皇

戰國時代典型楚文字材料中的"皇"多見，皆作如下之形：

（望山二 45）　（欒書缶，集成 10008）

　　在春秋時代的楚文字材料中，"皇"字寫作如下之形：

（王孫遺者鐘，集成 261）　（王子午鼎，集成 2811）

　　追溯其演變過程，春秋時代楚文字的"皇"是在西周金文的基礎上改下部爲"王"，再在上部的竪筆上加橫筆而成的，戰國時代進一步簡省中間的"日"形。戰國楚文字的"皇"構形十分穩定，典籍類文獻中絶大部分也是這樣寫的，但有時能見到一些與之不合的寫法，如：

（忠信之道 3）　（厚父 3）　（良臣 1）

　　趙平安先生等學者已指出這種寫法"與楚文字不類，見於晋系文字和齊系文

---

① 《保訓》簡 6 的"名"字作 ，所从的"月"亦作此形。

字"①。《參不韋》中"皇"及從"皇"之字5見，作如下之形：

（簡18）　（簡90）　（簡93）　（簡100）　（簡91）

除第一例可能是戰國楚文字"皇"的簡省寫法外，其餘4例皆與楚文字不合。

6. 事

戰國時代楚文書類文獻中的"事"計有29例，皆作如下之形：

（包山200）

典籍類文獻中的"事"字絕大多數也作此形，應可視爲楚文字的典型寫法，相較於其他地域的文字，這種寫法的區別性特徵是上部多一撇筆，在春秋時期的楚文字中已能見到：

（競孫與也鬲，銘圖3036）

《參不韋》中，"事"字共有11例，其形體情況較爲駁雜，大致可分爲四類：

a. （簡7）　（簡11）

b. （簡8）　（簡12）　（簡13）　（簡14）　（簡16）

c. （簡13）　（簡15）

d. （簡22）　（簡29）

在這11例字形中，c類訛變過甚，可不論，a類的2例與典型楚文字寫法相合，b、d類形體與下舉齊、燕文字較爲接近：

（陳純釜，集成10371）　（璽彙290）

（璽彙1809）　（燕侯載豆，西清29.42）

7. 萬

---

① 趙平安：《談談戰國文字中值得注意的一些現象——以清華簡〈厚父〉爲例》，復旦大學出土文獻與古文字研究中心編：《出土文獻與古文字研究（第六輯）》，上海古籍出版社，2016年，第304頁。

《參不韋》中，"萬"字9見，其中4例作"蠆"，另有5例作如下之形：

（簡60）　（簡61）　（簡97）　（簡104）　（簡110）

此字整理者隸定爲"蠆"，可信。除簡97一例之外，其餘4例下部的"止"形皆有所省簡。文書類材料中未見"萬"字，典籍類文獻中"萬"皆作"萬"或"蠆"，有時亦作"邁"，但除本篇外亦未見有從"止"的。然而，這種從"止"的"萬"字卻見於齊系文字材料：

（齊侯匜，集成10283）　（陳逆簠，集成4630）

其例多不備舉。"萬"字在戰國時代經歷了顯著的記號化過程，各系文字中中間皆多被省去，上部也多類化爲"臼"形，簡文"蠆"字在寫法上可説已與同時的楚文字沒有什麼差別，但在結構上仍保留了齊文字的特徵。

8.灋

《參不韋》中，法則之｛法｝2見，作如下之形：

（簡14）　（簡66）

其所在的辭例分別爲"秉法則儀禮"及"勉德、勉義、勉法、勉長、勉固"。此字可分析爲從"去"①"廌""皿"，"去"訛省爲"大"形，可隸定爲"鱸"。在文書類材料中"灋"4見，皆作如下之形：

（包山18）

其中"去"又訛爲"夫"。在典籍類文獻中，｛法｝計有26例，其中以"灋"記錄的有16例，比例占優。在其餘的10例中，《命訓》《子產》《五紀》作"鱸"、上博簡《緇衣》作"金"。《子產》《五紀》中的用例皆有學者指出帶有外來文字特徵，②《命訓》也應是由外地傳入楚地的。在文書類文獻中，｛法｝亦用"灋"來記錄，如：

———————————

① 裘錫圭認爲，古文字中有兩個"去"字，其一是"盍"的初文，取象於器蓋相合，古音在葉部，是"怯""狋""厺""劫"等字的聲符，"灋"可能从之得聲；另一個是來去之"去"，古音在魚部。參見裘錫圭：《談談古文字資料對古漢語研究的重要性》，《中國語文》1979年第6期，第437—442頁；裘錫圭，《再談古文字中的"去"字》，《漢字文化》1991年第2期，第8頁。這裏的"去"指的是器蓋相合的"去"字。

② 清華大學出土文獻研究與保護中心編，李學勤主編：《清華大學藏戰國竹簡》（陸），下冊第136頁；陳民鎮：《略説清華簡〈五紀〉中的齊系文字因素》，《北方論叢》2022年第4期，第51—59頁。

以其爲其兄蔡瘣斷不灋（法）。（包山 102）

由此來看，"灋"應爲當時楚文字中的法則之｛法｝的典型用字。《參不韋》中"灋"之作"𤼈"，與楚文字的典型寫法不同。山東滕州出土的司馬懋編鎛銘文有"帥型法則先公正德"之語，其｛法｝正以"𤼈"來記録：

（司馬懋編鎛，銘圖 15768）

由此來看，《參不韋》中｛法｝之以"𤼈"記録，帶有齊文字特徵的可能性至少是不能排除的。

以上列舉了《參不韋》篇中的 8 例特殊文字特徵。它們在簡文中總共出現的次數約爲 80 次，相對於簡文近 3000 字的篇幅來説，所占的比例很小。一方面，這是由清華簡整體的抄寫水平較高，對外來抄本的轉寫較爲徹底所導致的，另一方面，簡文中還存在不少相對於典型楚文字寫法顯得特殊的文本特徵，如"攻"之作"𢼸"、"冬"之作"𣓤"、"寇"之作"𡨥"、｛中｝之以"中"記録等。按照本文的標準，它們可能也屬於特殊文本特徵，但由於有的零星見於典型楚文字材料中，有的缺乏其他地域的文字材料作爲比較對象，暫時還無法對其性質作確切的判斷。

在上文舉出的這些特殊文本特徵中，雖然也存在與燕、晋等地文字相合的例子，但總體來説與齊文字相合的比例最大。由此進一步推測，《參不韋》篇可能是由齊地傳入楚地的。本篇所據以抄寫的底本可能是一個具有較多齊文字特徵的抄本，在轉抄的過程中雖然大部分轉寫成了楚文字，但也零星保留了齊文字的特徵。

除了抄本的影響之外，簡文中特殊文本特徵的形成也可能與抄寫者有關。從形制和書寫風格上來説，本篇簡長約 32.8 厘米，與清華簡大部分篇目簡長 45 厘米左右不同，而與簡長 28.5 厘米的《保訓》篇較爲接近，文字的書寫風格也與當時的典型楚文字材料存在一定差異。《保訓》篇的文本特徵和書寫風格與清華簡中的大部分篇目不同，過去學者曾就這一問題展開過熱烈的討論。[1]本篇與《保訓》之間在簡長和文字書寫風格上的相似，意味着它們的抄寫者之間可能存在某種聯繫。由此考慮，抄寫者是一位本來習慣於齊文字，進入楚地之後又學習了楚文字

---

[1] 可參見宋亞雯的有關整理。見宋亞雯：《清華簡中的非典型楚文字因素問題研究》，復旦大學碩士學位論文，2016 年。

的人，兩地書寫習慣間的差異導致了簡文的特殊文本面貌，這種可能性也是無法排除的。

過去學者對清華簡中特殊文本特徵的分析多集中於三晋文字。[①] 隨着整理工作的推進，在近年來新公布的部分篇目如《禱辭》《廼命》《五紀》及本篇中，也能見到不少與齊文字相合的現象。這或許意味着清華簡的文本來源、抄寫情況比我們過去所認識的要更複雜一些。

---

① 王永昌：《清華簡文字與晋系文字對比研究》，吉林大學博士學位論文，2018 年。

釋戰國文字中的"膚（觶）"及相關之字

劉剛

（安徽大學文學院）

　　戰國文字中有一個從"虍（虎）"、從"角"的字，可隸定爲"膚"。此字多見於楚地出土的遣册簡文，也見於晉系姓名私璽。有時，"膚"也可以用作從"糸"或"衣"之字的聲符。今據其辭例用法略作分類，列舉如下：

　　A. 用作器物名稱

　　（1）·包山 253：二牺白之膚，皆敝；二翠（羽）膚，皆彤中劄外；二金。

　　（2）·包山 254：四鐋，一鐋盇（蓋）；二膚盇（蓋）；一貞（鼎）；一金比；二刀；二牺白之膚，皆敝；二素王絵（錦）之绣（韜）；二翠。

　　（3）信陽 2·011：二牺白膚，屯雀韋之襚紃。

　　（4）信陽 2·019：一友児[①]膚，絵（錦）襚，又（有）盇（蓋）。

　　（5）（餈）仰天湖 25：児膚一堳（偶）。

　　（6）（餈）仰天湖 30：羽膚一堳（偶）。

　　（7）望山 2·47：四膚，皆敗（文）宦。

　　（8）望山 2·58：二膚，丹緅之宦。

　　（9）老河口安崗楚簡：四膚，一盇（蓋）。[②]

　　B. 用作姓氏

　　《璽彙》3123：膚告（尚）

　　C. 用作服飾之名

　　（1）信陽 2·07：一繡緅衣。

---

①　徐在國：《談楚文字中的"児"》，《中原文化研究》2017 年第 5 期，第 10—12 頁。

②　劉國勝、胡雅麗：《湖北老河口安崗楚墓竹簡概述》，《文物》2017 年第 7 期，第 60—61 頁。

（2）上博四 · 昭王 6：牆（將）取車，大尹遇之，被（披）褫=（褫衣）。

（3）上博四 · 昭王 6：被（披）褫=（褫衣）。

（4）上博四 · 昭王 7：至於定（正）冬而被（披）褫=（褫衣）。

“膚”字舊有釋“膚”“盧”“觴”“鐔”諸説，似皆證據不足。胡雅麗讀“膚”爲“觳”（《説文》：“盛觵卮也，一曰射具。”），認爲包山簡“二牆白之膚”即“二妝碧之觳”，指包山楚墓兩件鑲嵌緑松石的鏤孔杯（信陽楚墓、望山楚墓、曾侯乙墓均有出土）；“二羿（羽）膚”指兩件器蓋邊緣裝飾四個鳳鳥環鈕的銅樽。[①]不過，鏤孔杯和銅樽形製頗有區别。劉信芳利用《説文》“觳”字釋義二説，把銅樽和飲酒器對應，鏤孔杯解釋爲射具（投壺之器）。[②]其後，諸家對“膚”字續有討論，釋讀意見并不統一。[③]

上博四《昭王與龔之脽》公布以後，給相關研究帶來一綫曙光。學者開始把整理者誤釋爲“襦（裀）”的字與“膚”聯繫起來，隸作“褫”。“褫衣”在簡文中與“袵袍”對言，顯然是指單薄的衣物。陳斯鵬將其改讀爲“縠”，引《後漢書 · 安帝紀》“至有走卒奴婢被縠綺”李賢注訓爲“紗衣”[④]。張崇禮據《集韵 · 蟹韵》指出“膚”爲“廌”字異體，可讀爲“觶”。“褫衣”即“禪衣”或“褋衣”，《説文 · 衣部》：“禪，衣不重。”《釋名 · 釋衣服》：“有裹曰複，無裹曰禪。”[⑤]但他後來又放弃了這個

① 胡雅麗：《包山二號楚墓遣策初步研究》，湖北省荆沙鐵路考古隊編：《包山楚墓》，文物出版社，1991 年，第 515 頁。

② 劉信芳：《楚簡器物釋名（上篇）》，《中國文字》新 42 期，第 205—206 頁。又見劉信芳：《包山楚簡解詁》，藝文印書館，2003 年，第 255 頁。

③ 參看田河：《出土戰國遣册所記名物分類匯釋》，吉林大學博士論文，2007 年，第 259 頁；曾憲通、陳偉武：《出土戰國文獻字詞集釋》，中華書局，2018 年，第 2538—2540 頁。

④ 陳斯鵬：《初讀上博竹書〈四〉文字小記》，簡帛研究網，2005 年 3 月 6 日，http：//www.jianbo.sdu.edu.cn/info/1011/1710.htm。

⑤ 張崇禮：《讀上博四〈昭王與龔之脽〉札記》，簡帛網，2007 年 5 月 1 日，http：//www.bsm.org.cn/？chujian/4771.html。

説法。① 單育辰讀“襦”作“苴”（或“麤”“粗”），義爲麻布做的粗衣。② 陳劍初從上博簡整理者的意見，後來認爲根據上下文意，把“襦衣”解釋爲“單（襌）衣”較爲合適，但“襦”具體是何字，還有待進一步研究。③

對“膚”和“襦”字的釋讀出現如此大的分歧，主要是因爲該字的形體結構不够明確。從“膚”字在遣册簡文中的用法來看，把“角”視爲形符的觀點應該是正確的。④ 古人利用獸角製作酒器，“觥”“觴”“觳”等字皆从“角”。何景成認爲“膚”當隸定爲“觲”，从角、虎聲，讀作“厄”。⑤ 釋“厄”之説有其合理之處，不過，李學勤考釋出東周銅器銘文中的器物名“鉈”即“厄”，⑥ 這種器型與圓筒形銅杯“膚”有着不小的差距，⑦ 二者可能并非同一種器。王志平認爲“膚”从角、虍聲，可讀爲“觥”，遣册簡文“兕膚”即《詩經·周南·卷耳》“我姑酌彼兕觥”的“兕觥”。⑧ 此説雖有傳世文獻辭例的佐證，却也難以爲憑，因爲安大簡《詩經》“兕觥”作“兕衡”，⑨ 用“衡”記録“觥”一詞，應當反映了戰國時期楚系文字的用字習慣，也暗示遣册簡文的“膚”字另有所指。樊波成贊同“膚”从虍聲，讀作“簾”或“簾”（二字皆爲“筥”之異體，又可讀爲“居”），認爲楚簡“二牂白膚”即“牂居”，對應《方言》《説文》等典籍中的“牆居”，用於薰衣或盛放罰爵。⑩ 我們認爲，把“二牂白膚”與“牆居”强行關聯的説法似嫌過於主觀。

將“膚”“襦”二字綜合起來考察，釋“膚”爲“觶”無疑是最直截了當的。“觶”是先秦時期常用的飲酒器。《説文》：“觶，鄉飲酒角也。《禮》曰：一人洗舉觶，

---

① 張崇禮：《談上博四〈昭王與龔之脾〉中與裎衣有關的問題》，《漢語史與漢藏語研究》，2018 年第 1 期，第 171—176 頁。

② 單育辰：《佔畢隨録之六》，簡帛網，2008 年 8 月 5 日，http://www.bsm.org.cn/？chujian/5065.html。

③ 陳劍：《楚簡“罪”字試解》，載《簡帛》第 4 輯，上海古籍出版社，2009 年，第 136 頁脚注 1。後收入《戰國竹書論集》，上海古籍出版社，2013 年，第 354 頁。

④ 李天虹：《〈包山楚簡〉釋文補正》，《江漢考古》1993 年第 3 期，第 89 頁。

⑤ 何景成：《試釋“觲”》，《中國文字學會第五屆年會暨漢字學國際學術研討會論文集》，福建師範大學，2009 年，第 30—34 頁。

⑥ 李學勤：《釋東周器名厄及有關文字》，《第四屆國際中國古文字學研討會論文集》，後收入《文物中的古文明》，商務印書館，2008 年，第 330 頁。

⑦ 朱鳳瀚：《中國青銅器綜論》，上海古籍出版社，2009 年，第 262 頁。

⑧ 王志平：《〈莊子·齊物論〉“葆光”新解》，《文獻語言學》2019 年第 2 期，第 116—120 頁。

⑨ 黄德寬、徐在國主編：《安徽大學藏戰國竹簡（一）》，中西書局，2019 年，第 8 頁。

⑩ 樊波成：《東周銅簞銅筥考——兼論“樽”與“觶”》，《考古與文物》2020 年第 2 期，第 105—109 頁。

觶受四升。从角、單聲。觗，觶或从辰。紙，《禮經》觶。"釋"觶"之說没能引起足够重視，大概有以下兩點原因：（一）宋代以來的金石學家把流行於商代晚期和西周早期的侈口、束頸、圓腹或橢圓腹、圈足、大多有蓋的飲酒器稱作"觶"。（二）包山楚墓、信陽楚墓、望山楚墓出土的圓筒形銅器多爲鏤孔雕刻，有食器、投壺之器、薰器①等異說，自然也就和酒器"觶"無關了。

近年謝明文對宋人定名爲"觶"的青銅器提出了新的見解，認爲西周時期這種器物的專名爲"鐘"，目前没有積極證據證明它們和東周禮書中的"觶"存在傳承關係。②這樣的話，上述第一點疑問已經不復存在。在以往的討論中，除了把"膚"與鏤孔杯對應外，學者還將"二羿（羽）膚"與兩件有鳥形裝飾的銅樽對應"，這兩件銅樽是可以作爲酒器使用的。結合傳世文獻中的"兕觥"和"羽觴（羽杯）"來看，把簡文中的"兕膚（觶）"和"羽膚（觶）"理解爲酒器纔更合適。至於那種鏤孔雕刻的銅杯，已經不具備直接盛酒的功能，之所以仍然稱作"觶"，應該主要是根據其器型來命名的。銅樽和鏤孔杯的共通之處在於都像截取獸角中的一段，所以我們認爲東周禮書中的"觶"很可能是指那種器型正視圖像一段獸角的器物（軸截面爲等腰梯形，數學術語稱之爲"圓檯"）。"觶"與"卮"讀音頗近，王國維認爲二者为同一種器，③漢代以後多把飲酒器中的圓筒型耳杯稱作玉卮，此器和鏤孔杯的形狀也頗爲近似，不排除其命名是受到"觶""卮"音近的影響。

"膚"字結構當從何景成説，从角、虖省聲，可隸定爲"觟"，"觶"字異體。"觟"字所从的"虖"常省寫作"虎"形，也是可以解釋的：古文字中有一類用作聲符的形體，在與固定的偏旁搭配時，會省略爲與之相近的常用字。類似的例子可參考"家"字所从的"豕"，④後世文字"肘"所从的"寸"也屬於同樣的變化。上古音"觶"屬章母支部，"虖"屬心母支部，《禮經》中"觶"的異文"紙"

① 高至喜：《楚文物圖典》，湖北教育出版社，2000年，第200—202頁。

② 謝明文：《談談金文中宋人所謂"觶"的自名》，《中國文字》新24期，藝文印書館，2016年，第135—144頁。謝文認爲《集成》6515收録的"萬杯器"（自銘爲"㡿"）、河南淅川下寨出土的紅陶杯以及"亞若癸觶"等筒形杯很可能纔是傳世文獻的"觶"，崎川隆對"萬杯器"的器型和自銘有不同意見，他認爲此器是截取大型鬲足而成，"㡿"（崎川隆隸定該字下部爲"廾"）應是指代鬲形器。見《關於自銘爲"鬻"的青銅器》，《青銅器與金文》第二輯，上海古籍出版社，2018年，第412—422頁。

③ 王國維：《釋觶觛卮鰤緰》，《觀堂集林》，中華書局，1959年，第291頁。

④ 羅琨、張永山：《家字溯源》，參看季旭昇《説文新證》，福建人民出版社，2010年，第611頁。

屬禪母支部，三字聲近韵同。因此，"虒"可以用做"觶"的聲符。[1]上引何景成文已經正確把《璽彙》3123"膚旹（尚）"讀爲"觬尚"，"觬"用作姓氏見於《列子·湯問》。上博四《昭王與龔之脾》的"褍衣"當讀爲"禪衣"，信陽簡2·07"一縷緅衣"指一件緅色的"單（禪）衣"。

順便討論一下上博六《用曰》中可能與"膚"有關係的一個字。簡6"繼（絕）原（源）流洈（澱—澌），丌（其）古（胡）能不沽（涸）？用曰：䪊（唇）亡齒倉（寒）"[2]，與"唇"對應之字作"䪊"形，此字結構頗難分析，或認爲其下所從乃"晨"之訛省，恐不可信。聯繫《說文》"虎"之古文"𧇂"來看，這個字應該分析爲從角、從虎，釋爲"膚（觶）"，"觶"有異體作"觝"，所以"膚（觶）"在簡文中可讀作"唇"。[3]

1. 樽 2：167　　　　2. 鏤孔杯 2：172　　　　3. 鏤孔杯 2：195

附記一：研究生程治軍代爲收集電子資料，初稿寫成後，又蒙郭理遠兄提出修改意見，在此一并致謝。

2023 年 5 月 18 日

附記二：

新近出版的《清華大學藏戰國竹簡（拾叁）·大夫食禮》簡32有"𧆛"字，整理者根據禮書類文獻將其釋作"觶"，并將此字與見於包山簡、望山簡的"膚"聯

① 《說文》訓"虒"："委虒，虎之有角者也。"段玉裁注云："虎無角，故言者以別之。"從古文字"膚"與"虒"的密切關係考慮，《說文》的解釋或許保留了漢代經師對"虎"字古文"膚"的形體分析。《說文》："雀，依人小鳥也。從小隹。"是其參證。

② 釋文參看陳劍：《讀〈上博（六）〉短札》五則》，原載簡帛網 2007 年 7 月 20 日，後收入《戰國竹書論集》第 221—230 頁。

③ 此外，還有一種可能，這個"觶"字當如字讀，傳世文獻中的"唇亡齒寒"也許是誤讀。《莊子·胠篋》《呂氏春秋·權勳》《淮南子·說林》或作"唇竭齒寒"，可資佐證。

繫起來。清華簡“觶”的特殊寫法爲討論相關形體的源流演變提供了更多可能。“”除去“角”形後的那一部分，很可能和西周中晚期金文中“像兩手張網捕虎之形”的“”（《集成》9732 頌壺）等形體存在沿革關係（雖然二者字形的差距仍然不小，很難從筆畫和部件演變方面做出合理解釋），然則“”“㩁”皆爲省略後的形體，本文關从“㩁”字原本从“虒”得聲的結論就不够準確了。不過，“觶”“虒”古音畢竟相近，“”在金文中多與“康”字連用，表示福禄一類的意思，前人或釋作訓爲“福”的“禠”，仍可備一説。

2023 年 12 月

傳抄古文"未、節、漆"三字合考[*]

段凱

（中國美術學院漢字文化研究所）

傳抄古文是秦火之後通過傳寫抄録而保留下來的先秦古文字，雖然傳抄古文來源較爲複雜，但其主體屬於戰國文字則是公認的事實。近年來以楚簡爲代表的戰國文字大量出土和公布，傳抄古文的研究和考釋也進展迅速，在一定程度上傳抄古文可以説已經成爲了戰國文字研究的一個分支。古文字的構形有其自身的系統，來源於戰國文字的傳抄古文也同樣繼承了古文字的構形特點和構形原則。傳抄古文經過歷代的輾轉傳抄，字形頗有訛變，但是如果從古文字的構形特點切入，將傳抄古文中一系列具有相同構形規律的字形進行匯總考慮，便能夠對一些疑難字形做出比較合理的解釋。本文擬按照這一思路，對"未""節""漆"三字的古文進行系統考釋。

一、"未"字古文

在三體石經、《汗簡》和《古文四聲韻》中"未"字有以下幾例字形^①：

A1 ▨（三體石經）A2 ▨（汗）A3 ▨（四·汗）A 4 ▨（四·老）A5 ▨（汗·庶）^② A6 ▨（四·孝）A7 ▨（四·庶）A8 ▨（汗·林）A9 ▨（四·林）A10 ▨（四·林）

---

* 本文爲2020年浙江省哲學社會科學規劃課題青年項目"《古文四聲韻》注釋及疑難字考釋"（20NDQN253YB）、國家八部委古文字與中華文明傳承發展工程規劃項目（2021—2025）"歷代石刻古文整理與書法研究"（G3916）、2021年國家社科基金藝術學重大項目"漢字傳承與創新設計研究"（21ZD26）階段性成果。

① 《汗簡》和《古文四聲韻》字形引自郭忠恕、夏竦編，李零、劉新光整理：《〈汗簡〉〈古文四聲韻〉》，中華書局，2010年。三體石經以及陽華岩銘等字形引自劉建民：《傳抄古文新編字編》，復旦大學博士學位論文，2013年。古文出處均用簡稱，詳見文末"古文出處繁簡稱稱對照表"。

② 《汗簡》此形釋文誤爲"朱"，見郭忠恕、夏竦編，李零、劉新光整理：《〈汗簡〉〈古文四聲韻〉》，第43頁。清人鄭珍（《鄭珍全集》第二册《汗簡箋正》，上海古籍出版，2012年，第744頁）早已指出此形"以爲'朱'，亦恐'朱'乃'未'之誤"。黃錫全《汗簡注釋》（臺灣古籍出版有限公司，2005年，第503頁）亦云："夏韵未韵釋爲'未'是，'朱'寫誤。"

上引 10 例古文形體 A1 至 A4 四形與古文字中的"未"形一脉相承，A5 至 A7 三形則比前者右側多了"彡"形（其中 A6"彡"形寫成"彡"），這種寫法的"未"字未見於出土古文字，但在傳抄古文中以"未"爲偏旁的字則多見這種寫法。如《古文四聲韵》"眜""味"引《古老子》分別作、，這兩個古文所從"未"旁均綴有"彡"形飾筆，可見這應該是傳抄古文系統中比較特殊且穩定的一種構形。古文"未"這種特殊寫法的來源，清人鄭珍的説法值得重視。《汗簡箋正》在"未部"的""字條云："古文'制'從，其爲一體二體不可知，世以篆例之，遂作古文'未'。"在"彡部"的""字條又繼續補充説："蓋'制'從未聲，而古文作，臆揣者因以左旁古爲篆。其實從'未'者取物成有滋味可裁割，安知又從'彡'者不取物之成有文章乎？徑以'彡'爲'未'，究無它證。"①《説文》"制"字小篆從刀從未作，古文則作。對比小篆和古文的寫法，區別僅在於古文中間多了"彡"形，若將古文右旁所從"刀"形去掉，剩下的字形確實與古文"未"A5 至 A7 形相同。古文"制"右旁本爲"勿"形，中間所謂的"彡"形其實是"勿"旁的一部分，②古人可能誤以爲古文"制"從"刀"，進而將"彡"形當成了"未"旁的一部分，再將其截取出來當作古文"未"。不過，也不能完全排除古文是一個從"彡"、"未"聲之字，究竟真實情況爲何，還有待日後更多材料來證明。

A8 至 A10 形頗爲疑難。鄭珍認爲"此形以未部《王庶子碑》爲是"③；黄錫全先生則認爲："疑此字本當作，即古字（引者按，即甲骨文"未"）下增飾筆二，後來又從彡作。"④郭店簡《語叢二》篇有字寫作（簡 50）、（簡 50）、（簡 51）三形（下面將其隷定爲"彣"），單純從字形來看，古文與郭店簡"彣"字最爲接近。在郭店簡公布後有多位學者將"彣"字與上引古文相聯繫。如湯餘惠、吴

---

① 鄭珍：《汗簡箋正》，第 744、590 頁。

② 从古文字來看"制"本不從"未"。裘錫圭先生（《説字小記·説制》，《裘錫圭學術文集·金文及其他古文字卷》，復旦大學出版社，2012 年，第 414、415 頁）指出秦權量上"制"字作、等形，其左旁斷成三截，這種"制"字是比較原始的寫法，其所象"應該是以刀截割木材"之形，從"未"的寫法是由這一類形體演變而來。戰國齊子禾子釜"制"字作（《集成》10374）形，已經變成從"未"。春秋晚期王子午鼎"制"字作（《集成》2811.2）形，"木（或未）"形右邊亦有類似"彡"的兩丿形，這實際上是"勿"旁的一部分。古文字中"勿"字作（《合集》16）、（《合集》30727）、（《合集》22948）等形，楚簡中從"勿"之"利"作（郭店《語叢四》簡 16）、（清華五《湯處於湯丘》簡 8），即其證。

③ 鄭珍：《汗簡箋正》，第 590 頁。

④ 黄錫全：《汗簡注釋》，第 303 頁。

良寶兩位先生引用裘錫圭先生的看法認爲郭店簡中的"𡉈"字是"執"的簡寫，[①]右邊兩丿是"丮"形的省體，而上引古文則爲郭店簡"𡉈"之變體，"以'執'爲'未'，也是音近通假的關係"[②]。李家浩先生亦引 A8 至 A10 形將郭店簡中的"𡉈"字釋爲"未"。但與裘先生和湯餘惠、吳良寶兩位先生稍有不同的是，李家浩先生認爲古文和郭店簡"𡉈"字左旁所从之"杢"纔是"執"的簡寫，古文是一個从"彡"从"杢（執）"聲之字。[③]

上引兩種説法均將郭店簡的這三個形體與古文 A8 至 A10 形相聯繫，在字形上的確很有説服力。近年，白於藍師從出土古文字中"社"字的異體出發（《説文》"社"字古文作𥙱，中山王鼎作▨），認爲郭店簡"𡉈"字應是與"社"（小徐本《説文》云"社"从"土"聲）、"土"音近的字，應釋爲"圖"，是"圖畫"之"圖"的專字。古文"未"則可能是"𡉈（圖）"先同義換讀爲"繪"，再通假爲"未"。[④]

正如幾位學者所指出，在古文字中至少有兩種形體可與古文 A8 至 A10 左旁所从聯繫起來。但無論是"執"聲還是"社"或"土"聲，與"未"聲都不近，在音韵上很難將古文與"執""社""土"聯繫起來。所以，在古文的形體内部尋找綫索可能也是一個比較合理的方向。

從字形來看古文 A5 至 A7 與 A8 至 A10 關係比較密切，後者可能是在前者的基礎上於豎筆底部添加橫筆而來。[⑤]我們知道，出土古文字中常在"人"形豎筆底部添加一横爲羨筆，又或在中間再添加一短横，進而演變爲"壬"形。這種情況一般在"人"形部件中發生，但是在其他部件中也存在這種構形現象。劉釗先生曾將"主"字的字形演變過程排列爲：

$$1\ \mathsf{T} — 2\ \bar{\mathsf{T}} — 3\ \overline{\bar{\mathsf{T}}} — 4\ \underline{\bar{\mathsf{T}}} — 5\ \underline{\overline{\bar{\mathsf{T}}}}$$

---

① 裘先生在《語叢二》（荆門市博物館編：《郭店楚墓竹簡》，文物出版社，1998 年，第 206 頁）的注釋中以"裘按"的形式指出："此字疑是'執'之簡寫。"

② 湯餘惠、吳良寶：《郭店楚簡文字拾零（四篇）》，《簡帛研究（二〇〇一）》，廣西師范大學出版社，2001年，第 199、200 頁。

③ 李家浩：《關於郭店楚墓竹簡〈語叢二〉51 號簡文的釋讀》，《新出楚簡國際學術研討會會議論文集（郭店·其他簡卷）》，武漢大學，2006 年 6 月。

④ 白於藍：《釋"𡉈"》，《拾遺録——出土文獻研究》，科學出版社，2017 年，第 254—257 頁。

⑤ 關於"未"字古文"彡"是由"彡"字從豎筆底部添加一横而來的觀點，本人在博士學位論文《〈古文四聲韵〉（卷一至四）校注》（華東師範大學，2018 年）第 863、864 頁"未"字條中曾作過簡單闡述。近年，高中正兄亦撰文指出古文"彡"是由"彡"字演變而來，詳見氏著《〈魏三字石經集録〉所收"古篆二體"殘石小記》，《第二屆古文字與出土文獻青年學者西湖論壇論文集》，中國美術學院，2023 年 5 月 26 至 27 日。

并指出：“戰國時期當‘主’字獨立存在時，其下部就逐漸變成加上了一横。”[①]

還可以補充的是，古文字中“獸”字本从單从犬，楚文字“獸（獸）”常寫作👹（郭店《老子甲》簡38）、👹（上博二《容成氏》簡5）形，也可以寫作👹（清華九《成人》簡7）形；清華九《治政之道》簡24“獸（獸）”字作👹，同篇簡34則作👹；後者左旁所从“單”形均比前者底部多一横。馬王堆帛書中“獸”字寫作👹（《衷》36.2）、👹（《繆和》58.53）等形，所从“單”旁的寫法就是後面這一類寫法的孑遺。再，三晋文字中“戰”字寫作👹（《銘文選（二）》882）形，也可以寫作👹（《璽彙》0071）形，後者“單”旁底部也比前者多了一横。又，“量”字本寫作👹（《合集》18507）、👹（大師盧簋，《集成》4252）、👹（上博六《競公瘧》簡1）形，後期則於“東”旁豎筆的底部添加横筆作👹（清華一《程寤》簡7）、👹（清華八《邦道》簡26）形。所以，在古文字中確實存在這種在豎筆底部添加横筆的特殊構形現象。

古文字中“未”形常在豎筆中下部添加一短横爲飾筆，如果在這類“未”字底部再添加一横筆，下部就完全有可能演變成類似“土”形。所以，A8至A10完全有可能是在A5至A7基礎上於豎筆底部添加横筆，再簡化“未”形上部的一層演變而來（在傳抄古文中“未”字省去上部一層變爲“木”形的情況并不少見，如“味”和“昧”字古文作👹、👹，即其證）。這種在豎筆底部添加一横筆的情況在傳抄古文中也并非孤例，如《古文四聲韵》“難”字古文寫作👹，國一姝釋爲“單”字異寫，古文假借爲“難”[②]；劉偉浠在字形和通假例證方面對釋“單”之説有充分的補充，[③]當可信。古文👹即爲“單”字底部添加一横而來。我們下面將要討論的“節”和“漆”字古文也同樣符合這一特殊的構形規律。

二、“節”字古文

三體石經、陽華岩銘、《汗簡》和《古文四聲韵》“節”字作以下幾形：

B1👹（三體石經）B2👹（陽華岩銘）B3👹（汗·義）B4👹（四·孝）B5👹（四·義）

古文B1至B5整體構形相同，B4和B5右旁所从與前三形稍有區別，但爲“卩”形可無疑義，《汗簡》“卩部”下“卩”字作👹形，从“卩”之“印”字作👹形，

---

① 劉釗：《齊國文字“主”字補證》，《書馨集——出土文獻與古文字論叢》，上海古籍出版社，2013年，第298、299頁。

② 國一姝：《〈古文四聲韵〉異體字處理訛誤的考析》，北京語言文化大學碩士學位論文，2002年，第23頁。

③ 劉偉浠：《傳抄古文疑難字釋讀三則》，《漢語史學報》第二十五輯，上海教育出版社，2021年，第200—202頁。

即其證。古文左旁从木从土，構形與“未”字古文 A8 至 A10 相同，所以學者一般將“未”“節”這兩類古文形體放在一起討論。李家浩先生在另一篇文章中指出古文 B 應分析爲从“埶”省聲，假借爲“節”。① 湯餘惠和吳良寶先生從此説。② 李春桃先生則在此説的基礎上進一步補充認爲古文“蓋最初假‘埶’字省體爲‘節’，後來又加注‘卩’聲”③。

上古音“節”爲精母質部字，“埶”爲疑母月部字，聲母齒音和牙喉音差距過大，韵部也有距離，若古文从“埶”聲則難以通假爲“節”。根據前面所總結的構形規律，我們認爲古文應該是“桼”字於底部添加橫筆演變而來。

“桼”字見於戰國楚簡，作（《曾侯乙墓》簡 12）、（《曾侯乙墓》簡 129）、（《包山》簡 253）、（安大一《詩經·車鄰》簡 43）、（清華十三《樂風》簡 6）等形。“桼”本爲“漆”之初文，整體象木形兩邊有象漆汁的小點从樹幹上流出之形。在作爲偏旁的時候，象漆汁的小點有時候或省略或和木形粘連，如上引包山簡、安大簡和清華簡三例。像這種形體的“桼”字於“桼”旁豎筆底部添加一横筆，便很容易演變成“節”字古文 B 形。

《説文》云“桼”字“从卩，桼聲”，實際上“桼”“卩”均爲聲符，是一個雙聲字。上古音“桼”爲清母質部，“卩”則爲精母質部，兩字聲母同爲齒音，韵則疊韵，古音極近。“卩”爲“節（關節）”“桼／膝”共同的表意初文，④ 清華十一《五紀》簡 86、92 分別作“六旬尚短節小骨”“尚其肢節”⑤，簡文中的“節”均寫作“桼”。可見，“桼”字所从之“桼”“卩”確實都是聲符。更爲關鍵的是，清華十《四告》簡 19“憲能禮節，心善揖讓”⑥ 一句，簡文中“節”正寫作“桼”，在用法上可以説和古文完全相合。

① 李家浩：《南越王墓車駙虎節銘文考釋——戰國符節銘文研究之四》，《容庚先生百年誕辰紀念文集》，廣東人民出版社，1998 年，第 663 頁。

② 湯餘惠、吳良寶：《郭店楚簡文字拾零（四篇）》，第 200 頁。

③ 李春桃：《古文異體關係整理與研究》，中華書局，2016 年，第 217 頁。

④ 陳劍：《“羞中日”與“七月流火”——説早期紀時語的特殊語序》，《古文字與古代史》第四輯，“中央研究院”歷史語言研究所，2015 年，第 144 頁。

⑤ 黄德寬主編，清華大學出土文獻研究與保護中心編：《清華大學藏戰國竹簡》（拾壹），中西書局，2021 年，第 116、122 頁。

⑥ 黄德寬主編，清華大學出土文獻研究與保護中心編：《清華大學藏戰國竹簡》（拾），中西書局，2020 年，第 117 頁。

三、"漆"字古文

在《汗簡》和《古文四聲韵》中存在幾個寫法頗爲特殊的"漆"字，其形如下：
C1 C2 C3

C1 爲古文寫法，C2 和 C3 是隸古定形體。在後世楷書中"坐"有"坐""坐"兩種寫法，所以有學者根據"坐"字立論，認爲古文从"坐"得聲。[1] 李春桃先生針對這一説法提出："'坐'屬從母歌部，'漆'屬清母質部，韵部并不近，所以'坐'不能作'漆'的聲符。"[2] 清人鄭珍提出的説法可能更接近事實。"此'桼'字也。《玉篇》古文'漆'作'彭'，較此可説。蓋隸變'桼'多作'來'，俗又以'來'正書之，故六朝俗體有'漆'字。單作'桼'，則分'水'於旁斜書之，'夾'則下'人'橫書，移上一橫於下，是成'彭'字也。此左仍是'坐'字。漢隸'坐'或从二口，此依作之。"[3]

鄭珍認爲古文 C1 形右旁所从"彡"形是"分'水'於旁斜書"。隸變後的"水（氵）"形確實與"彡"形相近，但是隸變以後偏旁的相對位置趨於固定，从"水"之字的"水"旁基本都寫在左旁，罕見寫在右旁的例子。所以，將古文所从"彡"形視作"水（氵）"旁不盡合理。但認爲古文左邊與"桼"形有關則很有道理。隸變後的"桼"形和"來"形極爲相近，如西漢帛書和簡牘中"桼"字作![字形]、![字形]、![字形]、![字形]形，"來"字則作![字形]、![字形]、![字形]等形[4]，兩形非常相近。九條本《尚書》"漆"字寫作"涞"即爲"桼""來"相混之例。[5]

齊系和楚系文字中"桼"字或作![字形]（《璽彙》0157）、![字形]（《陶録》2.395.3）、![字形]（清華十一《五紀》簡31）等形，其象漆汁的小點單列在"木"形右部，與"彡"形相近，所以古文![字形]很可能是齊、楚系文字中寫作![字形]、![字形]形的"桼"字於竪筆底部

---

① 林志强：《古文〈尚書〉文字研究》，中山大學出版社，2009年，第58頁。

② 李春桃：《古文異體關係整理與研究》，第224頁。

③ 鄭珍：《汗簡箋正》，第589頁。按，鄭珍云《玉篇》古文'漆'作'彭'，今檢張氏澤存堂本《宋本玉篇》（中國書店出版社，1983年，第347頁）"漆"字作涳，并非"彭"形；而《篆隸萬象名義》（中華書局，1995年，第186頁）"漆"字古文作![字形]，確實是"彭"形。一般認爲空海的《篆隸萬象名義》保留了原本《玉篇》的面貌，《玉篇》所載"漆"字古文可能當以"彭"形爲是。

④ 字形詳參劉釗主編：《馬王堆漢墓簡帛文字全編》，中華書局，2020年，第723頁"桼"字條；李瑶：《居延舊簡文字編》，吉林大學博士學位論文，2014年，第390頁"桼"字條；白海燕：《居延新簡文字編》，吉林大學博士學位論文，2014年，第971頁"桼"以及第369、370頁"來"字條。

⑤ 黄錫全先生在《汗簡注釋》（第303頁）一書中對各寫本《尚書》"漆"字字形有集中舉證，可參看。

添加橫筆再隸變、楷寫而來。① "桼" 本爲 "漆樹" "木漆" 之 "漆" 的初文，② 古文 "桼" 正用爲 "漆"。據此也可以推定，古文 C2 形應該就是誤認古文從 "坐" 後的偏旁替換（將 "坐" 替換爲 "坒"）；而 C1 形則是根據 C2 形回改而來，并非古文中原有這樣的形體。

《古文四聲韵》 "七" 字古文作 ![字] （老），與 ![字] 顯然是一形之變，亦爲 "桼" 字演變而來。③ 在出土文獻和傳世典籍中常借 "桼" 爲數字 "七"，如武威漢簡《儀禮》諸篇中簡號 "七" "十七" 等 "七" 字均寫作 "桼"④；再，《説文解字注》 "桼" 字條云： "漢人多假桼爲七字。"⑤ 裘錫圭先生亦指出： " '七' 的大寫漢代借 '桼' 字充當，後來借 '漆' 字充當。"⑥

本文所論 "未" "節" "漆" 三字，共同的特點都是在通行、常見的字形上於豎筆底部添加了橫筆，與古文字所反映的特殊構形現象相符合。⑦這種情況雖不常見，但確實有例可循，體現了傳抄古文對出土古文字構形特點的繼承。本文將古文字中這一特殊的構形規律運用到 "未、節、漆" 三個古文的形體分析中，從構形上進行系統的解釋，試圖避免舊説在解釋古文與釋字（字頭）的關係時，陷於音韵而扞格難解。

附：古文出處繁簡稱對照表

簡稱	繁稱
汗	汗簡
四	古文四聲韵

---

① 清華簡 ![字] 形於豎筆底部添加橫筆，就與前面所論郭店簡《語叢二》 ![字]、![字]、![字] 頗爲相近，區別僅在於前者象木汁的小點與 "木" 形相連，而後者則相脱離。若後者也是前者添加橫筆而來，則《語叢二》此字讀爲 "節" 的觀點或可重新考慮。

② 段玉裁《説文解字注》（上海古籍出版社，1988 年第二版，第 276 頁） "桼" 字條云： "木汁名桼，因名其木曰桼，今字作漆而桼廢矣。漆，水名也，非木汁也。"

③ 古文字中 ![字] 經常寫作 ![字] 形，所以古文 ![字]、![字] 可能是由 ![字]、![字] 類的寫法直接演變，不一定經歷了 "桼" "來" 混同，再由 "來" 訛混爲 "坐" 形。

④ 甘肅省博物館、中國科學院考古研究所：《武威漢簡》，中華書局，2005 年。

⑤ 段玉裁：《説文解字注》，第 276 頁。

⑥ 裘錫圭：《文字學概要（修訂本）》，商務印書館，2013 年，第 180 頁。

⑦ 本文在最前面分析 "未" 字古文 "彬" 來源問題的時候，認爲其可能是從古文 "制" 字截取而來，若此則 "彬" 可能是一個後人改造而來的古文。這樣的話，在 "彬" 形底部加一橫演變而來的 "彬" 字也不會是 "真古文"。但是這種於豎筆底部添加一橫的做法符合古文字的特殊構形規律，這可能是古人在 "製造" 古文時的一種暗合。但若日後確實發現有从彡从未聲的 "彬" 字，則 "彬" 字的構形規律便是有所繼承。

續　表

簡稱	繁稱
庶	王庶子碑
林	林罕集字
孝	古孝經
老	古老子
義	義雲章
尚	古尚書

《嶽麓秦簡（肆）》"侍""菾""醔"字新說*

孔德超

（西南大學歷史文化學院）

《嶽麓書院藏秦簡》第四卷第二組簡 109 正—110 正記載有如下法律條文：

> 田律曰：侍（待）菾（蒸）郵、門，期足，以給乘傳晦行求燭者，郵具二席及斧、斤、鑿、錐、刀、甕、醔，置梗（綆）井旁。吏有縣官事使而無僕者，郵爲飤，有僕，叚（假）之器，勿爲飤，皆給水醬（漿）。①

首先看簡文"侍"字，整理者無說，朱紅林先生疏證云：

> 侍，通"峙"。《尚書·費誓》"峙乃糗糧"，孫星衍疏："峙从止，俗誤从山，《釋詁》云：'峙，具也。'"劉起釪引段玉裁《撰異》云："玉裁按，'峙'，从止，寺聲，轉寫者易止爲山耳。《爾雅·釋詁》：'峙，具也。'亦同其義。即《說文》之偫字也。（按《說文》："儲，偫也。"）孔云'儲，峙'，即'儲，偫也'。"

從音理上看，朱先生將"侍"通爲"峙"，"侍""峙"皆从"寺"得聲，爲諧聲字，可以相互通借；從訓釋上看，朱先生將"峙"理解爲"具""儲"亦無滯礙之處。雖然朱先生音理和訓釋上的理解皆可講通，但我們仍存在以下顧慮：第一，"侍"和"峙"在文獻中基本未見通用的例證；第二，"侍"字的解釋稍顯迂曲。

我們認爲，"侍"可直接讀爲"待"，訓爲儲物備用。從音理上看，"侍""待"

---

* 本文爲國家社科基金青年項目"出土簡帛所見信仰譜系研究"（23CZS005）、四川省哲學社會科學重點研究基地"中國出土醫學文獻與文物研究中心"重點項目"出土簡帛醫藥文獻所見驅鬼術研究"（CTWX2301）、西南大學中央高校基本科研業務費用專項資金項目"《嶽麓秦簡》詞彙研究及詞典編纂"（SWU2309711）和重慶語言文字科研項目重點項目"漢鏡銘文詞彙研究及詞典編纂"（YYK24112）的階段性成果。

① 釋文"期足"和"置梗（綆）井旁"處句讀從朱紅林先生意見，見朱紅林：《〈嶽麓書院藏秦簡（肆）〉疏證》，上海古籍出版社，2021 年，第 106 頁。

均从“寺”得聲，可以相互通借。而且，文獻中二者通用的例證較多，如《莊子·大宗師》：“使子貢往侍事焉。”各本“侍”作“待”。《史記·外戚世家》：“主見所侍美人。”《漢書·外戚傳》“侍”作“待”。《儀禮·士昏禮》：“媵侍於户外。”鄭玄注：“今文侍作待。”《莊子·漁父》：“竊待於下風。”《經典釋文》：“待或作侍。”[①]“待”有儲物備用之義，《周禮·天官·大府》：“關市之賦以待王之膳服，邦中之賦以待賓客，四郊之賦以待稍秣。”鄭玄注：“待猶給也。”孫詒讓《正義》：“凡儲物竢其用時而給之，亦爲待。”又《春官·小宗伯》：“辨六尊之名物，以待祭祀、賓客。”鄭玄注：“待者，有事則給之。”律文說驛站和門亭要準備充足的火炬，以供給乘傳車夜行需要燭火的人，與“待”義正合。所以，簡文“侍”讀爲“待”，訓爲儲物備用更爲圓通。

再看簡文“茮”字，整理者釋爲“麻稈”，[②]此說不確。茮，即“蒸”。《說文·艸部》：“蒸，析麻中榦也。茮，蒸或省火。”段玉裁《說文解字注》：“《大射儀》注、《既夕禮》注皆作此茮。張淳、葉林宗所見《釋文》皆爾。”蒸，古時用麻秸、葭葦、竹、木製作的火炬。《廣雅·釋器》：“蒸，炬也。”王念孫《疏證》：“凡析麻榦及竹木爲炬，皆謂之蒸。”《詩·小雅·巷伯》“成是南箕”，毛傳：“昔者顏叔子獨處於室，鄰之釐婦又獨處於室，夜暴風雨至而室壞，婦人趨而至，顏叔子納之而使執燭，放乎旦而蒸盡。”《墨子·備蛾傅》：“室中以榆若蒸。”《文選·潘岳〈西征賦〉》“感市閭之菆井”，唐李善注：“《說文》曰：‘菆，麻蒸也。’然菆井即渭城賣麻蒸之市也。”再結合簡文“以給乘傳晦行求燭者”，亦可證“茮（蒸）”爲火炬無疑。

值得注意的是，《里耶秦簡》（壹）牘8-145有一字形作“𥷚”[③]，陳劍先生認爲字形下部顯係“丞”，全字“𥷚”字書以爲“蒸”字異體，皆訓竹名，此則應讀爲“茮／蒸”，或可逕看作“茮”字異體（隸書艹頭、竹頭之相混），爲薪蒸、柴火之意。[④]陳劍先生之說甚是。另外，《里耶秦簡》（貳）牘9-2289亦出現兩處“𥷚”，陳偉先生認爲“𥷚”同嶽麓秦簡“茮（蒸）”，照明用。[⑤]實際上，“𥷚”

---

① 可參看高亨纂著，董治安整理：《古字通假會典》，齊魯書社，1989年，第405頁。

② 陳松長主編：《嶽麓書院藏秦簡》（肆），上海辭書出版社，2015年，第163頁。

③ 湖南省文物考古研究所編著：《里耶秦簡》（壹），文物出版社，2012年，第34頁。

④ 見方勇：《讀里耶秦簡札記六則》，簡帛網，2015年11月13日，http://www.bsm.org.cn/？qinjian/6514.html。

⑤ 陳偉主編：《里耶秦簡牘校釋》第2卷，武漢大學出版社，2018年，第461頁。

可看作 "菣" 字之異體。里耶秦簡中的三處辭例均爲 "X 人取菣 / 筑（蒸）"，我們認爲此處的 "蒸" 應從陳劍先生意見，釋爲薪蒸、柴火更妥，與嶽麓秦簡中的 "菣（蒸）" 字含義有別。

最後看 "繙" 字。爲了解決 "繙" 字的訓釋問題，我們先看簡文中與 "繙" 字密切的 "梗" 字。整理者將 "梗" 括注爲 "綆"，[①] 朱紅林先生疏證云：

> 嶽麓秦簡整理小組釋 "梗" 爲 "綆"。"綆" 本作 "緪"。《説文·糸部》："緪，汲井緪也。" 段注："汲者，引水於井也。緪者，汲水索也。何以盛水？則有缶。《缶部》曰'甕，汲瓶也'是也。何以引瓶而上？則有緪。《春秋傳》'具緪缶'是也。" …… "綆" 與 "繙" 皆謂井繩，兩者重複不知是否可疑，待考。[②]

繙，整理者注釋爲："井繩。字形爲繙的古文，見《説文·糸部》繙字下所收的古文。"[③] 朱先生亦將簡文 "繙" 字理解爲 "繙"，他指出 "綆" 與 "繙" 的懷疑是有道理的，但 "繙" 字究竟作何解則是更好理解簡文的關鍵。

"繙" 字是在 "繙" 字形上贅加一 "糸" 旁，整理者和朱紅林先生將其理解爲 "繙" 字没有問題。"繙" 指繩子應無問題，問題是是否爲 "井繩"。朱紅林先生已經提出了其對簡文中 "綆" 與 "繙" 皆爲井繩的懷疑。順着朱先生的思路，我們將 "繙" 理解爲汲器 "甕" 上的繩子。甕，又作 "甕"。《説文·糸部》："緪，汲井緪也。" 段注："汲者，引水於井也。緪者，汲水索也。何以盛水？則有缶。《缶部》曰'甕，汲瓶也'是也。何以引瓶而上？則有緪。《春秋傳》'具緪缶'是也。"[④] 段玉裁明確指出了 "甕" 爲汲器，"緪" 爲汲水索。需要説明的是，"甕" 有的有兩耳，有的則無。用爲汲器，多爲腹大底小形。如甕有耳，則將繩子繫於兩耳之間；如無耳，則繫於頸部。這兩種操作的目的均是方便打水時井繩 "綆" 的提取。而且，據簡文 "斧、斤、鑿、錐、刀、甕、繙" 記載，很明顯 "斧、斤、鑿、錐、刀" 爲一組，爲工具類，則 "甕、繙" 亦應爲一組，再根據 "甕" 指省，因此將 "繙" 理解爲繫於 "甕" 兩耳或頸部的繩子。如果將 "繙" 理解爲井繩，不僅上下文重複，而且驛站臨時駐扎人員由於用具不全，無法取水使用。而如果將 "繙" 理解爲繫於 "甕" 兩耳或頸部的繩子，則打水用正好齊備，如此則文從字順。

---

① 陳松長主編：《嶽麓書院藏秦簡》（肆），上海辭書出版社，2015 年，第 104 頁。

② 朱紅林：《〈嶽麓書院藏秦簡（肆）〉疏證》，上海古籍出版社，2021 年，第 108 頁。

③ 陳松長主編：《嶽麓書院藏秦簡》（肆），上海辭書出版社，2015 年，第 163 頁。

④ （清）段玉裁撰：《説文解字注》第 5 册，國家圖書館出版社，2022 年，第 2647 頁。

秦漢簡帛文字三釋[*]

王挺斌

（浙江大學漢語史研究中心）

　　本文接續《秦漢簡帛文字雜釋》《秦漢簡帛文字續釋》兩篇文章，繼續選取秦漢簡帛中一些疑難字詞進行考釋。不當之處，尚祈方家指正。

一

　　張家山漢簡《盜跖》12 有一字：𡐦。

　　該字所在辭例爲"孔子復徹曰：'臣得幸見於兄，願賜<賜>～履而拜見。'"今本《莊子·盜跖》作："孔子復通曰：'丘得幸於季，願望履幕下。'"整理者注釋："賜，'賜'之誤，傳本作'望'。'堅'，讀作'臣'，傳本無。履，《左傳》僖公四年'賜我先君履'杜注：'履，所踐履之界。'拜見，傳本作'幕下'。此句大意爲，望恩准（賜）我進入（踐履）您的管界，得以拜見。傳本作'願望履幕下'"。[①]

　　上揭一字釋"堅"而讀爲"臣"，非是，此字當釋爲"望"，正與今本《莊子·盜跖》之"望"對應。這個"望"形體小訛，與"堅"確實有幾分相似，但不能看作"堅"。這類"望"在馬王堆帛書中多見，如：

𡐦	𡐦	𡐦	𡐦	𡐦	𡐦
《戰國縱橫家書》98	《養生方》21	《老子甲本》65	《老子甲本》132	《老子甲本》133	《九主》49

因此，張家山漢簡《盜跖》12 之"𡐦"可釋爲"望"。"望""望"本爲一字，前

---

* 本文爲浙江省哲學社會科學規劃課題"秦漢文字考釋與研究"（24NDJC266YBM）階段成果。
① 彭浩主編：《張家山漢墓竹簡（三三六號墓）》，文物出版社，2022 年，第 148 頁。

者較古，後者左上將"臣"改成"亡"而作"望"，一般認爲即古文字"變形音化"現象。《説文》分成兩個字收入，釋義强生分別，不可信從。

古書中也有"堅""朢"訛誤。《史記·建元已來王子侯者年表》"周堅"，梁玉繩指出："《漢表》云'周望'，未詳。《史》《漢》'堅''望'二字多訛。"[1]"堅""望"訛誤，其實是"堅""朢"訛誤，從"亡"的"望"是不會和"堅"發生訛誤的，而是從"臣"的"朢"和"堅"發生訛誤。

簡文"願賜朢履而拜見"，"賜"是敬詞，猶《儀禮·士相見禮》"某不足以辱命，請終賜見"之"賜"；"朢履"也是謙敬的説法，字面意思是"看看您的鞋子"（而不敢看您的正臉，以示自己身份之低微）。[2]

二

張家山漢簡《盜跖》15 有一字：朱。

該字所在辭例爲："今將軍長大八尺二寸，面目有光，脣如巴丹，齒如齊～，音中黃鐘，此上德也。"今本《莊子·盜跖》作："今將軍兼此三者，身長八尺二寸，面目有光，脣如激丹，齒如齊貝，音中黃鐘，而名曰盜跖，丘竊爲將軍耻不取焉。"整理者釋爲"米"。[3]

此字形體上與"米"略有不同，秦漢文字中常見的"米"如"米"（馬王堆帛書《五十二病方》257）、"米"（鳳凰山漢簡 M8:127）等，四點較爲疏朗。再者，釋"米"在文義上也難以講通，"齒如齊米"如果翻譯成牙齒像齊整的稻米不太符合比喻邏輯，因爲稻米形體太小、不够堅硬、也不珍貴，在原文中作爲喻體不太合適。我們認爲，該字當釋爲"朱"，睡虎地秦簡《爲吏之道》36"朱"、北大秦簡《算書甲種》233 正"朱"、張家山漢簡《算術書》30"朱"、馬王堆帛書《胎産書》6"朱"等可以類比。海昏侯木牘《除國詔書》"誅"字寫作"誅"亦可聯繫。文義上，"朱"讀爲"珠"，珠玉之義。牙齒如齊整的貝殼（"齒如齊貝"），與牙齒如齊整的珠玉（"齒如齊珠"），兩種都講得通。"齒如齊貝"成玄英疏："貝，珠也。"在古代，珠玉與貝殼是兩類珍寶，這裏成玄英以"珠"釋"貝"，看到了

---

[1] 梁玉繩：《史記志疑》，中華書局，1981 年，第 712 頁。

[2] 武漢大學簡帛網論壇有學者在"堅"的基礎上，破讀爲"閒"，斷句作"願賜閒，履而拜見"，此説難信。因爲"堅""閒"没有通假例證，"朢履"本來就可通，古無異議。

[3] 彭浩主編：《張家山漢墓竹簡（三三六號墓）》，文物出版社，2022 年，第 149 頁。

兩者的共性。"齒如齊貝"陳鼓應先生就翻譯成"牙齒像整齊的珠貝",譯文可從。[①]

三

张家山漢簡《盜跖》21 有一字:。

該字所在辭例爲:"子告我以大城~民,大城~民安可長有哉?"今本《莊子·盜跖》作:"今丘告我以大城衆民,是欲規我以利而恒民畜我也,安可長久也!"整理者將這個字隸定爲"菆",然後括注讀爲"聚"。[②]

該字隸定爲"菆"并無問題,但是秦漢文字中"菆"用作"聚"却非常少見,秦漢文字表示聚集義的{聚}一般用"聚"或"宗";"聚"在古書中多是動詞或名詞,但"大城衆民"中"大""衆"都是形容詞,"菆"所表示的詞也需要是形容詞。總之,該字釋"菆"讀"聚"的説法并不妥當。我們認爲,這個字就是"叢"。秦漢文字中"叢"可以寫作"菆",北大漢簡《節》48"菆"寫作"",王輝先生指出"菆"有茂密叢生之義,簡文"菆菅"即叢生之茅草。[③]這個"(菆)"即"叢","菆菅"就是"叢菅"。馬王堆帛書《陰陽十一脈灸經乙本》14"(菆)"即"叢","足大指菆毛"就是"足大指叢毛"。"叢"爲聚集義,《説文·丵部》:"叢,聚也。"聚集義的"叢"是形容詞,如"叢雲""叢臺""叢木""叢毛"之"叢";當然也可以用作副詞,修飾動詞,如"叢生"之"叢"。聚集義可以引申爲衆多義,《漢書·酷使傳贊》:"張湯死後,罔密事叢,以耗秏廢。"顔師古注:"叢謂衆也。""罔密事叢"中"密""叢"都是形容詞。簡文"大城菆民"就是"大城叢民","叢民"就是衆民。《説文·艸部》"藂,艸叢生也"中的"藂"是"叢"的後起字。

四

張家山漢簡《漢律十六章·朝律》360 與 362 有二字:、。

該字所在辭例爲:"典客臚傳曰:'諸侯王使者進至末賓。'……大行進,跪曰:'諸侯王使陪臣某等璧各一,再拜賀十月。'奉常曰:'制曰可。'大行曰:'若。'起,還曰:'拜皆~璧。'起,還拜。大行曰:'諸侯王使者臣某等敬拜,臣某等敬再

---

① 陳鼓應:《莊子今注今譯》,中華書局,2009 年,第 836 頁。

② 彭浩主編:《張家山漢墓竹簡(三三六號墓)》,文物出版社,2022 年,第 150 頁。

③ 王輝:《北大藏漢簡(叁)(伍)詞語釋讀》,《古文字論壇》第二輯,中西書局,2016 年,第 274 頁。

拜。'……典客臚傳曰：'將軍進。'大行左出，進，跪曰：'將軍臣某等璧各一，再拜賀十月。'奉常曰：'制曰可。'大行曰：'若。'起，還曰：'拜皆～璧。'起，還拜。大行曰：'將軍臣某等敬拜，臣某等敬再拜。'"整理者皆釋爲"真"。

兩個"真"字隸釋有誤，此處非謂璧玉之真假。字當釋爲"奠"，《説文·丌部》："奠，置祭也。"《廣雅·釋詁四》："奠，置也。""拜皆奠璧"，謂拜時置璧。《晋書》卷二十一《禮下》引《咸寧注》曰："皇帝出，鐘鼓作，百官皆拜伏。太常導皇帝升御坐。鐘鼓止，百官起。大鴻臚跪奏：'請朝賀。'掌禮郎贊：'皇帝延王登。'大鴻臚跪贊：'藩王臣某等奉白璧各一，再拜賀。'太常報：'王悉登。'謁者引上殿，當御坐。皇帝興，王再拜。皇帝坐，復再拜。跪置璧御坐前，復再拜。"可與簡文合觀。

五

北大漢簡《妄稽》28 中有一字：韲。

該字所在辭例爲"笑胃（謂）周春，奉（捧）頰壹～"，整理者釋爲"雜"，張傳官先生則指出該字右下從"口"，當隸定爲"雓"，即"嗺"字，又疑"嗺"相當於後世的"咂"，亦即"嗚咂"之"咂"，乃親吻之義。[1] 該字隸定爲"雓"，非常有道理。"嗺"見於字書，《玉篇·口部》："嗺，助舞聲。"不過此義不適用於簡文。《漢語大字典》（第二版）該字下還收録了其他詞義與用例，時代都很晚，難以爲據。"嗺"是不是後世的"咂"，難以肯定。《漢語大詞典》"嗚咂"一詞書證爲金董解元《西廂記諸宮調》卷五："拍惜了一頓，嗚咂了多時，緊抱着噷，那孩兒不動。"時代也很晚。

事實上，該字與馬王堆帛書中的一個字很像：雔（馬王堆帛書《十六經·正亂》28 上 /105 上）。

該字所在辭例爲"腐亓（其）骨肉，投之苦醢（醢），使天下～之"，整理者認爲該字即"嗺"字簡寫，但"嗺"是"噍"的異體，《説文·口部》"噍，嚼也"[2]，此説甚確。據《説文》，"噍"同"嚼"。

上揭《妄稽》中的"韲"很可能也是這個"嗺（噍）"，咀嚼之義，但是在

---

① 張傳官：《北大漢簡〈妄稽〉校讀與復原札記》，《出土文獻》第十一輯，中西書局，2017 年，第 304 頁。
② 國家文物局古文獻研究室編：《馬王堆漢墓帛書》（壹），文物出版社，1980 年，第 68 頁。

文中并非説真的在吃東西，僅是動動嘴而已。"囃（嗅）"前面的"壹"，大概可以讀爲"噎"，《説文·口部》："噎，飯窒也。"《詩經·王風·黍離》："行邁靡靡，中心如噎。"孔穎達疏："噎者，咽喉蔽塞之名。"此處蓋指打嗝一類。簡27+28"笑胃（謂）周春：'來與我相狠（貌）。齒若腊（鰭）骨，口類孿（孿）條（脩）。大息歌詠，謬謬爰恤^①。星（腥）腐臊簫，芳<艾>芳<艾>蛇變<臭>。'笑胃（謂）周春，奉（捧）頰壹囃（嗅）。周春不聽，妄稽大怒"，説的是妄稽笑着在周春面前嘲諷虞士的外貌，完後雙手捧着臉頰而嘴上做噎嗝咀嚼狀，略顯醜態，正好反襯出虞士之美，周春自然不會聽她的話。

六

玉門關漢簡Ⅱ 98DYT1：27 有一字：。

整理者釋爲"歸"。^②鄧天珍、張俊民兩位先生指出該字當爲"踞"，認爲與懸泉漢簡Ⅱ T0214①：3"歸義聊卑顯虒種羌男子踞當"中的"踞（）"字形相同。^③此説得到研究者認同。^④

該字隸定爲"踞"甚確，但未達一間，該字其實是"蹏"。

出土文獻中，"虒"用作偏旁往往可省作"虎"，如清華簡《攝命》5"毋遞在服"之"遞"寫作""，馬王堆帛書《相馬經》23"唬"寫作""，所從"虒"皆省作"虎"。^⑤俗字中也有此現象，如"鱧/籭"或作"鱯/篪"，"癉"或作"瘧"。《漢書·王褒傳》"伯牙操遞鍾"之"遞鍾"或本作"號鍾"（亦見於劉向《九嘆·愍命》、劉安《淮南子·修務》等），《後漢書·夫餘國傳》"掩㴲水"或作"掩虎水"（亦見於《論衡·吉驗》），"遞"與"號"相混、"㴲"與"虎"相混也都是由"虒""虎"糾葛所引發的。

"蹏"在簡文"拼題~"中，大概是西域人名組成部分。

---

① 此處文字或有抄寫問題，蔡偉先生認爲此處的"恤"與下句"簫"應該互換位置，詳黔之菜：《讀北大漢簡〈妄稽〉小札一則》，復旦網，2016年6月22日，http://www.fdgwz.org.cn/Web/Show/2837。

② 張德芳、石明秀主編：《玉門關漢簡》，中西書局，2019年，第11、147頁。

③ 鄧天珍、張俊民：《敦煌市博物館藏漢晋簡牘解要》，《敦煌學輯刊》2020年第2期，第128頁。

④ 王月妍：《〈玉門關漢簡〉文字編》，吉林大學碩士學位論文，2021年，第8頁。

⑤ 石繼承先生對此有詳細討論，參見石繼承：《漢印文字研究》，上海古籍出版社，2021年，第164頁。

七

海昏侯簡牘有一字：▨、▨（《海昏簡牘初論》圖 9·8）。

該字所在辭例爲"后軍問於巫馬子期曰：'見其生，不食其死。謂君子耶？'曰：'非也，人心也。'后軍曰：'～也不與焉。'巫馬子寬曰：'弗思也。'后軍退而思之三月，曰：'～亦弗食也。'"整理者釋爲"臔"，應是作爲不識字。[1]

我們認爲該字當釋爲"督"。戰國秦漢出土材料中的"督"字如下：

▨（《秦代印風》130）、▨（周家臺秦簡 368）、▨（《古璽彙編》2721〔人名〕）、（▨敦煌簡 639C〔人名〕）、▨（〔▨摹本〕卅八年上郡守慶戈〔《文物》1998 年第 10 期〕）、▨（馬王堆帛書《五行》19〔下部呈"月"形，隸楷文字"目""月"偏旁易訛〕）。

漢代文字中，"般"與以"般"爲偏旁的字，"舟"形有時寫作"月"形，如滿城漢姆漆盤之"槃"寫作"▨"，元始四年漆盤"槃"寫作"▨"。總之，簡文"▨"與"▨"釋爲"督"應無疑問。

根據簡文内容，"督"是后軍的名，"軍"則是后軍的字。古人講究名字相應，那麽"督"與"軍"在詞義上有何聯繫呢？這裏做一些推測。《説文·目部》："督，轉目視也。"朱駿聲《説文通訓定聲》："督，謂目般旋而視。"是"督"爲眼睛轉動之義。至於"軍"，《説文·車部》："軍，圜圍也。"銀雀山漢簡《孫臏兵法·十陣》："疏而不可戚（蹙），數而不可軍者，在於慎。"是"軍"有包圍之義。"軍"字古文字作"▨"（《集成》11484）、"▨"（《集成》11758）等，本從"勹"（即"旬"字所從）得聲，而"勹"本身在字形上也有環繞的意思。甲骨文"▨"（《合集》6861）、"▨"（《合集》6859）、"▨"（《合集》21910）正是從目從"勹"，林沄先生釋爲"旬/眴"，指出從"勹"得聲之字多有回旋、周轉之義，"旬/眴"表轉動眼珠，班固《兩都賦》"攀井幹而未半，目眴轉而意迷"之"眴"正是此義。[2] 如果我們把"軍"讀爲當轉動眼珠講的"眴"，便可以和訓爲"轉目視"的"督"形成近義關係，這樣理解可能比較直接。當然，由於缺乏語境或其他限制性條件，古人的名字關係往往會有多種解釋，我們的講法未敢必是。

---

① 朱鳳瀚主編：《海昏簡牘初論》，北京大學出版社，2020 年，第 175 頁。
② 林沄：《釋眴》，《古文字研究》第二十四輯，中華書局，2004 年；收入其《林沄文集·文字卷》，中華書局，2020 年，第 183 頁。

八

益陽兔子山漢簡⑦57圖版爲：

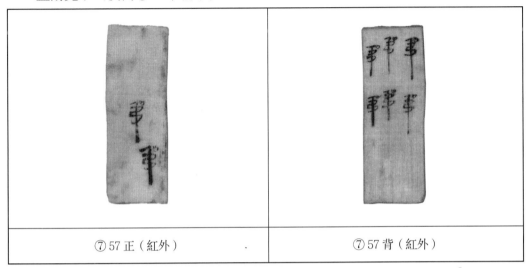

| ⑦57正（紅外） | ⑦57背（紅外） |

從內容上看，應爲書手習字之作。整理者將以上諸字統一釋爲"弟"。[1]這個釋法恐怕不對。該字右上角有個明顯的"口"旁。該字不太常見，但已經有零星的幾個例子：

（馬王堆帛書《陰陽五行乙篇・上朔》22）、（北大秦簡《禹九策》102背）、（北大秦簡《禹九策》54背）。

馬王堆帛書《陰陽五行乙篇・上朔》22該字所在辭例爲："逆七不可以～人。"一般讀爲"弔"。《馬王堆漢墓簡帛文字全編》將該字收在"弔"字下，并附按語說："（該字）從口、弔，爲'弔問'之'弔'的專字。"[2]陳劍先生認爲該字就是"弔"，右邊"口旁"爲"弔"原本所從之"箭頭形"變來。[3]北大秦簡《禹九策》的辭例則是"～栗"，整理者讀爲"悼栗"，讀法或可再考。

這個字還見於其他漢字的偏旁，如"裼"：

（北大漢簡《蒼頡篇》14）。

① 湖南省文物考古研究院，益陽市文物考古研究所，中國人民大學歷史系編著：《益陽兔子山七號井西漢簡牘》（上冊），上海古籍出版社，2023年，第145頁。
② 劉釗主編：《馬王堆漢墓簡帛文字全編》，中華書局，2020年，第920頁。
③ 陳劍：《讀簡帛醫書零札四則》，《中醫藥文化》，2022年第5期，第407頁。

九

馬王堆帛書《物則有形圖》有如下一字：

（馬王堆帛書《物則有形圖》圓圈外側文字）。

該字所在辭例爲“終日言，不爲言，終日不言，不□无言，□有□，必□□□□□□～□故□□□□□□廣言”。陳松長先生釋爲“怪”；董珊先生釋爲“惰”，《長沙馬王堆漢墓簡帛集成（肆）》《馬王堆漢墓簡帛文字全編》等亦釋爲“惰”。[1]

秦漢文字中的“惰”以及“隨”“墮”等字，右旁很少直接寫成“圣”；隸定爲“怪”是可以的，但這個字也可能是“恢”。秦漢文字中的“灰”，右下之“火”或從“土”。今本《老子》“天網恢恢”之“恢”，北大漢簡本100寫作“”，馬王堆帛書乙本38上則寫作“”，這兩個字右旁皆爲“灰”。陳劍先生曾指出，古文字“火”旁會變成“土”，比如“堇（蓳）”由甲骨文“”一類形體變來；“垔”本從火，本即爲“煙”所造。[2]因此，“灰”“圣”及以此爲偏旁之字容易混訛。《墨子·節用中》“不致遠國珍怪異物”，“怪”字舊本作“恢”，畢沅、孫詒讓校改爲“怪”，甚確。[3]這個字釋“怪”或“恢”都有可能，缺乏語境限制，待考。

另外，《印典》第一册509有如下一方印：

《印典》（一）509

左上一字過去隸定爲“詮”，不見於字書，是未識字。這個字可能就是“詼”。《廣雅·釋詁四》：“詼，調也。”《漢書·東方朔傳》：“朔雖詼笑，然時觀察顏色，直言切諫。”顏師古注：“詼，謿戲也。”印文“詼”用作人名。

---

① 陳松長：《馬王堆帛書“物則有形”圖初探》，《文物》2006年第6期，第83頁。董珊：《馬王堆帛書“物則有形”圖與道家“應物”學說》，《文史》2012年第2期，第35頁。裘錫圭主編：《長沙馬王堆漢墓簡帛集成（肆）》，中華書局，2014年，第220頁。劉釗主編：《馬王堆漢墓簡帛文字全編》，中華書局，2020年，第1130頁。

② 此爲陳劍先生於2022年給南京大學强基班講授的古文字基礎形體研究課程内容。魏宜輝先生審閱本文後指出，“圣”“灰”也有可能是通假關係，兩者同諧“又”聲。張傳官先生認爲新見《蒼頡篇》第二“雜物奇恢”之“恢”爲“恢”，“恢”可讀爲“怪”，詳張傳官：《新見漢牘蒙書三種校讀筆記》，《出土文獻與古文字研究》第九輯，上海古籍出版社，2020年，第353頁。

③ 孫詒讓：《墨子閒詁》，中華書局，2009年，第164頁。

張家山 336 號漢墓出土《朝律》"憲戟"小議*

范常喜

（中山大學中國語言文學系、
"古文字與中華文明傳承發展工程"協同攻關創新平臺）

一

張家山漢簡《朝律》出土於湖北江陵張家山 336 號漢墓中，該墓頭箱南端竹笥中出土竹簡 827 枚（含空白簡 11 枚），包括《功令》《漢律十六章》《徹穀食氣》《盜貥（跖）》《祠馬禖》《七年質日》《遣册》共七種文獻。其中 334 號簡上端書有"朝律"二字并前加墨釘符號，整理者據此將其與另外 41 枚竹簡編聯，同列爲《朝律》一章附在《漢律十六章》中。這 42 枚竹簡長 29.9 厘米、寬 0.5 厘米、厚 0.1 厘米，三道編繩，保存較爲完好①。《朝律》簡詳細記録了西漢初年的歲朝時間、參與者、站位、排序、受幣、退朝等儀節，是研究當時朝賀禮儀的重要資料。2022 年出版的《張家山漢墓竹簡〔三三六號墓〕》一書，完整刊布了這批竹簡材料的照片，并同時作了很好的整理和注釋，爲學界提供了很大的研究便利②。我們拜讀之後發現，《朝律》簡中的"陛者憲戟"一句應與執兵禮有關，故草此小文，略作揭示。爲便行文，

* 項目來源：國家社科基金重大項目"戰國文字研究大數據雲平臺建設"（21&ZD307）。

① 荆州博物館：《湖北江陵張家山 M336 出土西漢竹簡概述》，《文物》2022 年第 9 期，第 68—75 頁。

② 荆州博物館編，彭浩主編：《張家山漢墓竹簡（三三六號墓）》，文物出版社，2022 年，上册第 68—72、211—216 頁，下册第 174—184 頁。

首先將該句所在前後簡文轉引如次 [①]：

> 朝者皆袀玄，先平明入，定立（位）。後平明門者勿入。中郎帶劍、操戟
> 財立殿上，負西序、東序、北壁。中郎八人執盾，四（335）人操戟，武士、
> 少卒八人操虎戟陛西陛，立陛西，東面。陛東陛者立陛東，西面，它如西陛。
> 中郎立西陛者後，郎中（336）陪立中郎後，皆北上。少卒操虎戟立殿門內，
> 門東、門西各十人，正立殿門東，監立殿門西，皆北面。（337）……皇帝出
> 房。奉常賓（擯），九賓及朝者（347）皆反走，趀（跪），卬（抑）手（首）。
> 立東方者左還（旋），立西方者右還（旋）。中郎、郎中中 [②] 及陪立者，皆趀（跪），
> 卬（抑）手（首），毋反走。正、監及執盾兵者，毋（369）反走、毋趀（跪）、
> 卬（抑）手（首）。陛者憲〈曼—挽〉戟。中郎從皇帝者立椶（幄）東、椶（幄）
> 西、椶（幄）後 [③]。皇帝南鄉（向），定立（位）。奉常曰：起。皆起，復就（370）
> 立（位）。（348）

本段簡文大意比較簡單明瞭，前半部分是講朝賀者平明入朝定位，殿上的中郎、
武士、少卒等人的人數、位置、面向及所執兵器等。後半部分是講皇帝出房後，奉常、
九賓、朝者均需往後退，并下跪、俯首，立於東方者要左轉，立於西方者要右轉。中郎、
郎中及陪立者均需下跪、俯首，但毋後退。門正、門監及執盾兵者毋後退、毋下跪，
只需俯首。"陛者憲〈曼—挽〉戟"。跟從皇帝的中郎站立於輦輿幄幕的東、西、
北側。皇帝面南坐於輦上，定位。簡文中的"陛者憲〈曼—挽〉戟"一句顯然是殿
上守衛 [④] 針對皇帝到來所做的一個禮儀性動作，但"憲〈曼—挽〉戟"究竟是何種
動作，并不很清楚，本文就此略作探討。

---

① 荆州博物館編，彭浩主編：《張家山漢墓竹簡（三三六號墓）》上冊，文物出版社，2022 年，第 211—213 頁。
  按：本段簡文的排序依楊勇先生重作調整，參見楊勇：《張家山 336 號漢墓〈朝律〉的幾個問題》，第十三屆
  "出土文獻與法律史研究"學術研討會論文，2023 年 8 月 22—23 日。又參見彭浩：《張家山三三六號漢墓〈朝
  律〉編連調整——以簡 340 ~ 342 爲中心》，"中國簡帛學國際論壇 2023"論文，2023 年 10 月 24—25 日。
② 按：原簡"中"字後衍重文號。
③ 按：諸"椶"字整理者原釋作"握"，括讀作"幄"，認爲指宮室內周邊的幃幔。今從朱國雷先生改釋，"椶
  （幄）"應即輦上之帳幕。參見荆州博物館編，彭浩主編：《張家山漢墓竹簡（三三六號墓）》上冊，文物出
  版社，2022 年，第 213、216 頁；朱國雷：《張家山漢簡（M336）札記二則》，簡帛網，2023 年 6 月 6 日。
  http://www.bsm.org.cn/？hanjian/9054.html
④ 按：由簡文"中郎立西陛者後，郎中陪立中郎後，皆北上"可知，這裏的"陛者"應該僅指殿前陛階東西兩側
  操虎戟的 16 名武士和少卒，并不包括"中郎八人執盾，四人操戟"，更不包括殿上背靠西序、東序、北壁的帶劍、
  操戟的中郎，也不含立於殿門內東西兩側操虎戟的 20 名少卒。

二

“陛者憲戟”之“憲”在簡文中寫作[1]，整理者彭浩先生原釋作“慢”，括讀作“挽”。另有研究者改釋作“憲”[2]。後來彭浩先生亦改釋作“憲”，但用尖括弧括讀作“〈曼—挽〉”[3]。這説明彭先生認爲簡文此處的“憲”應是“曼”之誤字，在此仍應讀作“挽”。不少研究者已經指出，秦漢文字中的“憲”與“曼”，上部所从多寫得完全相同，下部所从心、寸二旁同樣形近，故多有混淆之例[4]。如馬王堆帛書《十六經・雌雄節》行 35/112：“憲傲驕倨，是謂雄節；□□恭儉，是謂雌節。”[5]其中的“憲”，劉樂賢先生改釋爲“慢”[6]。又如《里耶秦簡》簡 8—665 正：“亭譓當論，論。敢言之。”[7]張家山漢簡《奏讞書》簡 119：“騰曰：‘以毛譓，笞。它如毛。’”[8]這兩處簡文中的“譓”實爲“謾”之訛[9]。據此可知，彭浩先生將《朝律》此處的“憲”視爲“曼”字之訛寫自是有據。

彭先生將“憲〈曼〉”讀作“挽”，亦同樣可從。上古音中“曼”與“免”均爲明紐元部，音近可通。《史記・孔子世家》：“聊人挽父之母。”其中的“挽”在《禮記・檀弓》中作“曼”。《老子》第四十一章：“大方無隅，大器晚成。”其中的“晚”在郭店簡《老子》乙本中作“曼”，在馬王堆帛書《老子》乙本中作“免”。睡虎地秦簡《法律答問》簡 162：“以絲雜織履，履有文，乃爲‘錦履’，以錦縵（鞔）履不爲。”以“縵”爲“鞔”。這些用例皆可證“免”“曼”可通[10]。“挽”即“鞔”

① 荆州博物館編，彭浩主編：《張家山漢墓竹簡（三三六號墓）》下册，文物出版社，2022 年，第 183 頁。

② 參見“張家山漢墓竹簡（336 號墓）《漢律十六章》初讀”後第 60# 網友“鴈行”的發言，簡帛網・簡帛論壇，2023 年 3 月 30 日，http：//www.bsm.org.cn/forum/forum.php ？ mod=viewthread&tid=12793&extra=page%3D2&page=6。

③ 彭浩：《張家山三三六號漢墓〈朝律〉編連調整——以簡 340 ~ 342 爲中心》，“中國簡帛學國際論壇 2023”論文，2023 年 10 月 24—25 日。

④ 參見劉玉環：《秦漢簡帛訛字研究》，中國書籍出版社，2013 年，第 159 頁；王挺斌：《論出土文獻在校讀傳世古書中的作用》，《浙江大學學報（人文社會科學版）》2023 年第 1 期，第 125—126 頁。

⑤ 裘錫圭主編，湖南省博物館、復旦大學古文字與古文獻研究中心編纂：《長沙馬王堆漢墓簡帛集成》第 1 册，中華書局，2014 年，第 132 頁。

⑥ 劉樂賢：《釋馬王堆帛書〈十六經〉的“憲敖”》，《古文字研究》第 31 輯，中華書局，2016 年，第 463—467 頁。

⑦ 湖南省文物考古研究所編著：《里耶秦簡》（壹），文物出版社，2012 年，第 93 頁。

⑧ 張家山二四七號漢墓竹簡整理小組編：《張家山漢墓竹簡（二四七號墓）》，文物出版社，2001 年，第 62 頁。

⑨ 劉樂賢：《秦漢行政文書中的“謾”字及相關問題》，《簡帛》第 15 輯，上海古籍出版社，2017 年，第 133—149 頁。

⑩ 參見高亨纂著，董治安整理：《古字通假會典》，齊魯書社，1989 年，第 155 頁；白於藍編著：《簡帛古書通假字大系》，福建人民出版社，2017 年，第 1178—1179 頁。

之異體，牽引之義。《説文》未收"挽"，只收了"輓"，車部云："輓，引之也。"
段玉裁注："引車曰輓，引申之凡引皆曰輓。《左傳》曰：'或輓之，或推之，欲無人，
得乎？'……俗作挽。"[①]因此，簡文所云"陞者憲〈曼—挽〉戟"即陞者引戟。

<h1 style="text-align:center">三</h1>

河南、安徽等地所出漢畫像磚石常見執戟門吏形象（圖1、圖2）[②]。此類圖像
多爲門吏雙手執戟，戟豎立在面前。《朝律》中所述朝堂之衛士所執之戟或與此相類。
因此，簡文所述"陞者憲〈曼—挽〉戟"很可能是指執戟者將豎立在面前的戟挽引
至胸前，以此表示對皇帝到來的禮重。由於《朝律》規定"正、監及執盾兵者，毋
反走、毋趨（跪）、印（抑）手（首）"，陞戟衛士屬於"執盾兵者"，故無須行"反走""跪""抑
首"等禮，只須將所持之戟挽引至胸前，與皇帝拉開適當的距離，以示禮重。《漢
書·東方朔傳》："是時，朔陞戟殿下，辟戟而前曰：'董偃有斬罪三，安得入乎？'"
此處所記東方朔執戟於殿下，向皇帝進言時需要"辟戟而前"，説明執戟侍衛靠近
皇帝時戟也須"回避"，可與簡文所記對比參看。可見，此種執戟禮與當下儀仗兵
所行的"舉槍禮""軍刀禮"有異曲同工之處，似可視作此類執兵禮的早期形態。

圖1　河南方城出土畫像石上的持戟官吏　　　　圖2　河南洛陽出土畫像磚執戟官吏

① （漢）許慎撰，（清）段玉裁注：《説文解字注》，上海古籍出版社，1981年，第730頁。
② 王建中，閃修山：《南陽兩漢畫像石》，文物出版社，1990年，圖46；黃明蘭編著：《洛陽西漢畫象空心磚》，
人民美術出版社，1982年，第5—9頁；中國美術全集編輯委員會編：《中國美術全集繪畫編18畫像石畫像磚》，
上海人民美術出版社，1988年，圖二六一；高書林編著：《淮北漢畫像石》，天津人民美術出版社，2002年，
第62、81、309頁。

另據史書記載，漢時天子、太子殿堂或軍門多設"交戟"衛士以戒不虞。《史記·項羽本紀》："噲即帶劍擁盾入軍門。交戟之衛士欲止不内，樊噲側其盾以撞，衛士僕地，噲遂入。"[①]《漢書·楚元王傳》："今佞邪與賢臣并在交戟之内，合黨共謀，違善依惡，歙歙訛訛，數設危險之言，欲以傾移主上。"顏師古注："交戟，謂宿衛者。"[②]《後漢書·班彪列傳》："又舊制，太子食湯沐十縣，設周衛交戟，五日一朝。"又《鄧張徐張胡列傳·張禹》："臣聞王者動設先置，止則交戟，清道而後行，清室而後御，離宫不宿，所以重宿衛也。"《後漢書·百官志二·衛尉》李賢注引胡廣曰："諸門部各陳屯夾道，其旁當兵，以示威武，交戟，以遮妄出入者。"[③]據此看來，將《朝律》簡文所述"陛者憲〈曼—挽〉戟"理解爲陛者把"交戟"之戟挽引起來，似亦可通。但簡文只是規定這些陛者"操虎戟陛西陛，立陛西，東面；陛東陛者立陛東，西面，它如西陛"，并未規定將所操之戟相交加，因此"挽戟"恐不宜照挽起"交戟"之戟理解。

史書中也多見"陛戟"之稱，《漢書·霍光金日磾傳》："太后被珠襦，盛服坐武帳中，侍御數百人皆持兵，期門武士陛戟，陳列殿下。群臣以次上殿，召昌邑王伏前聽詔。"顏師古注："陛戟謂執戟以衛陛下也。"[④]《後漢書·隗囂公孫述列傳》："然少爲郎，習漢家制度，出入法駕，鑾旗旄騎，陳置陛戟，然後輦出房闥。"又《禮儀志中·朝會》載正月朝賀之儀，注引《漢儀》曰："御史四人執法殿下，虎賁、羽林〔張〕（弧）弓（撮）〔挾〕矢，陛戟左右。"[⑤]這些史書中所記"陛戟"當與簡文性質相同，同樣未有"交戟"的要求，亦可爲旁證。

此外，還可留意的是，字書中"曼"有"牽引"義。《説文》又部："曼，引也。"研究者多以長、延長、引之使長等解釋此處的"引"，如段玉裁注："《魯頌》毛傳曰：'曼，長也。'"王筠《句讀》："《毛傳》'長也'。許君以字從又，遂説以引，謂引之使長也。"[⑥]如果《朝律》"陛者憲〈曼—挽〉戟"之"憲"

① （漢）司馬遷撰：《史記》，中華書局，1959 年，第 313 頁。
② （漢）班固撰：《漢書》，中華書局，1962 年，第 1945、1946 頁。
③ （宋）范曄撰，（唐）李賢等注：《後漢書》，中華書局，1965 年，第 1328、1499、3579 頁。
④ （漢）班固撰：《漢書》，中華書局，1962 年，第 2939 頁。
⑤ （宋）范曄撰，（唐）李賢等注：《後漢書》，中華書局，1965 年，第 541、3131 頁。
⑥ 丁福保編纂：《説文解字詁林》，中華書局，1988 年，第 3453—3454 頁。

確爲"曼"之訛寫①，所記詞爲表示牽引義的"挽"，那麼此例似可證明《説文》將"曼"訓爲"引"可能亦由假借所致。

---

① 按：湖北荆州胡家草場西漢墓出土漢簡中亦有《朝律》，但目前刊布的釋文中尚未見"陛者憲戟"一句，故暫不知與"憲"字相對應之字是否爲"曼"。參見熊佳暉：《胡家草場漢簡〈朝律〉所見文帝時期的朝儀與職官》，《江漢考古》2023 年第 2 期，第 70—78 頁。

揚州新出土漢鏡銘文及圖像探究 *

鵬宇

（中國美術學院）

　　揚州，古稱廣陵，是漢代銅鏡的重要產地之一。1949 年以來，揚州地區出土的漢鏡不僅數量多，而且紋飾精美，内容重要，已逐漸引起國内外越來越多學者的關注。過去受研究條件所限，許多考古報告在刊録漢鏡時，常常對銘文模糊或殘泐之處付諸闕如，或受篇幅所限未對紋飾圖像作過多的分析，雖有無奈，但其做法無疑是十分審慎的。近些年，我們在梳理漢鏡銘文，編纂《中國銅鏡圖典》（修訂版）及《漢鏡銘文暨圖像集成》的過程中，接觸到的漢鏡資料日益增多，藉此有機會對許多珍貴的銅鏡進行重新審視與思考。

一

　　江蘇揚州博物館藏有一件半圓方枚神獸鏡，該鏡出土於揚州市司徒廟，直徑 15.4 厘米，緣厚 0.5 厘米。是鏡圓形，圓鈕，圓鈕座，鈕座外八枚環狀乳與黄帝、東王公、西王母、伯牙相間環繞，四組神獸穿插於神人之間，其中兩獸銜巨，兩獸回首，神人神獸外環以半圓方枚，鏡緣内區置神人瑞獸畫紋帶，外區飾渦雲紋（如圖 1）。

　　方枚中各置四字銘文，從理論上説，這一類漢鏡中的方枚銘文大多可合讀成文，但由於方枚内字形太小，辨識極爲不易。因此，整理者著録該鏡圖片時未作釋文 [1]，我們在編纂《中國銅鏡圖典》（修訂版）時也僅認出 "吾作明竟（鏡），幽湅（煉）

---

* 本文爲古文字與中華文明傳承發展工程規劃項目 "兩漢三國銅鏡銘文書法研究"（G3936）及國家語委 "十四五" 科研規劃一般項目 "數字化多模態視野下利用甲骨文等古文字提升學齡兒童認字能力的理論構建與實現路徑研究"（YB145—67）階段性成果。

[1]　徐忠文、周長源主編：《漢廣陵國銅鏡》圖 146，文物出版社，2013 年，第 330 頁。

三剛” “統德序道，敬奉賢良”等少數諸字②。

今重新目驗該鏡拓片，發現該鏡銘文存在不少重複之處，且字形中多有筆畫減省現象。如“賢”字減省作“臣”，“道”字減省作“首”，皆屬漢鏡中特有的文字減省現象。綜合考慮這些情况後，該鏡銘文可隸定爲②：

> 吾作明竟（鏡），幽湅（煉）三剛，敬奉賢良，統德序道，敬奉賢良，周（雕）刻無極，敬奉賢良，□□神明，統德序道，統德序道，士（仕）至公卿，其師命長。

圖 1

“神”前兩字殘泐，《漢鏡銘文圖集》載有銘文與之相似的兩件銅鏡，其中一鏡銘文作（如圖 2）③：

> 吾作明竟（鏡），幽湅（煉）三岡（剛），配像萬疆，統德序道，敬奉賢良，周（雕）刻無極，衆義主陽，世德（得）神明，子孫番（蕃）昌，位至三公，曾（增）年益壽，其師命長。

另一件銅鏡現藏於清華大學藝術博物館，銘文稍有變化，外圈銘文曰（如

---

② 孔祥星、劉一曼、鵬宇編著：《中國銅鏡圖典》（修訂本）圖 3.369，上海古籍出版社，2020 年，第 553 頁。

② （ ）內爲通用字，[ ]內爲漏鑄字，〈 〉內爲筆畫減省的通用字。其後釋文，方法同此。

③ 王綱懷編著：《漢鏡銘文圖集》圖 407，中西書局，2016 年，第 427 頁。

圖 3 ）[1]：

　　吾作明竟（鏡），幽湅（煉）三剛，周（雕）刻無極，衆義主陽，聖德（得）神明，五月五日丙午日中，時得三光，製作師，照見人刑（形），位至三公，子孫吉昌。

圖 2

圖 3

---

[1] 清華大學藝術博物館編著：《必忠必信：清華大學藝術博物館藏銅鏡》，上海書畫出版社，2017 年，第 120 頁。是鏡又著録於王綱懷《清華銘文鏡——鏡銘漢字演變簡史》圖 67（清華大學出版社，2011 年，第 134—135 頁），王綱懷《漢鏡銘文圖集》圖 398（中西書局，2016 年，第 418 頁），王綱懷、李傑《古鏡拓片集》圖 212（上海書畫出版社，2019 年，第 232 頁）。

三鏡時代相同，皆爲東漢中晚期之物，銘文主要套語亦有不少雷同，疑有相同或相似來源，如此，則 "神" 前殘泐之字或有可能爲 "聖德（得）" 或 "世德（得）"。

二

江蘇省揚州市文物考古研究所藏有一面東漢時期的杜氏仙人車馬畫像鏡，該鏡係 2012 年 7 月揚州市西湖鎮山水錦城四期建設工地出土，是鏡圓形，圓鈕，連山鈕座，主體紋飾分爲四區，以四枚帶座乳釘相隔，每一枚乳釘週邊飾以連珠紋，四區內分別置東王公、西王母、羽人騎馬持節出行、宴飲雜技等淺浮雕，其中東王公、西王母皆身後置一玉女、身前踞坐四仙侍，鈕座外空隙處則飾以九尾狐、三足烏、蟾蜍等紋飾，近緣處置銘文圈帶及櫛齒紋，鏡緣置鋸齒紋及瑞獸畫紋帶各一周（如圖 4 ）[①]。

圖 4

該鏡直徑 24.5 厘米，緣厚 1.1 厘米，屬同類型漢鏡中少有的大尺寸者，因此銘文數量也相對較多，整理者原釋文未作句讀，今根據我們的理解，先將該鏡銘文隸定如下：

> 尚方作竟（鏡）真大好，上太（泰）仙（山）兮神仙在，東王公西王母，人［有］
> 四仙侍左右，後常侍名玉女，雲中作倡踏七桦（盤），坐中七人好且蘭（閑），
> 連倚（騎）洛（絡）澤（繹）上華仙（山），九毛＜尾＞之狐三足烏，四起（踞）

---

① 揚州市文物考古研究所編：《廣陵遺珍——揚州出土文物選粹》，江蘇鳳凰美術出版社，2018 年，第 34 頁。

人立〈并〉神儋（蟾）除（蜍），君服此竟（鏡），女爲夫人男公侯。杜氏作。

銘文所描述的内容與畫像鏡中的紋飾基本一致，如華山、東王公、西王母、玉女、九尾狐、三足烏、蟾蜍等形象都在該鏡中有所呈現（如圖5）。

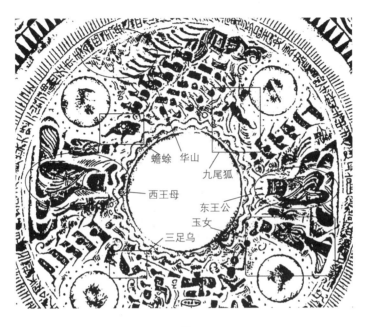

圖5

將"竟"讀爲"鏡"、"太"讀爲"泰"都是漢鏡中常見的現象，無需贅述。而"倚"與"騎"、"洛"與"絡"、"澤"與"繹"、"儋"與"蟾"、"除"與"蜍"聲符相同，例可通假。

唯漢鏡中"山"讀爲"仙"常見，而反過來將"仙"讀爲"山"較爲少見，不過，從文例上看，"上華仙"也只有將"仙"讀爲"山"此一種可能。

"蕳"讀爲"閑"，在音韻學上也沒有問題，"閑"，有嫻雅之意，曹植《美女篇》："美女妖且閑，采桑歧路間。""好且閑"正可與"妖且閑"對讀。

連騎，多用來形容騎從之盛。《戰國策·秦策一》："轉轂連騎，炫熿於道。"葛洪《抱樸子·守塉》："出連騎以游畋，入侯服而玉食。"絡繹指前後相連，連續不斷，銘文"連騎絡繹"無疑是對西王母左側持節六騎畫像的誇大描述。

"四起（跽）人"一句，"起"從己得聲，"跽"從忌得聲，而"忌"又從己得聲，聲符上具有極強的關聯性，古音"起"在溪母之部，"跽"在群母之部，聲在一系，韻在一部，於例可通。四跽人疑是對東王公、西王母身前四位跽坐仙人的描述。

過去最難識讀的是"雲中作倡踏七样"一句。

"七"後之字作▩，从木半聲，可隸作"桦"①，讀爲"盤"。七盤，即七盤舞，因常與鼓配合演出，也稱"盤鼓舞"。在考古資料中有不少關於七盤舞的描繪，如山東東平後屯 M1 漢墓前堂南壁宴飲圖壁畫（如圖 6 ）、河南博物院藏東漢盤鼓舞畫像磚中皆有盤鼓舞的展示（如圖 7 ）。

圖 6

圖 7

在壁畫及畫像磚中，一女伎頭梳高髻，身着長袖，雙手各曳長巾，束腰，足下置盤，盤口倒置，旁置一鼓。女伎雙臂高舉，長袖翻飛，一足踏盤，一足蹈鼓，似在盤鼓間

---

① 此意見爲華東師範大學陳聞達先生告知。

輾轉騰躍，無疑是對盤鼓舞的極好詮釋。

　　據考古資料，在漢代畫像中，盤鼓舞還常與飛劍跳丸、戴竿懸人、擲倒案等雜技節目同臺演出。如四川彭縣白祥村東漢墓出土的盤鼓舞畫像磚中，畫面中央爲盤鼓舞，畫面左側爲倒案表演，畫面右側爲跳丸（如圖8）。山東沂南盤鼓舞畫像石中畫面左下方爲盤鼓舞，其上方分別爲飛劍表演和戴竿懸人表演（如圖9）[①]。

圖8

圖9

① 對盤鼓舞的研究，過去已有不少成果，如王菁：《漢代 "盤鼓舞" 圖像再考訂——側重於考古材料的梳理與解析》，《考古與文物》2020年第4期，第70—77頁；王乙稀：《漢代盤鼓舞圖像研究》，蘭州大學碩士學位論文，2020年；杜樂：《漢代 "盤鼓舞" 初探》，《大理大學學報》2019年第6期，第89—94頁；馮漢驥：《論盤舞》，《文物參考資料》1957年第8期，第9—12、20頁；王仲殊：《沂南石刻畫像中的七盤舞》，《考古通訊》1955年第2期，第12—16、5頁，讀者可以參看。

揚州所出之鏡構圖與之相近，除盤鼓舞外，亦有其他節目同臺演出（如圖10），畫面左側還有三名伎師在吹動排簫伴奏（如圖11）。

圖 10

圖 11

無獨有偶，"踏七柈（盤）"之語還見於另一件傳世的杜氏神人畫像鏡（如圖12），該鏡傳爲紹興出土，直徑19.2厘米，圓形，圓鈕，圓鈕座，鈕座外以四枚帶座乳釘間隔分爲四區，西王母與東王公構圖相近，皆在主神前飾以四位跽坐的仙人，身後飾一玉女。其餘兩區中，一區爲四羽人持節乘馬前行，前爲起伏的山巒，一區爲盤鼓舞，除跳七盤舞者外，旁側還飾有樂師及其他舞者[1]（如圖13）。

---

① 黄洪彬著：《漢雅堂藏鏡》圖121，上海辭書出版社，2014年，第91頁。

圖 12

圖 13

其銘文曰：

上太（泰）仙（山）兮神仙在，東王公西王母，人四仙兮侍左右，雲中鼓吹踏七柈（盤），連倚（騎）洛（絡）澤（繹）上華仙（山）。杜氏所作。

文辭内容與揚州所出之鏡相類，但銘文却有不少減省，可視爲揚州鏡的簡縮版。

需要説明的是，在漢鏡中七盤舞的動作除用“踏”字表示外，有時也會用“踢”字來描述。如《古鏡今照——中國銅鏡研究會成員藏品集粹》中曾刊有一件東漢永元三年石氏神人畫像鏡（如圖14）^①，其銘文曰：

【外】石氏作竟（鏡）世少有，東王公西王母，人有三仙侍左右，後常侍名玉女，雲中玉昌（倡）蹄（踶）杵（盤）鼓，白虎喜怒毋央（殃）莕（咎），男爲公侯女□□，千秋萬歲生長久。【內】永元三年作。仙人。西王母。玉女。白虎。[東]王公。玉女。雲中玉昌（倡）。

該鏡中不僅圖銘契合，而且每一組畫像旁皆置有榜題，如西王母旁榜題作"西王母"，東王公旁榜題作"王公"，兩人身後的玉女旁榜題作"玉女"，白虎旁榜題作"白虎"，其中，盤鼓舞旁榜題作"雲中玉昌（倡）"（如圖15）。

圖 14

圖 15

在石氏神人畫像鏡與之對應的銘文圈中，"鼓"前兩字作，第一字顯然爲"蹄"字，可讀爲"踶"。"踶"，《集韻》"或作蹄"，段玉裁《說文解字注》："踶，躛也。李軌曰：'踶，蹋也。《通俗文》曰：小蹋謂之踶'。"這與盤鼓舞以舞者之足踏盤踏鼓的表演的方式顯然是相合的。

第二字與杜氏鏡用字相同，只是字形右上角筆畫相反，亦是“柈”字無疑。根據銘文及圖像，“蹄柈鼓”顯然也是對盤鼓舞的描述。

有趣的是，在杜氏神人畫像鏡中，東王公、西王母身前四仙人跽坐，身後一玉女站立，其銘文作“人四仙侍左右，後常侍名玉女”，而在石氏神人畫像鏡中，東王公、西王母身前三仙人跽坐，身後一玉女站立，其銘文立刻就變成了“人有三仙侍左右，後常侍名玉女”，銘文可謂是對紋飾的精準描述。

此外，九尾狐的“尾”字減省作“毛”，雖然做法誇張，但因有同鏡中的紋飾作背書，在行文中倒不會引起過多誤解。類似的做法還見於將“并（竝）”省作“立”，其狂放程度與前文司徒廟出土的神獸鏡中將“賢”省作“臣”、“道”省作“首”似乎又如出一轍，“不遑多讓”了。

談談古漢字中形聲字所从形符用假借義現象 *

謝明文

（復旦大學出土文獻與古文字研究中心、
"古文字與中華文明傳承發展工程"協同攻關創新平臺）

楊樹達先生《造字時有通借證》一文講到"音同或音近借其義"之"見於形聲字者"云：

> 《説文》中之字形聲尤夥，故通借之例見於形聲字者獨多。形聲字可析爲形與聲，形旁之通借雖止一見，而聲旁之通借則數見不鮮矣。此文所記，大多舉余之所明爲前人所未及者，餘不暇悉記也。

楊樹達先生在該文中接着舉證了形聲字"形旁之通借雖止一見"的例子：

> 《五篇上·韋部》云："韓，井垣也，从韋，取其帀也，倝聲。"按韋字無帀義，而許云从韋取其帀者，段氏云："説韋同囗。"是也。《六篇下·囗部》云："囗，回也，象回帀之形。"是囗爲帀也。韋字从囗聲，二音相同，故借韋爲囗耳。②

形聲字"形旁之通借"就是本文要討論的"形聲字所从形符用假借義"。楊先生所舉"止一見"的這例是否是形旁之通借，研究者或持否定的意見。③ 那這一現象在漢字中究竟存不存在呢？下面我們就來談談這個問題。

《説文》："韋，相背也。从舛、囗聲。獸皮之韋可以束物，枉戾相韋背，

---

* 本文爲國家社科基金冷門絶學研究專項學術團隊項目"中國出土典籍的分類整理與綜合研究"（20VJXT018）、國家社科基金一般項目"商周甲骨文、金文字詞關係研究"（21BYY133）、教育部人文社會科學重點研究基地重大項目"基於先秦、秦、漢出土文獻的漢語字詞關係綜合研究"（22JJD740031）、上海市教育委員會和上海市教育發展基金會曙光計劃項目"周代金文構形研究與疑難字詞考釋"（22SG03）的階段性研究成果。
② 楊樹達：《造字時有通借證》，《積微居小學述林》，中華書局，1983年，第99頁。這一意見亦見於《釋吴》，《積微居小學述林》，第82頁。
③ 王月婷：《〈積微居小學述林·造字時有通借證〉商榷》，《山東教育學院學報》2004年第4期，第13頁。

故借以爲皮韋。凡韋之屬皆从韋。”甲骨文、金文中“韋”字多見，關於其構形，或認爲是“違”之初文，或認爲是“圍”之初文，或認爲“韋”“衛”一字。① 研究者雖有不同的看法，但大家有一點共識，那就是“皮韋”應非“韋”的本義，“韋”用作“皮韋”之“韋”應是假借。郳公敨父鎛（《銘圖》15815—15818，春秋晚期）、郳公敨觥（《銘續》0891，春秋晚期）銘文中有人名用字“敨”，它很可能是“皮韋”之“韋”的後起本字。

西周金文中常見“載市”一語，其中“載”有異文作“截”（奠盤，《銘圖》14528，西周中期前段）、“在”（變簋，《集成》04046，《銘圖》04985，西周中期）、“戋”（楳伯盤，《佣金集萃——山西絳縣橫水西周墓地出土青銅器》②，第 188—192 頁，西周中期；狱簋，《銘圖》05315—05318、《銘續》0457—0459、《銘三》0520、0521、0524，西周中期前段；狱盨，《銘圖》05676，西周中期前段；盤，《銘圖》14531，西周中期前段；狱盉，《銘圖》14799，西周中期前段；衛簋，《銘圖》05368、05369、《銘續》0462，西周中期前段），可以肯定“載”所从“戋”應是聲符，“韋”則是形符。“載”是修飾其後的“市（韍）”，一般認爲它是表示“市”的顏色，舊主要有讀“緇”指黑色與讀“纔”指帛雀头色兩種意見。從語音方面看，前一説更爲直接。但聯繫金文資料看，“載”更可能是指材質而非顏色。③ 不管“載”是指顏色還是指材質，因“市”的材質與皮革相關，其修飾語“載”所从的“韋”用的顯然不是本義而是假借義“皮韋”。

金文中从“韋”的“䩠”“䪎”“䪊”以及漢字中以“韋”爲形符的絕大部分字，皆是用“韋”的假借義“皮韋”。

“韋”很早就不用其本義而“皮韋”義最初可能没有本字，一開始就假借“韋”來表示（“敨”可能是後起本字，參看上文），因此很容易給人一種錯覺，即把後世常見的“皮韋”義當作是“韋”的本義或引申義，從而將漢字中以“韋”爲形符的字看作了一般的形聲字，從而忽視了它所从形符用假借義的現象。

---

① 參看周法高主編：《金文詁林》，香港中文大學，1975 年，第 3632—3634 頁。張世超等著《金文形義通解》，（東京）中文出版社，1996 年，第 1416 頁。于省吾主編：《甲骨文字詁林》，中華書局，1999 年，第 818 頁。徐中舒主編：《甲骨文字典》，四川辭書出版社，2006 年，第 632 頁。

② 山西省考古研究院等編著：《佣金集萃——山西絳縣橫水西周墓地出土青銅器》，上海古籍出版社，2021 年。

③ 金文中作爲服飾類、車馬器類名詞修飾語的“奉”，舊有不同的意見。聯繫金文資料，它也應與材質有關，“韚”則是表示材質之“奉”的專字。“載”可假借“戋”爲之，“載”之於“戋”，猶如“韚”之於“奉”（詳見另文）。

《銘圖》①15763—15766 與《銘續》②1041—1044 共著録了八件同銘的春秋早期的曾侯子鎛，它們銘文爲：

> 佳（唯）王正月初吉丁亥，曾厌（侯）子粦（擇）其吉金，自乍（作）行△。

△，除了在《銘續》1042、1043 所録兩件曾侯子鎛銘文中不清晰外，其餘皆比較清楚，如《銘圖》15763、《銘續》1044 分別作"▆""▆"，研究者一般隸作"鐏"，讀作"鎛"。據字形，隸作"鐏"這一意見顯然是正確的，如嚴格按照左右偏旁隸定，則可隸作"鐘"。

從目前的相關研究來看，"鐏"這一字形似乎還没有引起研究者的注意。如果根據其器形是鎛而將"鐏"讀作"鎛"，那它所從"專"固然是聲符，但它從"童"該如何解釋呢？

鐘、鎛是形制比較接近的樂器，兩者關係非常密切。此前已經著録的青銅樂器中自名爲"鎛"而又見其器形的并不多見，僅有齊侯鎛（《集成》00271，《銘圖》15828，春秋中期）、邾公孫班鎛（《集成》00140，《銘圖》15784，春秋晚期）、叔夷鎛（《集成》00285，《銘圖》15829，春秋晚期）三器。③這三件鎛形制與鐘接近，但作平口而非像鐘口呈弧狀。研究者多根據這三件鎛的形制特點，將與鐘形制接近且作平口的樂器統稱爲鎛。根據這一意見，金文中有大量的器形爲鎛而自名爲鐘者，如克鎛（《集成》00209，《銘圖》15814，西周晚期）、秦公鎛（《集成》00267—00269，《銘圖》15824—15826，春秋早期）、楚太師鄧子薛慎鎛（《銘續》1045，春秋早期）、鄬子受鎛（《銘圖》15772—15779，春秋中期）、季子康鎛（《銘圖》15787—15791，春秋中期）、宋公戍鎛（《集成》00008—00013，《銘圖》15751—15756，春秋晚期）、滕侯昳鎛（《銘圖》15757，春秋晚期）、虚巢鎛（《銘圖》15783，春秋晚期）、許子豊自鎛（《集成》00153—00154，《銘圖》15792—15793，春秋晚期）、邅邡鎛（《銘圖》15794—15796，春秋晚期）、瓡鎛（《銘圖》15797—15799、15802，春秋晚期）、裏兒鎛（《銘圖》15805，春秋時期）、侯古堆鎛（《銘圖》15806，春秋晚期）、郘公敏父鎛（《銘圖》15815—15818，春秋晚期）、沇兒鎛（《集成》00203，《銘圖》15819，春秋晚期）、蔡侯龘鎛（《集成》00219—00222，《銘圖》15820—15823，春秋晚期）、麇侯鎛（《集成》00017，《銘

---

① 吴鎮烽：《商周青銅器銘文暨圖像集成》，上海古籍出版社，2012 年。
② 吴鎮烽：《商周青銅器銘文暨圖像集成續編》，上海古籍出版社，2016 年。
③ 近年新出土的曾公鈇鎛亦自名鎛（《江漢考古》2020 年第 1 期，第 4 頁、封二，春秋中期）。

圖》15760，戰國早期）、留鎛（《集成》00015，《銘圖》15758，戰國時期）等器。金文中亦見個別器形爲鐘而自名爲鎛者，如姑仲衍鐘（《銘圖》15177，西周晚期）、曾公睬甬鐘 A 組、甬鐘 B 組（春秋中期）①。研究者指出鎛是專稱，屬於廣義的鐘類②，可信。

　　如果"鐏"在銘文中用作"鎛"，當从"專"聲，根據"鐘""鎛"關係非常密切，"鐏"所从的"童"應是假借作"鐘"，作形符。但從鎛類器自名爲"鎛"者極少見而常自名爲"鐘"來看（參看上文），不排除"鐏"在銘文中是用作"鐘"的可能，如是這一種情況，則"童"應是聲符，而"專"假借作"鎛"，作形符。不管屬於哪一種情況，都是屬於形旁用假借義的現象。③

　　根據上文我們關於"截""鐏"的分析，説明形聲字所从形符用假借義的現象是客觀存在的。基於這一認識，下面我們準備對"隆"的構形略作探討，提供另一種可能的分析。

　　《説文》："隆（隆），豐大也。从生、降聲。"不降矛（《集成》11470，《銘圖》17558，戰國時期）"不🐾"，"不"後一字，或釋作"降"，或釋作"隆"。④丁佛言贊成釋"隆"的意見，認爲它从降从土，土有豐大義。⑤林義光根據不降矛所謂"隆"、王莽嘉量"🐾（隆）"，認爲"隆"从"土"、"降"聲，不从"生"。⑥

　　漢代文字中習見"隆"字，且有多種不同的寫法7，下面列舉幾種與本文討論相關的寫法：

A：⑧（《二年律令》459）　（新衡杆）　（新嘉量一⑨）

---

① 郭長江等：《曾公睬編鐘銘文初步釋讀》，《江漢考古》2020年第1期，第19、27頁。

② 朱鳳瀚：《中國青銅器綜論》，上海古籍出版社，2009年，第368—369頁。

③ 不排除"鐏"是因"鐘""鎛"關係非常密切而產生的糅合形，"童""專"分別假借爲"鐘""鎛"，兩者皆取假借義。如是這一種情況，則"鐏"可能有"鐘""鎛"兩讀。

④ 參看李圃：《古文字詁林》第6册，上海教育出版社，2003年，第102頁。

⑤ 同上注。

⑥ 林義光：《文源》卷十一，中西書局，2012年，第411頁。

⑦ 參看白海燕：《〈居延新簡〉文字編》，吉林大學博士學位論文，2014年，第414頁。李鵬輝：《漢印文字資料整理與相關問題研究》上編《漢印文字字形表》，安徽大學博士學位論文，2017年，第526—527頁。

⑧ 摹本引自張守中編撰：《張家山漢簡文字編》，文物出版社，2012年，第165頁

⑨ 新衡杆、新嘉量一以及B中新嘉量二的字形引自徐正考：《漢代銅器銘文文字編》，吉林大學出版社，2005年，第125頁。新嘉量一銘文清晰彩照著錄於游國慶主編的《二十件非看不可的故宮金文》，臺北故宮博物院，2012年，第105—107頁。

B： ① （新嘉量二）

C： （居延簡 "隆" 字②）

關於 "隆" 字，季旭昇先生釋義爲 "土地隆起"，釋形爲：

戰國燕器 "不隆矛"，丁佛言《説文古籀補補》卷六頁五引桂馥、許瀚釋隆，學者或仍釋 "不降矛"。"隆" 字从土，降聲（參見林義光《文源》），"隆"（*li əwng）上古音在來紐冬部開口三等；"降"（*grəwng）在群紐冬部開口二等。聲母來群屬複輔音關係，韵母相同。从 "降" 聲似乎和 "隆" 義相反，其實它只是個聲符，如果從聲符假借來説，那麽 "降" 聲可能是 "高" 聲的假借，"降" 和 "高"（*kaw，見紐宵部開口一等）聲同，韵屬旁對轉。

"降" 字右下方的 "牛" 與 "土" 旁共筆，如羅布卓爾漢簡（引者按：指 "隆" 形），這就容易被誤認爲右下是個 "生" 字了。但是目前可靠的文字材料，看不到一個从 "生"、"降" 聲的 "隆" 字，可見《説文》的字形是有疑問的。何況从 "生" 也不足以産生 "隆" 的意思。③

季小軍先生亦從不降矛 "隆" 釋作 "隆" 的意見，認爲：

戰國文字从土，降聲；西漢文字（字形2、3，引者按，指隆、隆）从土，降省聲（右下作王、王，"土" 上一筆爲形殘餘的筆畫）。新莽時期（字形4、5，引者按，分別指我們上文所引A的第三形、B的第四形）恢復爲 "降聲"，不過，字形4的 "土" 旁已訛爲 "主"（蓋由 "王" 訛變而來），與 "生" 之或體相似，於是又出現了《説文》小篆（字形6，引者按，指隆）"从生，降聲" 的寫法……④

如果 "隆" 的B類寫法將中部的 "牛" 與其下的部分共用一竪筆，則演變爲C類寫法，現在寫作从 "阜" 从 "夂" 从 "一" 从 "生" 寫法的 "隆" 顯然是來源於 "隆" 的C類寫法。B類寫法的 "隆" 字，下部所从確實與 "土" 形無異，再加上研究者

---

① 引自李鵬輝：《漢印文字資料整理與相關問題研究》上編《漢印文字字形表》，安徽大學博士學位論文，2017年，第526頁。

② 引自白海燕：《"居延新簡" 文字編》，吉林大學博士學位論文，2014年，第414頁。

③ 季旭昇：《説文新證》，藝文印書館，2014年，第507—508頁。

④ 李學勤主編：《字源》，天津古籍出版社，2012年，第553頁。

將不降矛銘文中从"土"的"🅰"釋作"隆",似乎可彼此合證,從而更加確定了"隆"本从"土"的意見。

　　古文字中,从"𨸏"之字,"𨸏"旁下常加"土"形①,且多見於齊魯系文字。上引不降矛(《集成》11470,《銘圖》17558,戰國時期)"🅰"亦當是同類的現象,因此研究者或將它釋作"降"是正確的。不降鏃(《集成》11987,《銘圖》18362,戰國時期)銘文亦作"不降",不降戈(《集成》11286,《銘圖》17098,戰國時期)、不降矛(《集成》11541,《銘圖》17664,戰國時期)銘文皆作"不降棘(?)余(餘)子之貨金,右軍"。其中"降"所从"𨸏"旁下皆有"土"形(《銘圖》所錄不降戈摹本漏摹"土"形)。不降戈有明確出土地,係山東莒縣夏莊鎮劉家苗蔣村,可以推測其他幾件不降器也應與齊魯地區相關,那麼"降"所从"𨸏"旁下加"土"形,這與"𨸏"旁下常加"土"形的現象多見於齊魯系文字亦正合。如果承認B類寫法的"隆"字來源於不降矛"🅰"類寫法,那就得承認"隆"實際上只是"降"的一個異體,但"隆"古書常訓"盛""高"一類意思,皆與"降"無關,因此"隆"是"降"字異體的可能性不大。另"隆"的A類寫法中,下部皆从"🅱"形,與"土"有別。上引季小軍先生說認爲A的第三形所从的"🅱"是由"土"與其上🅲形殘餘的筆畫構成的"王"形進一步訛變而來。但問題是這類寫法亦見於《二年律令》(即A的第一形),而《二年律令》的時代,一般認爲屬於呂后二年,②該形應該是目前所見最早的"隆"字,它下部亦作"🅱"形。因此我們認爲A類寫法應該是"隆"字較早的寫法,它亦即《說文》小篆"隆"的來源。在馬王堆帛書《刑德》甲篇中,"隆"皆从"降"聲,而所从"🅱"形竪筆不出頭作"王"③,這亦可見前引季小軍先生說認爲"隆"所从"王"是由"土"與其上🅲形殘餘的筆畫構成的意見是不正確的。我們認爲B類寫法中的"土"形反倒是A類寫法中的"🅱"形之省。漢代文字中作"🅳"類形的"隆"則應該看作是省略一脚趾形後的簡體。

　　"夆"本从倒"止"(即《說文》的"夂")、从"丰"聲,或認爲是"逢"的初文。金文中或作"🅴"(二祀邲其卣,《集成》05412,《銘圖》13323,商代晚期)、"🅵"(夆盤,《銘圖》14314,西周早期後段)、"🅶"(九年衛鼎,

① 參看董蓮池:《新金文編》下册,作家出版社,2011年,第2009、2010、2017—2020頁。
② 參看周波:《從三種律文的頒行年代談〈二年律令〉的"二年"問題》,簡帛研究網站,2005年5月9日,http://www.jianbo.org/admin3/2005/zhoubo001。陳中龍:《從秦代官府年度律令校讎的制度論漢初〈二年律令〉的"二年"》,簡帛網,2016年5月10日,http://www.bsm.org.cn/show_article.php?id=2550。
③ 劉釗主編:《馬王堆漢墓簡帛文字全編》中册,中華書局,2020年,第721頁。

《集成》02831，《銘圖》02496，西周中期前段）類寫法，在它們所從"丰"的下部添加橫筆則作"🔲"（伯狱簋乙[①]，《銘續》0460，西周中期前段）、"🔲"（衛簋甲[②]，《銘圖》05368，西周中期前段）、"🔲"（夆伯鬲，《集成》00696，《銘圖》02954，西周中期）、"🔲"（譱鼎，《銘圖》02439，西周晚期）、"🔲"（夆子匋簋，《銘續》0485，春秋早期）、"🔲"（夆子選罐，《銘三》1175，春秋早期）類寫法，同類寫法的"夆"字亦見於戰國陶文、璽印文字，作"🔲""🔲"[③]等形，亦見於漢印，作"🔲"（《漢印文字徵》[④]5.17）。傳世兩漢封泥有"三絳尉印"（《封泥彙考》7.26），其中"絳"作"🔲"，"夆"旁寫法亦同。這一類寫法的"夆"字下部所從與後來的"生"字寫法接近，以致有研究者誤認爲上引夆伯鬲"夆"從"生"聲[⑤]，它們與 A 類寫法的"隆"字所從非常接近。因此，我們認爲 A 類寫法的"隆"可能來源於從"夆"、"降"聲之形（兩者共用一脚趾形即"夂"形），即 A 類寫法中的"🔲"是由上述那種底部添加一橫筆的"丰"訛變而來。也就是説"隆"最初可能應該是一個從"夆"、"降"聲（兩者共用"夂"形）的形聲字。[⑥]如果此説可信，又根據出土文獻中"夆"與從"夆"聲的字習見與"豐"相通[⑦]，我們認爲"隆"所從的"夆"可能是假借作"豐"。這樣一來，《説文》"隆"訓作"豐大也"、古書中"隆"常訓"盛""厚"那是極其自然的了。古代文獻中"豐隆"一詞，除了表示"雷神""云神"，還可看作是"豐""隆"近義連用的并列結構，如《後漢書·公孫瓚傳》："據職高重，享福豐隆。"

綜上所述，本文通過"截""轉"的個案分析，説明形聲字所從形符用假借義

---

① 同銘"畔"作"🔲"，所從"夆"旁寫法亦同。同人所作的伯狱簋甲（《銘圖》05275，西周中期前段）"夆""畔"寫法亦同。

② 同銘"畔"作"🔲"，所從"夆"旁寫法亦同。同人所作的衛簋乙（《銘圖》05369，西周中期前段）、衛簋丙（《銘續》0462，西周中期前段）、衛簋丁（《銘三》0524，西周中期前段）等"夆""畔"寫法亦同。

③ 高明、涂白奎編著：《古陶字録》，上海古籍出版社，2014 年，第 83 頁。孫剛編纂：《齊文字編》，福建人民出版社，2010 年，第 145 頁。湯餘惠主編：《戰國文字編》（修訂本），福建人民出版社，2015 年，第 350 頁。

④ 羅福頤：《漢印文字徵》，文物出版社，1978 年。

⑤ 劉志基主編，王平、劉孝霞編著：《中國漢字文物大系》第 5 卷，大象出版社，2013 年，第 694 頁。

⑥ "隆"似也可分析爲從"丰"、"降"聲，形符"丰"假借作"豐"。但獨體的"丰"字在秦漢文字中竪筆往往是貫穿三橫筆（參看徐正考：《漢代銅器銘文綜合研究》，作家出版社，2007 年，第 600 頁。季旭昇：《説文新證》，藝文印書館，2014 年，第 506 頁。王輝主編，楊宗兵、彭文、蔣文孝編著：《秦文字編》，中華書局，2015 年，第 970 頁。趙敏：《漢代陶文的整理與研究》，安徽大學博士學位論文，2019 年，第 280 頁），又王莽新嘉量"隆"字下一"夂"形半包圍下面的類似"生"形，這與"夆"結構相合，因此我們不將"隆"分析爲從"丰"、"降"聲而是分析爲從"夆"、"降"聲（兩者共用"夂"形）。

⑦ 白於藍：《簡帛古書通假字大系》，福建人民出版社，2017 年，第 965—966 頁。

的現象是客觀存在的。至於"隆"是否屬於此類例子，則還有待更多早期寫法的"隆"字資料加以檢驗。我們希望通過本文以及我們接下來其他個案的研究，增進研究者對漢字中此類現象的認識。[①]

附記：拙文 2021 年 3 月寫畢，承蒙方稚松先生批評指正，謹致謝忱！拙文關於"轉"字構形的主要意見，又見於謝明文：《談談近年新刊金文及其對金文文本研究的一些啓示》，中山大學古文字研究所、中華傳統文化研究中心舉辦的"第二屆漢語字詞關係學術研討會"論文，2021 年 10 月 23—24 日。

[①] 方稚松先生在審閱拙文後告知（2021 年 3 月 24 日），古文字中"喪"所从的"亡"以及甲骨文中一些以"自"爲義符的字也可能屬於形符用假借義的現象，謹致謝忱。

從安大簡《仲尼曰》看先秦時期的對偶修辭[*]

高罕鈺

（南昌大學客贛方言與語言應用研究中心）

　　"對偶"是使用兩個字數相等、結構相同或相似的短語或句子表達相關或相反語義的一種修辭方式。^① 這一修辭手法在先秦就已産生，《墨子·小取》中有關 "侔" 的闡述 "侔也者，比辭而俱行也"，便是對對偶修辭的最早論述。"自先秦時期起，人們就已慣用對偶、樂用對偶"^② 了，漢魏的辭賦、唐宋的詩詞以及明清産生的對聯等，不斷將對偶的使用推向高潮。

　　孔子被譽爲修辭學的開創者，《論語》是了解孔子言行、思想最爲重要的材料，其中修辭手段的運用已經非常豐富。安徽大學藏戰國竹簡（安大簡）《仲尼曰》由 13 支完簡組成，簡文原無篇題且不分章，内容均爲孔子言論，共 25 條，其中 24 條均以 "仲尼曰" 起始，整理者取篇首 "仲尼曰" 爲篇名。^③ 安大簡《仲尼曰》是對孔子言談的記録，有一些内容見於今本《論語》，另有一些未見於今本《論語》的材料但是性質也與《論語》相似，可以豐富我們對孔子言談、思想的認知。其中對偶修辭的運用十分廣泛、頗有特色。簡文 25 條中有 15 條都運用了對偶修辭的手法，數量多、占比高、類型豐富，對研究先秦時期對偶修辭的使用情況有重要價值。

一、從安大簡《仲尼曰》看先秦對偶修辭的主要類型

　　《文心雕龍·麗辭》較早對 "麗辭" 的發展過程、類型進行了總結及評價，"故麗辭之體，凡有四對：言對爲易，事對爲難，反對爲優，正對爲劣"。這裏所説的 "麗

---

* 本文是江西省社會科學 "十四五" 基金項目 "海昏墓出土儒學文獻綜合研究"（21YYY34D）；江西省高校人文社會科學重點研究基地項目（JD21004）成果。

① 譚學純、濮侃、沈孟瓔：《漢語修辭格大辭典》，上海辭書出版社，2010 年，第 47 頁。

② 何凌峰：《戰國至西漢對偶藝術研究》，《渭南師範學院學報》2016 年第 13 期，第 6 頁。

③ 徐在國、顧王樂：《安徽大學藏戰國竹簡〈仲尼〉篇初探》，《文物》2022 年第 3 期，第 75 頁。

辭"即"對偶",將"麗辭（對偶）"分爲言對、事對、反對、正對四類，是對對偶最早的理論分析之作，也對後世對對偶方式的分類有深遠影響。現今我們根據對偶成分的語義關係，將對偶的類別歸納爲正對、反對和串對。在先秦時期，對偶修辭的種類已較爲完備，在《仲尼曰》中正對、反對以及綜合運用的情況都有用例。

（一）正對

正對的對偶成分意義相同或相近，起到互相補充的作用。

> （1）中（仲）尼曰："弟子女（如）出也，十指＝（手指）女（汝），十目視汝，汝於（烏）敢爲不善乎！害（蓋）君子慎其蜀（獨）也！"（安大簡《仲尼曰》簡5—簡6）

該句不見於今本《論語》。其中，"十手指汝""十目視汝"結構相同、含義相近，"十手""十目"是使用數量短語相對，"指"與"視"這一動作相對，賓語都是"汝（弟子）"。這兩個小句屬於正對。

> （2）中（仲）尼曰："去身（仁），亞（惡）乎成名？造次、顛沛必於此。"（安大簡《仲尼曰》簡2）

該句見於今本《論語·里仁》，對應之句作"君子去仁，惡乎成名？君子無終食之間違仁，造次必於是，顛沛必於是"。雖然簡本沒有使用對偶修辭，但是"造次、顛沛必於此"今本對應的"造次必於是，顛沛必於是"則是使用了對偶修辭手法，兩句爲含義相關的正對。可以看出今本經過調整、定型，使一些句式更加工整，更有修辭美感。

（二）反對

反對是指對偶成分内容相對或相反，從相反的方面進行論述，對立又統一。安大簡《仲尼曰》中構成反對主要有兩種方式，一是反義詞對舉，二是通過否定副詞表反義。

> （3）仲尼曰："以同異難，以異易易。"（安大簡《仲尼曰》簡9）

該句不見於今本，"同"和"異"是一組由反義詞對舉構成的反對。"以同異難"之"異"較難理解。《玉篇》："易，異也。"從文意上看，整理者認爲此處"以同異難"之"異"即"易"，理解爲"變成"是可從的。[①] 從結構上看，"以同異難"

---

① 黄德寬、徐在國：《安徽大學藏戰國竹簡（二）》，中西書局，2022年，第50頁。

之"易"正與下句"以異易易"中第一個"易"相對。

（4）中（仲）尼曰："〔直〕才（哉），史魚！邦又（有）道，女（如）矢；邦亡（無）道，女（如）矢。"（安大簡《仲尼曰》簡2—簡3）

簡文見於《論語·衛靈公》："子曰：'直哉，史魚！邦有道，如矢；邦無道，如矢。'""有""無"反義對舉，説明史魚在國家有道、無道正反兩種情況都是如箭般正直。

（5）中（仲）尼曰："君子之臭（擇）人勞，其用之逸；小人之臭（擇）人逸，其用之勞。"（安大簡《仲尼曰》簡4）

（6）中（仲）尼曰："君子溺於言，少（小）人溺於水。"（安大簡《仲尼曰》簡2）

例（5）不見於今本，"君子"與"小人"、"勞"與"逸"均爲反義對舉。例（6）不見於今本《論語》，但見於《禮記·緇衣》，對應之句作"子曰：'小人溺於水，君子溺於口，大人溺於民，皆在其所褻也。'"但是，未見於郭店簡《緇衣》及上博簡《緇衣》。簡文中的"言"與《禮記·緇衣》中"口"義近。簡文爲同事不同主體的反對，將言語與水相類比，以説明謹言對於君子的重要性，今本則是小人、君子、大人的排比。

"君子"是《論語》中的重要概念，出現了一百零七次。"君子"原是階級地位的體現，在儒家思想中也以道德標準來衡量，是對有才德者的尊稱。儒家從德行角度劃分出"君子"和"小人"這樣一組相對的概念，在《論語》中也常常對舉，簡文中以上兩例都是通過反對説明"君子""小人"在言行上的不同表現和要求。

（7）中（仲）尼曰："古者亞（惡）佻（盜）而弗殺，含（今）者弗亞（惡）而殺之。"（安大簡《仲尼曰》簡7）

（8）中（仲）尼曰："古之學者自爲，含（今）之學〔者〕爲人。"（安大簡《仲尼曰》簡7）

例（7）不見於今本《論語》，但是在《孔叢子》中有引孔子此説。"孔子曰：'民之所以生者，衣食也。上不教民，民匱其生，飢寒切於身而不爲非者，寡矣。故古之於盜，惡之而不殺也。今不先其教，而一殺之，是以罰行而善不反，刑張而罪不省。'"與簡文"古者惡盜而弗殺，今者弗惡而殺之"，所述思想相同，表達更爲詳盡。

例（8）見於《論語·憲問》："子曰：'古之學者爲己，今之學者爲人。'"簡本作"自爲"今本作"爲己"，二者義近而有別。簡本作"自爲"更加强調方式，古時學者學習的方式主要是靠自己，今本作"爲己"更加强調學習的目的，古時學者學習是爲了自己，顔之推在《勉學》中説"古之學者爲己，以補不足也"正是對"古之學者爲己"動因的進一步闡發。下句"今之學者爲人"中"爲人"也是强調目的，這裏主要是通過正反對比强調古今學者學習動因的變化，今本從文意、句式上更優。

（9）仲尼曰："見善女（如）弗及，見不善女（如）襲。菫（僅）以卑（避）戁（難）青（静）尻（居），以成丌（其）志。白（伯）夷、弔（叔）即（齊）死於首易（陽），手足不弅，必夫人之胃（謂）乎？"（安大簡《仲尼曰》簡10—簡11）

該句與《論語·季氏》"孔子曰：'見善如不及，見不善如探湯。吾見其人矣，吾聞其語矣。隱居以求其志，行義以達其道。吾聞其語矣，未見其人也。'齊景公有馬千駟，死之日，民無德而稱焉。伯夷叔齊餓於首陽之下，民到於今稱之，其斯之謂與"所述内容相關，具體表述則多有差異。其中，簡本和今本的"不"和"弗"都是否定副詞，構成反對，説明應當崇善避惡，面對善行應以之爲標杆努力達到，面對惡行則應遠離。

（10）仲尼曰："君子見善以思，見不善以戒。"（安大簡《仲尼曰》簡8）

簡文與《論語·里仁》"子曰：'見賢思齊焉，見不賢而内自省也。'"内容相近。簡本"見善以思"與"見不善以戒"結構相似，通過反義副詞"不"對舉，今本含義相反但是結構上不十分對稱，通過"而"進行轉折。

（11）中（仲）尼曰："於人不信其所貴，而信其所戔（賤）。《寺（詩）》曰：'皮（彼）求我，若不我得。執我仇仇，亦不我力。'"（安大簡《仲尼曰》簡1—簡2）

該句見於《禮記·緇衣》及上博簡《緇衣》、郭店簡《緇衣》。《禮記·緇衣》作"子曰：大人不親其所賢，而信其所賤。民是以親失，而教是以煩。《詩》云：'彼求我則，如不我得。執我仇仇，亦不我力。'""於人不信其所貴"，三種版本《緇衣》均作"大人不親其所賢"。且在此句後，《禮記·緇衣》有"民是以親失，而教是以煩"，郭店簡、上博簡《緇衣》作"教此以失，民此以煩"，也采用了對偶修辭，《緇衣》引文應是在簡文基礎上增益。簡本以"貴""賤"反義對舉，今本以"賢""賤"

對舉，“貴”“賤”相對更加强調地位，“賢”“賤”相對更側重才德。

（12）中（仲）尼曰：“韋（回），女（汝）幸，女（如）有過，人不董（謹）女＝（汝，汝）能自改。賜，女（汝）不幸，女（如）又（有）過，人弗疾也。（安大簡《仲尼曰》簡4—簡5）

簡文以顏回和端木賜對比，孔子認爲顏回如果犯錯，没有其他人謹救也能更改，端木賜則不同，如果有過錯其他人不會指斥。《論語》還有以顏回和端木賜對舉之例，如《公冶長》篇中，“子謂子貢曰：‘女與回也孰愈？’對曰：‘賜也何敢望回？回也聞一知十，賜也聞一以知二。’”端木賜認爲自己是遠不能和顏回相比的，也側面印證顏回善於思考、自省。

（13）中（仲）尼曰：“仁而不惠於我，吾不謹其仁。不仁＜而＞不惠於我，吾不董（謹）其不仁。”（安大簡《仲尼曰》簡12）

（14）中（仲）尼曰：“務言而進（惰）行，唯（雖）言不聽；務行發（伐）功，唯（雖）勞不昏（聞）。”（安大簡《仲尼曰》簡12—簡13）

例（13）與例（14）均不見於傳世文獻。例（13）以“仁而惠於我”以及“仁而不惠於我”兩種相反的情況對比。例（14）與《墨子·修身》“務言而緩行，雖辯必不聽；多力而伐功，雖勞必不圖”句式及含義都非常相近，安大簡整理者認爲“《修身》這段文字，大概襲用此條簡文”①。這符合《淮南子·要略》中所説“墨子學儒者之業，受孔子之術”，簡文也爲我們了解儒墨家兩大顯學思想的關係提供了豐富的材料。

（三）對偶修辭的綜合運用

還有一些句子的對偶關係比較複雜，在一些句子中兼有正對和反對，既有句間對偶也有句中對偶的複雜現象。

（15）a.仲尼曰：“一簞食，一勺漿，人不勝其憂，已不勝其樂，吾不如韋（回）也。”（安大簡《仲尼曰》簡10）

b.孔子曰：“一簞食，一勺漿，人不勝其　不勝其樂，吾不女（如）韋（回）也。”（王家嘴《孔子曰》簡423+簡516）

該句異文較多，見於《論語·雍也》：“子曰：‘賢哉，回也！一簞食，一瓢

---

① 黄德寬、徐在國主編：《安徽大學藏戰國竹簡（二）》，第51頁。

飲，在陋巷，人不堪其憂，回也不改其樂。賢哉，回也！’”簡文無後一處“賢哉回也”，今本“一簞食，一瓢飲”簡文作“一簞食，一勺漿”，與王家咀《孔子曰》同，屬於結構相同、含義相關的正對。《説文》：“漿，酢漿也。”“飲”與“漿”都是飲品，“飲”則是泛稱，“漿”是一種釀製的略帶酸味的飲料，更爲具體。

“人不勝其憂，己不勝其樂”今本作“人不堪其憂，回也不改其樂”。《爾雅·釋詁》：“堪，勝也。”“勝”“堪”均有勝任、承受之義，爲同義換用。簡本與今本都是將顏回與其他人在“一簞食，一瓢飲”這樣簡陋環境下的表現進行對比，説明二者對待這一現狀的不同態度，突出顏回之賢。“人不勝”與“己不勝”相對，今本“人不堪其憂”與“回也不改其樂”在意義上也是相反的，簡本較今本的對偶更爲工整。該句同時運用了正對和反對。

（16）中（仲）尼曰：“芊（華）蘪（繁）而實厚，天；言多而行不足，人。”（安大簡《仲尼曰》簡1）

該段簡文内容又見於《大戴禮記·曾子疾病》：“曾子曰：‘夫華繁而實寡者，天也；言多而行寡者，人也。’”《説苑·敬慎》記“曾子曰”作：“夫華多實少者，天也；言多行少者，人也。”簡文可知曾子的這一觀念當本於孔子，《大戴禮記》及《説苑》都以該句爲曾子語，非是，應該是曾子引孔子之語。

簡本和今本用詞的不同還影響到了對偶修辭的類型。簡本“實厚”，《大戴禮記》及《説苑》都作“實寡”。《大戴禮記》注：“天生樹木，凡開花多必成實少，以豐乎此則嗇於彼，猶人之巧言者必鮮仁矣也。”徐在國、顧王樂指出：“對比可知《大戴禮記·曾子疾病》‘夫華繁而實寡者，天也’之‘寡者’或爲後人承下‘寡者’而妄改。”[1] 從文義來看，這裏用“天”和“人”，分別對兩個主體進行對比，“枝繁葉茂”是自然規律，而爲人則應少言多行，《論語·憲問》説“君子恥其言而過其行”，簡文也多處提及應當慎言。

簡本“行不足”，在《大戴禮記》中作“行寡”，今本句式雖然更加符合對偶的特點，但是古人也十分講究用詞的多樣性即“避復”，今本上文中的“實寡”，可能是抄者涉下文而改。

該句既有句間對如“華繁”對“言多”、“天”對“人”，也有分句中的短語對偶，如“華繁”與“實厚”、“言多”與“行不足”也是對偶。

---

[1] 徐在國、顧王樂：《安徽大學藏戰國竹簡〈仲尼〉篇初探》，第77頁。

二、從安大簡《仲尼曰》看先秦對偶修辭特點

修辭伴隨語言産生，"有了語言，就必然要使用修辭技巧"①。先秦兩漢是修辭發展的萌芽期，通過安大簡《仲尼曰》，我們可以窺見這一時期對偶修辭使用的一些特點。

一是對偶修辭在先秦已有用例并逐步發展。由上文所舉 16 例可以看出，對偶在《仲尼曰》中使用的廣泛性。不過在先秦典籍中，對偶修辭的使用還并不算豐富，《仲尼曰》中如此顯著的對偶修辭的用例，與其語録體的性質也有密切聯繫。孔子強調"文質彬彬"，修辭的使用是爲思想表達而服務的，對偶這種既簡潔又富有韵律感的修辭手法非常適合在日常言語交際中使用。到了漢代，辭賦的興盛又進一步豐富了對偶修辭的用例，而先秦時期對偶修辭的使用爲之奠定了基礎。

二是對偶的要求由寬泛到嚴格。這一時期，不僅對偶修辭使用數量還相對較少，且對於對偶成分的要求尚不嚴格。如在《仲尼曰》的對偶修辭中重複的成分多有出現，比如"十手指汝"與"十目視汝"，兩個對偶成分中都有"十"與"汝"，在嚴格的對偶中是需要"避複"的。從先秦到魏晋，對偶修辭的使用不僅愈加廣泛，而且經歷了由寬到嚴的發展過程。相較於詩詞中的對偶，日常言語交際中的對偶要求也相對寬鬆，《仲尼曰》作爲語録體文獻，其對對偶修辭的要求相較詩賦而言又更爲寬泛。

三是形式的工整性。王力先生指出："中國古典文論中談到的語言形式美，主要是兩件事：第一是對偶，第二是聲律。"② 對偶修辭中的兩個成分字數相等、詞性相同，這種形式的均衡、工整有利於加深聽者的記憶。同時，對偶修辭不僅形式工整，韵律又非常和諧。在《仲尼曰》的對偶成分中，多用三字格、四字格對仗，如"一簞食，一勺漿""十手指汝，十目視汝"等，韵律簡潔而含義豐富。古漢語中這種以單音詞爲主的特點，有助於對偶形式的推廣，通過形式工整、韵律和諧的對偶修辭手法，能够達到"記憶匪淺，諷誦易熟"③ 的效果。王希傑認爲"對偶"是漢語達到均衡美的途徑之一④，我們認爲"均衡"也是"對偶"修辭的重要特徵之一。

---

① 袁暉、宗廷虎主編：《漢語修辭學史》，安徽教育出版社，1990 年，第 9 頁。
② 王力：《中國古典文論中談到的語言形式美》，《文藝報》1962 年第 2 期，第 25 頁。
③ 鄭遠漢：《修辭風格研究》，商務印書館，2004 年。
④ 王希傑：《漢語修辭學》，北京語言出版社，1983 年，第 197—203 頁。

三、安大簡《仲尼曰》體現的儒家修辭思想

先秦時期百家爭鳴，要更好地表達觀點、宣揚思想也必須要重視修辭技巧，其中又以孔子爲代表的儒家修辭思想影響最爲深遠。"修辭立其誠"是孔子關於修辭的重要論斷，也可以説是整個修辭學的總要求。此外，孔子提出的諸如"辭達而已矣""文質彬彬""情欲信，辭欲巧"等諸多修辭理論，至今影響深遠，而孔子的相關言論則是其修辭思想的具體實踐，《仲尼曰》中的修辭使用便是爲更好地表達思想服務的。

池昌海認爲"孔子有關修辭活動的思想是相當豐富且自成系統的"①，總結孔子言論中體現的修辭思想，可以發現孔子是強調修辭應當是爲内容而服務的。安大簡《仲尼曰》以及類似的《論語》類文獻中對偶修辭的廣泛運用，不僅因爲在對話交際中，對偶修辭既精煉又容易引起交際對象的重視、便於識記，同時，也能很好傳達"仁""慎獨"等重要的儒家思想。

（一）對偶修辭中所體現的辯證觀

關於對偶修辭的産生，劉勰《文心雕龍》中認爲"夫心生文辭，運裁百慮，高下相須，自然成對"，作者心有所感，事物有高下長短相互依存的辯證關係，故而成對。范文瀾則進一步將對偶修辭的成因歸納爲聯想的産生、記憶的需要、論證的適當、韵律的平整等。②

"對偶"修辭從内容上關聯了含義相近、相關或相反的兩個方面，楊鴻儒指出："對偶的作用主要是，可以更加鮮明突出地揭示事物的内在聯繫，反映其對立統一的辯證關係。"③

簡文中反對的用例非常豐富，劉勰《文心雕龍·麗辭》中也認爲"正對爲優，反對爲劣"。通過反義對偶辯證地闡釋觀點，體現出事物兩面性，聽者也很容易理解孔子所支持、贊成的一方。

如"君子""小人"這樣一組儒家思想中常提及對立的概念④，在簡文中也有兩處。例（5）、例（6）通過反對論及了"君子""小人"在選人、言語方面的不同，可

① 池昌海：《先秦儒家修辭要論》，中華書局，2012 年，第 4 頁。
② 范文瀾：《文心雕龍注》，人民文學出版社，1958 年，第 590 頁。
③ 楊鴻儒：《當代中國修辭學》，中國世界語出版社，1997 年，第 394 頁。
④ 據黎紅雷統計在《論語》中君子、小人同時對舉的便有 19 例，參看黎紅雷：《"位"與"德"之間：從〈周易·解卦〉看孔子"君子小人"説的糾結》，《孔子研究》2012 年第 1 期，第 10—19 頁。

以明顯看出孔子是支持君子的處理方式和態度的。還有一處例（10）通過反對修辭，提及了"君子"面對"善"和"不善"的不同處理方式。

簡文中還有"古""今"對比，面對禮崩樂壞的時代，孔子提倡恢復周禮，因此常將古、今進行對比。孔子"信而好古"，推崇西周制度與文化，簡文中有兩處"古""今"的對比，例（8）見於今本，指出古、今學者動機的不同，古時學者是"爲己"，是爲"以補不足"，孔子更贊成古代學者這種純粹的學習動機。另一則例（7）則不見於今本，對比古今對於爲"盜"處理方式的區別，結合《孔叢子·刑論》所說"今不先其教，而一殺之"，孔子提倡"聞過則喜"，因此反對這種不加教誨的懲戒方式。

（二）"慎言""慎獨"的言行觀

"言行，君子之樞機"，儒家認爲言談與人的品行關係密切，儒家對於君子言行的要求強調"慎言""慎行"。

"謹""慎"是孔子對於言行的重要要求①，如例（6）中孔子說"君子溺於言，小人溺於水"，通過"君子""小人"的對比體現出日常言語對道德品質的反映，同時，將"言"與"水"類比，說明語言如水般，如果不慎是可以導致"沉溺"的嚴重後果，更容易讓聽者理解"慎言"的重要。孔子說"未聞多言而仁者"（《仲尼曰》簡3），孔子認爲"仁者"是不會多言的，"慎言"也是"仁"的具體要求之一。

關於"言""行"的關係，簡文說"言多行不足，人也"（《仲尼曰》簡1），認爲重言輕行，是人們存在的普遍問題。因此，孔子認爲對一個人的判斷應"聽其言而觀其行"，強調言行一致，簡文所說的"務言而惰行，雖言不聽"（《仲尼曰》簡12—簡13）正與此相應。

（三）"仁"等核心思想

"仁"是儒家思想的核心觀念，在簡文中就有四處提到了"仁"。一則是上文中在談到孔子的言行觀時已經提及的"未聞多言而仁者"。二則是例（2）中所說的"去身（仁），惡乎成名"，強調仁德對於君子的重要性。三則例（13）中"仁而不惠於我，吾不謹其仁"，樂愛國認爲《論語·里仁》中的"君子懷德，小人懷土"與該句一

---

① 武克忠將孔子的"言"的要求概括爲"謹""慎""信"。（武克忠：《論孔子的言、行觀》，《齊魯學刊》1998年第3期，第11—15頁。）

樣都是强調"仁"與"惠於我"之間的聯繫。[①]

此外，簡文中還有一些不見於《論語》，但是見於《禮記》《孟子》等相關儒家典籍的内容，實則是源於孔子語録，能够體現孔子思想。如例（16）在《大戴禮記·曾子疾病》中記載是曾子所説，通過簡文可知當是本於孔子，李鋭認爲可以從中看出"曾子多引述孔子之言，屬於繼承的關係"[②]。如例（6）、例（10）見於《禮記·緇衣》，例（14）所述也與《墨子》相關内容相近，使我們能够我們更深入了解以孔子爲代表的儒家思想體系的演變。

結　語

《論語》於先秦成書，兩漢逐漸定型，安大簡《仲尼曰》、王家咀《孔子曰》及西漢海昏墓出土的《論語》等出土文献材料都對《論語》的研究有着重要的價值。雖然這一時期對修辭理論探索不足，但是從中我們可以看到在先秦時期"對偶"修辭已有非常豐富的實踐用例。

安大簡《仲尼曰》記載的是孔子的日常語録，對偶是非常適宜在日常交際中使用的，簡練而緊凑的一種表現手法。安大簡《仲尼曰》中對偶修辭使用的數量豐富，語義關係複雜，基本涵蓋了對偶修辭的主要類型、體現了上古漢語對偶修辭使用特點。"在交際活動中，人們運用語言，總不會是消極的，總是有意或無意地在追求最佳表達效果的"[③]，其本質目的是通過對偶修辭以體現以孔子爲代表的儒家思想。

安大簡《仲尼曰》中的對偶修辭，有一些不見於今本《論語》，不僅是對今本《論語》内容有益的補充，也爲我們更全面了解對偶修辭在先秦時期的使用情况提供了寶貴材料。

---

① 樂愛國：《朱熹對〈論語〉"小人懷惠"的解讀及其問題——從"安大簡"〈仲尼曰〉"仁而不惠於我，吾不謹其仁"看》，《中國哲學史》2023 年第 1 期，第 286 頁。

② 李鋭：《安大簡〈仲尼之耑語〉的思想史價值》，《中國史研究動態》，2023 年第 3 期，第 79 頁。

③ 王希傑：《漢語修辭學》，第 6 頁。

烏程漢簡新見文字詞彙現象舉例

陳夢兮

（湘潭大學文學與新聞學院）

2022年10月出版的《烏程漢簡》公布湖州發現的漢代木簡材料三百餘枚，含紀年簡、公務簡、信牘、抄書簡、醫藥簡、習字簡、遣册、道教符箓等，年代自西漢初期至東漢晚期，是研究浙江地區該時段文字書寫狀況寶貴的材料。《烏程漢簡》中有一些新的語言文字現象，如曹錦炎師在《概述》中提及"徒山伐錢五千"指付予徒衆山伐之工錢可佐證《漢書》及顔注，計布的長度單位用"端"等等。除此之外其他學者也指出一些新現象，如姚磊指出烏程漢簡是"媽"作爲母親義出現的最早材料。①唐强據簡180的"信"寫作从言、千聲，指出烏程漢簡保留楚文字的寫法。②本文也列舉和分析了一些烏程漢簡中的新字形或新用法，不正之處敬請方家批評。

一、稽

烏程漢簡中出現"稽"的形體可分爲三類（見表1）。

表1　烏程漢簡"稽"字

稽	A右下爲"自"形	
	B右下爲"目"形，左部从"禾"	
	C草書	

---

① 姚磊：《讀〈烏程漢簡〉札記（一）》，簡帛網，2022年10月25日，http://www.bsm.org.cn/？hanjian/8821.html。

② 唐强：《〈烏程漢簡〉讀札》，簡帛網，2022年12月12日，http://www.bsm.org.cn/？hanjian/8872.html。

有關“稽”字的研究，裘先生指出郭店簡《五行》中的▨可能是“稽”的異體，劉釗先生肯定了這種説法并且梳理了“稽”字形源流：从禾从又→从禾从又、旨聲→从禾从又或攴、旨聲（或省作甘）→从禾从尤、旨聲。同時指出《説文》裏的“穧”字左部和右上部就是“稽”，是从禾从攴的“稽”增加了“只”聲；“秱”是从禾从又增加“句”聲的字；增加卓聲、旮聲也都分别成字。[①]

章太炎《説稽》提到：1.古書旨、只相通；2.穧，或作枳棋，或作枳句，或作枝拘。據以上認爲《説文》所收“穧”“稽”兩字實爲同一個字，且有曲義。[②]

隨着公布的出土文字材料的增多，所見的“稽”的字形也日益豐富。該字右下原來的“旨”形有省作甘，也有作目、貝。

表 2　秦漢“稽”的異寫

旨	睝 睡虎地《为吏》1　稽 馬王堆《老甲》61.9　稽 北大《妄稽》Z2.2		
甘	稽 馬王堆《昭》2.27　稽 馬王堆《十六經》24		
目	稽 居延新簡 EPF22:64A　稽 肩水 73EJD38D306A		
貝	稽 肩水 T3138T310690　稽 五一广场 1853		

而烏程漢簡“稽”字右下角確實已經變爲了“自”，而非“旨”。如：▨（烏程漢簡 9C）。

烏程漢簡中的“稽”右下“自”形即“旨”的聲化形變（稽：見母脂部；自：從母脂部），“旨”的“匕”形右部封口即變爲“自”。“旨”可以變爲“自”形又見於“指”：▨（五一廣場 1351），“手指”的“指”作上形。

烏程漢簡“稽”右下部“旨”形訛爲了“自”，這種“稽”爲漢簡首見。《文心雕龍》“潘岳敏給，辭自和暢”，“辭自”不通。清代黄叔琳《文心雕龍輯注》：“疑作旨。”“辭旨”意爲文辭表達出來的含義，見《漢書·元后傳》：“其辭指甚哀，

① 劉釗：《“稽”字考論》，《古文字考釋叢稿》，嶽麓書社，2005 年，第 351—359 頁。
② 章太炎：《章太炎文録初編》，上海人民出版社，2022 年，第 28—29 頁。

太后聞之爲垂涕，不御食。"又見《後漢書·郅壽傳》："壽以府臧空虛，軍旅未休，遂因朝會譏刺憲等，屬音正色，辭旨甚切。""辭自"是古書"旨"訛爲"自"例。

結合烏程漢簡"稽"新見右下"自"形與原來已見的右下"貝"形，可反觀另一個"眉"的訛變軌迹：《説文》收"眉"字，《集韵》收從貝的"𧡙"作爲"眉"的異體。段玉裁指出"眉"先訛爲"𥆞"："眉俗訛𥆞，又訛𧡙。"也是"自"旁訛作"貝"旁。

二、"兩"與"再"

烏程漢簡 144 "兩端"的"兩"作：

簡 174 "再拜"的"再"字作：

"兩"形有類似形體曾見於其他簡牘材料，且有與"丙""㒼"的混同。黄艷萍指出肩水金關漢簡中的"兩"與"丙"形近。尤其是"兩"作𠕋，就與𠕋訛爲同一字形了。[①] 漢代的"兩"也受"㒼"形類化影响（見表 3）[②]。

而"再"的情况要簡單一些，字形下部兩横或穿、或不穿，但已有字形未見上部出頭者（見表 4）。

表 3　秦漢"兩"的異寫

| 兩 | A | 𠕋 里耶 8-1673　　𠕋 馬王堆《十》34　　𠕋 北大《老》125　　𠕋 敦煌馬圈灣 1185 |
| | B | 𠕋 里耶 8-254　　𠕋 武威 77　　𠕋 額濟納 99ES17SH1:2 |

---

① 黄艷萍：《〈肩水金關漢簡〉（一——四）異體字研究》，華東師範大學博士學位論文，2016 年，第 267 頁。

② 如表 3D、E 兩種"兩"是受"㒼"左部字形類化，如𠕋（肩 73EJT6:134）、𠕋（敦 190），《漢簡草字整理與研究》，第 478 頁。

續　表

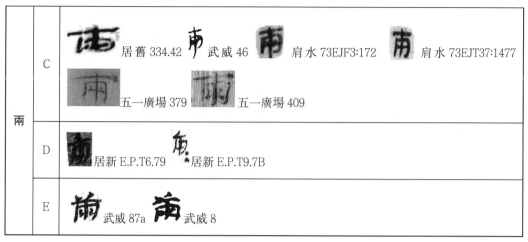

表 4　秦漢 "再" 的異寫

再	A	里耶 9-1490　　敦煌馬圈灣 910
	B	居新 E.P.T40.8　　武威 51

　　此處烏程漢簡 "兩" 下部多一飾筆屬首見。"再" 形出頭也僅見於此。由是二形趨同。《説文》: "兩, 再也。" 以 "再" 釋 "兩"。

　　《説文》有時選用形近字進行説解, 如 "歲, 木星也, 越歷二十八宿" "及, 逮也"。"兩" 與 "再" 詞義差距大, 語義上 "兩" 強調對稱或對立, "再" 強調先後順序①。高誘 "兩, 雙也" 是更符合實際的訓釋。因此不排除《説文》以 "再" 釋 "兩" 將形近因素納入釋字考慮。

三、烏

　　烏程漢簡中出現了兩類 "烏" (見表 5)。

---

① 張静静:《上古漢語 "二、兩、雙、再" 用法再考察》,《中國文字研究》第 8 輯, 2007 年, 第 256—261 頁。

表5　烏程漢簡中的"烏"字

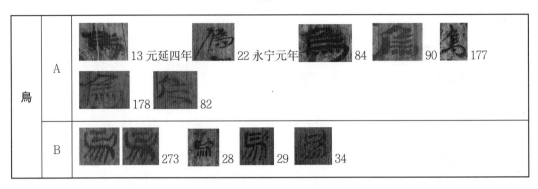

A型有一些帶有紀年，出自紀年簡、公文簡、書信簡。B型出自公文簡、習字簡。其中B型與常見的"烏"并不相同。與之相近的字見北大漢簡《蒼頡篇》，其"隝"字作▉，蘇建洲先生就指出右部"烏"的頭部形體比較特殊，與一般秦漢"烏"形不類，這種"烏"帶有西周金文的字形特徵，并且指出《蒼頡篇》的"烏"上部結合了"口"和"爪"形。

（1）　

（2）　（何尊）　（叔趯父卣）　（禹鼎）①

這種"口＋爪"形的寫法在馬王堆中可以看出漢初是與其他形體的"烏"并行無别的，《養生方》中"烏喙"的"烏"有不同寫法：

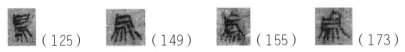

後來没有"口"形的"烏"流行：

（武威6）　（肩水73EJT37:1091）

烏程漢簡A型就是此類。而B型的時代可能與馬王堆帛書和北大簡《蒼頡篇》時代相近。

---

① 見蘇建洲：《北大簡〈蒼頡篇〉釋文及注釋補正》，《出土文獻與傳世典籍的詮釋》，中西書局，2019年，第203—2017頁。

四、穆

烏程漢簡 257 有字作：

整理者隸定爲"穆"。這種字形的"穆"爲首見，漢代常見的"穆"寫作：

（北大《倉》5） 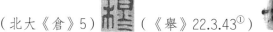（《舉》22.3.43[①]） （五一廣場 2453）

　　烏程漢簡"穆"中間部分形變爲"不"。常見的"不"作 （敦 1751）、（肩水 73EJT4：44A）。"不"可能有標音的作用，穆是明母覺部，不是幫母之部。張家山《引書》116 "腹背"寫作"朏背，朏是明母之部，腹是幫母覺部，通轉條件相近。

五、累

　　"累"在烏程漢簡多次出現，字形、辭例爲：

：三月中當還歸，以室無人，累 =。（175）

：當自往，且以累女（汝），二人自還可。（176）

：置自中履，蓋屬累宋家及曹。（180）

：莫不面慚，累累，何可深道前。（187）

：身鄙，久爲憂累。（188）

：累 =，謝夫人。（191）

---

① 李鵬飛：《漢印文字資料整理與相關問題研究》，安徽大學博士學位論文，2017 年，第 622 頁。

：前日倉促，自知。累＝無已，叩＝頭＝。（203）

：柏憂爲累。（238）

：貴賤聽隨左右，以累累。（241）

：累累相與□（244）

其中簡175、176字形上部从白。漢代的"累"已見四種寫法，上部没有从白的：

累： （肩水 73EJT21:38） （居舊 82.11） （古封泥集成 1850）

累： （居延查科爾帖 72ECC18） （肩水 73EJT23:359）

絫： （地灣 86EDT5H:243+226①）

累： （敦煌馬圈灣 943）

但漢簡中有"日"旁訛爲"白"旁的，如五一廣場東漢簡116"景"字寫作 ，日形訛作白形；再如五一廣場東漢簡 569 的"争"字作 ，上部爪形訛作日形後進而訛作白。烏程漢簡這種从白的"累"應該也是這類繁增筆畫造成的訛誤，爲"累"首見。

除字形之外，烏程漢簡中"累"也有新見用法。"累"本義是堆積、重叠，已見用短語"憂累"：

苟當事宜，此所謂權也，外則不澹，飢餓并至，且爲憂累。（敦煌馬圈灣171）

---

① 原釋作"累"，孫占宇改釋"絫"，并指出《説文》中"累""絫"爲二字，在隸書早期，此二字是并行不偏的。見孫占宇：《〈地灣漢簡〉研讀札記（三）》，簡帛網，2018 年 6 月 1 日，http：//www.bsm.org.cn/？hanjian/7882.html。

身鄙，久爲憂累。（烏程漢簡 188）

柏憂爲累。（烏程漢簡 238）

這種"累"漢代常和"重""層"相關聯。西漢焦延壽《易林》"凶重忧累，身受誅罪，神不能解"，"重"與"累"意義相近。《楚辭·招魂》："層臺累榭，臨高山些。"王逸注："層、累，皆重也。"《詩經·無將大車》"無思百憂，祇自重兮"，鄭玄箋："重，猶累也。""適自作憂累，故悔之。"可見東漢時期"憂累"是個常用詞，且"累"訓"重"，"憂累"是加重憂慮。

"累"也有勞煩義，如：

當自往，且以累女（汝），二人自還可。（烏程漢簡 176）

置自中履，蓋屬累宋家及曹。（烏程漢簡 180）

先日，數累左右，毋它。（肩水金關 73EJT23:359）

故用家室累中叔中夫……（肩水金關 73EJT24:339）

何令累君孟。（敦煌馬圈灣 715A）

地灣漢簡 86EDT7:1A 有"顧札記告，令知之：二卿當何時來北？諸事長，毋累郵書，將爲見。且自憐，慎出入"。"毋累郵書"意思比較清楚，就是不勞書信。

肩水金關漢簡《張宣與稚萬書》中有"請少偷伏前，因言，累以所市物，謹使使再拜受"，劉樂賢解釋爲"請允許我病情稍好以後俯伏於您跟前請安"，"煩累您所購買的物品，謹派專人前來領取"。[1] 這樣解釋無疑是正確的。"累以所市物"中的"累"，實際上是表達"勞煩您"的意思。

烏程漢簡多次出現"累累"連用：

三月中當還歸，以室無人，累＝。（175）

莫不面慚，累＝，何可深道。（187）[2]

累＝，謝夫人。（191）

---

① 劉樂賢：《讀肩水金關漢簡〈張宣與稚萬書〉》，《出土文獻研究》第 17 輯，中西書局，2018 年，第 302 頁。

② 此處斷句與整理者不同，"何可深道"似乎意思完整，就是"怎麼表達纔能足夠呢"，疑"深道"類似"深表"。

　　前日倉促，自知。累＝無已，叩＝頭＝。（203）①

　　貴賤聽隨左右，以累＝。（241）

　　累＝相與□（244）

　　在此之前，東牌樓東漢簡63有"……得累累復遣"，也是出自書信簡。楊芬據古注認爲這個"累累"是不絕的樣子。②但該段缺損嚴重，前後文不明，并不能確詁。烏程漢簡所出大量"累累"用法，可補闕疑。傳世文獻"累累"有層叠、多次、不絕義，也有羸憊義。兩個意思代入烏程漢簡的6處"累累"都不通。本文認爲，這種書寫中的"累累"是"勞煩勞煩"或"勞煩您"的意思。

　　簡191"□□還，宜以錢付之。累累，謝夫人"，前文在委托之後，表示"勞煩勞煩"。簡203"前日倉促，自知。累＝無已，叩＝頭＝……謹因往人（送信人）必令之持"，也是托人拿取，"累累無已"可理解爲"勞煩勞煩，勞煩勞煩……"。簡241"前日所□且之，貴賤聽隨左右，以累＝"，左右是指對方，雖不知所托爲何事，但也可以理解"累累"有"麻煩您了"的意思。簡187"自有□書否？取錢□時，欲復過□□□□□莫不面慚，累＝，何可深道"，提到書信索錢。"面慚"是漢時常用詞，《説文·赤部》"赧，面慚而赤也"，《爾雅》"面慚曰赧"，因羞愧而臉紅的意思。"累累，何可深道"還是可以理解爲"麻煩您了，怎麼表達都不够"。簡175"三月中當還歸，以室無人，累＝"，李善注《文選》引西晋崔豹《古今注》"空室無人行，則生苔蘚"，家室空着無人行走，地上就會長苔蘚。這裏可能是麻煩對方照顧家中環境。

六、嫣

　　烏程漢簡多次出現"嫣"。字形與辭例如下：

176：周公嫣多問。　　176：出門未謝張嫣。

175：孫公嫣

 187：前日未復，待面善嫣。

 196：不侍善嫣。①

 236 "嫣" 上字殘，辭例未知

姚磊先生有專文討論該字，認爲此 "嫣" 即 "母"，二字并行，但 "嫣" 尚未取代 "母"。②

《説文》没有 "嫣" 字。《集韻》《類篇》都引《廣韻》"嫣，母也"，但今本《廣韻》并無此條。王念孫認爲是今本《廣韻》脱文。因此傳世字書有 "嫣" 是很晚的事。

烏程漢簡所見爲最早之 "嫣" 字。簡 176 講到寫信者出行前没有來得及辭謝 "張嫣"，自己長久以來 "無有親人，已有汝（指周公嫣）與續母"。這個 "嫣" 不等於 "母"，可能是另一種女性身份之稱。而且據學者文獻統計 "嫣" 表示母親義最早只見於宋代。③ 洪成玉根據《説文》中没有 "嫣"，推測該字 "可能産生於魏晋時期或稍後"④。

"善嫣" 出現兩次，恐并不是誤字。

《漢書》中有 "王媪武負"，魏如淳注："武，姓也。俗謂老大母爲阿負。" 顔師古注："古語謂老母爲負。王媪，王家之媪也。武負，武家之母也。"《世説新語·任誕》："裴成公婦，王戎女。" "裴成公婦" 即裴成公的夫人。《世説新語·賞譽》："蕭中郎，孫丞公婦父。" "孫丞公婦" 即孫丞公的夫人。"武負（婦）" "裴成公婦" "孫丞公婦" 跟 "張嫣" "周公嫣" "孫公嫣" 結構很像。且古書中有 "善婦" 一詞，《戰國策·秦策》："出婦嫁於鄉里者，善婦也。" 因此疑烏程漢簡的 "嫣" 意義相當於 "婦"。

音理上看，"母" "姆" "姆" "姥" 存在聯繫。《説文》收 "姆"："姆，

① 整理者讀爲 "不侍膳焉"。
② 姚磊：《讀〈烏程漢簡〉札記（一）》，簡帛網，2022 年 10 月 25 日，http：//www.bsm.org.cn/？hanjian/8821.html。
③ 吴寶安：《西漢核心詞研究》，巴蜀書社，2011 年，第 177 頁。
④ 洪成玉：《古漢語常用同義詞疏證》，商務印書館，2018 年，第 51 頁。

女師也。讀若母。"段玉裁指出《字林》和《禮記音義》作"姆"，《左傳》《禮記》都有"姆"，是女師的意思。六朝時期墓志中也有"姆"字，一是用作女師義，二是用作夫之母親，如"辭親內傅，侍姆中闈"。另外，《玉篇》有"姥，老母也"，是老婦的意思；《搜神記》裏"老姥"與"老叟"對言，也可證當時"姥"是老婦的意思。六朝墓志中也有"姥"，義爲丈夫的母親，如"公姥男女眷屬"。①《史記索隱》中有"馬，音姥"，是"姥""馬"音近。

結合烏程漢簡書信文意，與母親相提并論，感覺是有親屬關係的女性。"張媽""孫公媽""周公媽""善媽"的"媽"如果不是母親義，那也不太可能是女師或夫之母親義。相較之下，"媽"讀爲"姥"，義爲"婦"的可能性大一些。

七、鹽

烏程漢簡 134 正、反面的"鹽"：

簡 111 正反面的"鹽"：

"鹵"形之上有一些變異。漢代常見的"鹽"字形作：

（馬王堆《合》25.6）　　（張家山《奏讞書》181）

比較可知，烏程漢簡的"鹽"右上角變爲了 形。漢代 形常來源於"爪"，從五一廣場東漢簡中還能看到一種从牛和 來源的 。

表 6　東漢文字構件 的來源

來源於爪	居延新簡 EPT51.151B	五一廣場 36
	肩水 73EJT7:1	五一廣場 1792

① 釋義和引文都見於毛遠明：《漢魏六朝碑刻異體字典》，中華書局，2014 年，第 630 頁。

續　表

來源於牛	 肩水 73EJT24:73	五一廣場 545
來源於 ↙	尹灣 116	五一廣場 5

烏程漢簡的"鹽"右上部也是由 ↙ 變來的，爲這種類化演變增加一例。

漢代銅鏡銘文有"浮"字作 者，焦英傑認爲是 （游）形的類化。[1]"游"還有省略汆的字形，作 （敦煌馬圈灣 137）、 （敦煌馬圈灣 1169），字形與 完全一樣。這種同義連用的詞字形趨同的類化可能是存在的。不過從另一個角度看，"浮"字 右上的爪形，也有可能與 ↙ 形直接建立聯繫。

八、觚

烏程漢簡 260 有"急就奇觚"，四字作：

前兩字稍微有些形變，最後一字比較難與"觚"對應上。左部不從角，右部也不從瓜。這其中右邊可以看出是"瓜"多出一畫。

瓜旁： （敦煌 838A）  （居新 ESC.48）

字形變化推測：  →

而"觚"左邊形體似乎與"角"沒有關聯，但"自 + 人"形也可理解爲"角"形的錯誤拆分。

---

① 焦英傑：《兩漢銅鏡銘文異體字研究》，吉林大學博士學位論文，2021 年，第 124 頁。

表7　漢簡中从角的字字形對比

烏程漢簡"觚"	敦煌漢簡"解"	肩金漢簡"解"	肩金漢簡"鮑"①	肩金漢簡"觖"

肩水金關"觖"的寫法已經可以看出"角"形有脫落之勢，存在剝離的可能。漢字這個時期確實存在對獨體字或獨體偏旁進行錯誤拆解的情況，比如"朋""佳""府""侯"：

朋：（馬王堆《周》44.28）→ 朋（肩金 73EJF3:511）

唯：（居新 EPT48.34A）　→　（居舊 340.35A）

府：（居舊 276.16）　→　（東牌樓 8.2）

侯：（馬王堆《戰》149·15）→（東牌樓 32B.1）（東漢銅鏡②）

疑烏程漢簡中"觳"和"伬"也是屬於這種情況：

觳：（肩水 73EJT6:14A）→　（烏程漢簡 180）

伬：（馬王堆《氣》6.289）→　（東牌樓 6.3）→　（烏程漢簡 180）

"兵"割裂出"人"旁的形式，也有反向變化的"俱"：

（居延新簡 EPF22.12）　→　（東牌樓 5.7）

所以烏程漢簡的"觚"的"角"旁寫作　，也有可能是字形拆分。

---

① 李洪財指出漢簡中"魚""角"常混，如鮮、鮑都从角作。見《漢簡草字整理與研究》，吉林大學博士學位論文，2014年，第109頁。

② 焦英傑：《兩漢銅鏡銘文異體字研究》，吉林大學博士學位論文，2021年，第226頁。

九、舜

烏程漢簡 255 有"堯、舜、禹、湯"，其中的"舜"字作：

（正）　（反）

字形與常見的"舜"形有差異。漢簡中常見的"舜"形作：

（馬王堆《問》42.5）　（肩水金關 73EJT25:72）

以上與烏程漢簡"舜"字顯然有隔。但也見"舛"左部"夂"拖拽延長：

（居延新簡 E.P.T5:191）　（肩水金關 73EJT10:103）

不過烏程漢簡的"舜"所從"舛"左部擠占正下方空間，導致右部縮小、上挪。同樣从"舛"的"舞"也有相同變化，作（五一廣場 761）。這種左部拖拽的字形應該是受單"夂"部字類化的影響，如夏作（敦煌 1819）。

文獻的使用要注意資料的時代

——以"欺騙"義詞"騙"的始見書證爲例

楊奉聯

（中國計量大學）

一、始見書證問題

漢語語言文字研究需要兩大支點：一是資料，二是方法。其中資料發揮着基礎性作用。結論的可靠性依托於資料的可靠性。日本學者太田辰夫在《中國語歷史文法》的跋文中（2003：374）將漢語史研究資料分爲"同時資料"和"後時資料"，前者是指內容和載體同時產生的資料，後者是載體晚於內容的資料。黃德寬（2018）提出警惕"新材料陷阱"的觀點，認爲：不同時期和類型的出土文獻，其語料價值也是有差別的，"出土文獻"并非都相當於"同時資料"，有些出土文獻屬於極爲珍貴的"同時資料"，如甲骨文、兩周金文以及戰國秦漢時期的遣策、簿籍、文書、檔案等應用型文獻材料；有些出土文獻只能算作後時資料，如各類秦漢簡帛書籍佚文，其傳抄情況很難梳理清楚。始見書證也存在載體和內容不同步的情況。不僅僅是用後時的載體承載早期的內容，更存在用早期的載體承載後時內容的情況。

《語言科學》2020 年第 1 期刊載了霍帆《"欺騙之騙"語源考辨——兼談元代文獻中的"騙馬"一詞》（以下簡稱霍文），霍文認爲"騙"的早期詞義爲"逼迫"而非"欺詐"，逼迫義的"騙"常使用在"V+O1+O2"結構中（O1 爲受騙者，O2 爲受騙者的財物），其中"騙"作爲二價動詞應當理解爲"逼取、勒索"。讀後給人很大啓發，特別是《名公書判清明集》中的書證，對於研究"騙"的早期使用情況有非常重要的意義。但霍文在資料使用上却有一些值得商榷的地方。在探討"騙"的始見年代時，霍文引用了敦煌文獻中的書證：

（1）化目化財，騙挾財物。（敦研 352V《道經》）

（2）騙人財，俠（挾）人物，專以打嚇。（同上）

（3）騙人財物者，即俠（挾）執打嚇。設計騙要，無故受財。（同上）

這幾個例子是霍文中宋以前的重要例證。但其所屬的敦研 352V《道經》成文年代值得商榷。文獻的創作時代一般會早於文獻載體，但也存在文獻内容的時代晚於載體的情況。古人得到更古的古書，往往倍加珍惜，不會亂寫亂花，但也有在前代古籍上繼續書寫的情況。這就造成了文獻時代的不可確定性。

敦煌研究院的文獻來源比較複雜，施萍婷《甘肅藏敦煌文獻·概述》指出："敦煌研究院藏品，少部分是從土地廟出土的，大部分是解放前從當地收集、解放後從地主家没收和鄉紳捐贈的。"《甘肅藏敦煌文獻·第二卷》針對敦研 352V《道經》更是明確地指出："從文字的寫法看，不像宋以前人所書。可能是本卷從藏經洞出土後，今人利用背面所抄寫。書體拙劣，墨色浮。"事實上。《道經》不僅僅"書體拙劣"，語言的使用也與五代時期通俗文獻差別很大，不能反映這個時期的語言面貌。敦煌 352V《道經》的書證不足爲據。

霍文還引用到了五代和凝《疑獄集》[1]中涉及"騙"的書證：

（4）乃略先保人同捏借粟文字以騙之。

（5）遂伏騙賴之罪。

這兩例均出自第四卷《顯之勘詐契》。霍文將其列爲五代時期"騙"有"逼取、勒索"義的關鍵例證。但是《顯之勘詐契》并非宋代以前的文獻。根據楊奉琨（1988：4）[2]、李霏（2018）[3]、劉棟（2019）[4]的研究，《疑獄集》前三卷爲和氏父子所撰，第四卷的案例，均出自成書以後。爲後人增益，第四卷的十三條，其中三條是金朝的事，八條是宋朝的事。至於增益的時代，楊奉琨（1988：4）認爲是明朝以後，理由在於：

---

① 筆者早期文章《説"騙"》（《中文學術前沿》第 11 輯）也曾引用該書例證作爲時間書證，不確。

② 楊奉琨：《〈疑獄集·折獄龜鑒〉校釋·前言》，復旦大學出版社，1988 年。

③ 李霏：《刑清獄平——和氏夫子與〈疑獄集〉研究》，南京大學碩士學位論文，2018 年。

④ 劉棟：《宋太宗朝和崿入職刑部年代考辨——從〈疑獄集〉的編纂年代説起》，《海南熱帶海洋學院學報》，2019 年第 4 期。

一、宋人均作三卷；

二、元人至元時序未及卷數，説明尚無問題，何况成書於元代的《宋史·藝文志》《宋史·和嶸傳》以及馬端臨的《文獻通考》均作三卷，并無異説。

三、明以後始改作四卷，而且至晚在明嘉靖十四年（1535）張景《續疑獄集》六卷出并與《疑獄集》合爲十卷本刊行於世時已篡改過了（嶺南徐氏刊本所附嘉靖乙未秋李嵩年序可證）。

由此可見，《疑獄集》第四卷已經屬於後世的文獻了，也不能當作五代時文獻來使用，故而，"欺騙"之"騙"的事件年代要晚於五代。

二、"騙"産生的確切時代

目前所能看到的"欺騙"義的"騙"均出現在南宋時期。文獻形式比較多元，有公文戲曲、文人筆記、名人書判等，都是一些應用性比較强的文體。

1. 判詞：宋刻本《名公書判清明集》

太田辰夫在《漢語史通考》中指出，宋代資料中第一可靠的當是宋刊本乃至宋抄本。[1]根據這個原則，我們選定了静嘉堂藏宋刊本《名公書判清明集》[2]，該書刻於景定二年，即公元 1261 年，編者爲幔亭曾孫，東京古典研究會於 1964 年影印，後收入《續古逸叢書》。該版只含"户婚門"，爲約六萬餘字的殘本。[3]就時間論，根據其中書判作者簡歷以及書判内容，《清明集》所收各案，除個别發生在寧宗初年以外，絶大多數都在寧宗後期及理宗一朝，大約在公元 1210 年至 1260 年這五十年間，即南宋的中後期。從地域來看，不出兩浙、福建、江南西路、江南東路、荆湖南北路及廣南西路（後者只有少數）的範圍。[4]其例有：

（6）吴錫之破蕩，吴肅之貪謀，吴盟之騙脅，三子之情，其罪惟均。（范西堂《吴盟訴吴錫賣田》）

---

① 太田辰夫著，江藍生、白維國譯：《漢語史通考》，重慶出版社，1991 年，第 153 頁。

② 《名公書判清明集》有宋刻本和明刻本之别，明刻本内容更加豐富。但爲了例證時代的精確性本文選擇的是宋刻本。

③ 1983 年，中國社會科學院歷史研究所宋遼金元史研究室以上海圖書館所藏的明刻本爲底本，宋刻本作補充，點校出版了《名公書判清明集》（中華書局，1987）。明刻本共十四卷，係明隆慶三年（1569）山東道監察御史盛時選刻本。（陳重業輯注：《古代判詞三百篇》，上海古籍出版社，2009 年）

④ 陳智超：《宋史研究的珍貴史料——明刻本〈名公書判清明集〉介紹》，《名公書判清明集》附録七。

范西堂，即范應鈴，生卒年不詳，南宋開禧元年（1205）進士，江南西路隆興府豐城人。根據柳立言的考證，這條書判的地點，是在南宋江南西路。[①]霍文將這條書證裏的"騙"理解爲"逼迫"，這裏值得商榷。我們把這句話的上下文列出來：

> 吳錫繼吳革之絕。未及壹年，典賣田業，所存無幾，道逢其人，兩手分付，得之儻來，殊無難色。吳蕭乘其機會，未及數日，連立五契，并吞其家，括囊無遺，不自屬屬，盡而後已。吳盟遨游二者之間，即與評議，又同僉押，志在規圖，豈復忠告，少未滿意，入狀於官，以勢劫持。吳錫之破蕩，吳蕭之貪謀，吳盟之騙脅，三子之情，其罪惟均。

要理解"騙脅"的詞義，最重要的是要看看吳盟的所作所爲，"吳盟遨游二者之間，即與評議，又同僉押，志在規圖，豈復忠告，少未滿意，入狀於官，以勢劫持"。吳盟在吳錫和吳蕭之間當中間人，參加討論，又在文書上簽字畫押，志在謀求利益。其中"遨游二者之間，即與評議，又同僉押，志在規圖，豈復忠告"，這是"騙"，"少未滿意，入狀於官，以勢劫持"這是"脅"，吳盟的"騙脅"是有層次關係的，先"騙"後"脅"，所以"騙脅"應該如《漢語大詞典》所釋的"欺騙威脅"，"騙"并無"逼迫"之義。

（7）緣潛彝父子恃其銅臭，假儒衣冠，平時宛轉求乞賢士大夫詩文，以文其武斷豪霸之迹，前後騙人田産，巧取强奪，不可勝計。（劉後村《干照不明合行拘毀》）

這一條在《後村先生大全集》卷193中也有收録，名爲《饒州州院申潛彝召桂節婦周氏阿劉訴占産事》[②]：緣潛彝父子嫌其銅臭，假儒衣冠，平時宛轉求乞賢士大夫詩文，文其武斷豪强之迹，前後騙人田産，巧取强奪，不可勝計。書判的地點是在江南西路饒州。

（8）朱侍郎貴爲從橐，每書常切切然，恐幹僕騙擾村民。（劉後村《爭山妄指界至》）

以上兩則書判來自於劉克莊（1187—1269），所收書判大都爲任浙東提刑時所作。

（9）丘某受其欺騙，已收苗六年，而不知江伸將其田重迭與徐吉甫交易訖，

---

① 書判的地點其實非常重要，寫判詞要聽取百姓的情況叙述，寫定之後，需要用老百姓聽懂的語言宣讀。所以判詞能在很大的程度上反映當地的語言使用狀況。

② 《四部叢刊初編》，上海涵芬樓藏賜硯堂鈔本影印版。

彼此互論。（姚立齋《重迭交易合監契内錢歸還》）

姚珤，字立齋，嘉定四年（1211）榜眼進士，福建路南劍州順昌人。

（10）亦曰勉仲之業，非我得有，嚴氏，吾母也，得以與我，性甫之子抱養異姓，盜印此契。異時藉以爲騙脅之資，性甫覺知，安得不訴？（建僉《侄假立叔契昏賴田業》）

建僉，文獻未記載，不知何人。侄子利用假地契無理耍賴，騙取田產。但大致也可以確定出自同一地域。

（11）况其録白干照，即非經官印押文字，官司何以信憑？顯見是莫如江計合莫如山，符同作套，妄狀論擾王行之，意在昏賴欺騙，彰彰明甚。官司豈可視契照關約爲文具，而聽其妄狀，論擾善民，以啓昏賴欺騙之風也哉？（人境《物業垂盡賣人故作交加》）

人境，文獻未記載，不知何人。根據内容可以判定，人鏡的判詞可能是在嘉定十年（1217）前後擔任江西洪州僉廳官員時所作，大都是安撫司等路級監司所要處理的案件。①

（12）薛氏二子既各歸姓，則舒希説、馮景揚之訟自此當息。如更强聒，則是有意欺騙孤寡，別當議罪。（蔡久軒《子隨母嫁而歸宗》）

（13）范瑜放蕩無藉，乘范大佑神朝奉不禄，妄起覬覦，既教唆族人，使於范朝奉垂絶之際，登門伐喪，騙去錢會，今又敢恃其破落，自行詐賴。鞠之囚圄，理屈辭窮，即無所謂遺囑，特鑿空誣賴，爲騙取錢物之地耳。……范瑜勘杖一百，編管鄰州，所有范朝奉垂絶之際騙去錢物人，牒府第具姓名申來，以憑追究。（蔡久軒《假僞遺囑以伐喪》）

這個“騙”是不能理解爲“逼迫”義，從這一條書判的名字裏面就可以推導出“騙”的詞義。“假僞遺囑以伐喪”，就是利用虛假的遺囑去范朝奉家伐喪，就是《現代漢語詞典》中“用謊言或詭計使人上當”這個義項。

（14）送通判廳，監限十日足，違限却收賣女之罪，勘斷錮身取足，庶知倚法欺騙之無所利也。（蔡久軒《賣過身子錢》）

蔡久軒即蔡杭（1193—1259），理學家，南宋福建路建寧府建陽人，書中所收書判，

① 柳立言：《〈名公書判清明集〉的無名書判——研究方法的探討》，《中國古代法律文獻研究》第五輯，2012年。

爲其任江東提刑時所作。蔡杭的祖父和父親都是朱熹的學生。《朱子語類》裏面没有"騙"，很可能還没有産生。《清明集》所收蔡杭書判，凡可知地點的，都在饒、信、徽三州，當爲其任江東提刑時所作。①

這九個例子，均是南宋名士的書判，涉及的結構包括兩種類型，一是動詞"用謊言或詭計使人上當"，包括聯合式詞彙有騙脅（2例）、欺騙（4例）、騙擾（1例）；二是"用欺騙的手段取得"，包括騙人田産（1例）、騙去錢會（1例）、騙去錢物人（1例）、騙取錢物（1例），這和《現代漢語詞典》中"騙"是完全一致的。也就是説，在公元12世紀末13世紀初，這個詞就已經完全成熟了。

《清明集》的結集是以關係比較密切的人群爲中心。主要收録他們的書判，旁及他們的朋友和同僚等人的書判。②這些人是同一個圈子裏的，地域上也比較接近。語言上肯定有互通之處。爲什麽早期的"騙"多見於判詞中？一方面，這可能是因爲早期的"騙"語義比較重，涉及錢物等的損失，數量相對較大，形成民間糾紛，需要官府裁定；另一方面，當時百姓識字率較低，爲了使原被告都能聽懂，使用了民間較爲通俗的"騙"。

2.公文

（1）榜文

真德秀（1178—1235），南宋福建路建州浦城人，是劉克莊的老師。這兩例還是出現在榜文之中。

（15）如悖父母、陵犯尊長、健訟無理、毆人重傷、開坊聚賭、停盜宰牛、教唆詞訟、欺騙財物等事皆是違法。（真德秀《政經·勸諭文》）

（16）如豪强凶横、吞謀貧弱、奸狡詐僞、欺騙善良、教唆詞訟、托囑公事、聚衆鬥毆、開坊賭博、居停盜賊、屠宰耕牛、酤賣私酒、興販雜物，如此之類皆係非法無理之事。（《政經·諭俗榜文》）

吳泳（生卒年不詳，1209年進士）文集中也有用例。

（17）乃敢恃訾豪横，依勢憑陵，陷王官，虐平民，欺騙公府，殺害叔弟，滔天之罪，雖擢髮不足以數。（吳泳《鶴林集》卷二十一《繳虞一飛獄案》）

黃震（1213—1280）《黃氏日抄》里的"騙"字只存在於榜文之中，其他文體

① 陳智超：《宋史研究的珍貴史料——明刻本〈名公書判清明集〉介紹》，《名公書判清明集》附録七，第682頁。
② 柳立言：《〈名公書判清明集〉的無名書判——研究方法的探討》，《中國古代法律文獻研究》第五輯，2012年。

中都是用的比較典雅的"欺騙"義詞，説明"騙"在當時可能是個地道的口語詞。

（18）當職昨日出迎詔書，見文昌橋上帖婺源廟注疏印榜，此必有師巫廟祝之徒來此騙脅吾民。（《黄氏日抄》卷七十八《逐婺源注疏人出界榜》）

（19）近來上户與監官結扇，騙取小户本錢，此豈可有者哉！且説民生苦惱，無如亭户日受鞭撻，無如亭户鈔客，所還本錢，分文皆是賣肉。（《黄氏日抄》卷七十八《到任榜》）

（20）訪聞舊因巡鹽歷官司作弊，勒犯鹽人通注，欺詐平民以致在鄉私販人亦預先挾此齰記通注，脅詐平民深屬不便，今本司已除去巡鹽歷，一切與民相安。其或鄉下尚敢借此欺騙，仰所在都隅官及團結保長等擒捕解司，切待重作施行，須至鏤榜曉示。（《黄氏日抄》卷八十《約束因捕鹽欺詐榜》）

（21）當職初簽浙西，親見巡鹽歷於官略無所補，於民未有所害，徒爲弓卒取過水常例，錢爲吏人取批歷常例，錢即曾稟白：浙西提舉盡除一路鹽歷，近如此間，分司廳又不獨取常例而已，往往捕窮民升斗之鹽以鹽倉，私置牢獄，教其妄通，騙脅民財，不可勝計。（《黄氏日抄》卷八十《收巡鹽歷》）

（22）小民之爲農者，多無藉賴租；爲工者，多苦竊欺罔；爲商者，多假偽叙抬；爲公吏走卒者，毒害無厭；爲船梢秤斗者，欺騙太甚；爲販海者，多劫盗。（《黄氏日抄》卷八十《引放詞狀榜》）

（2）奏疏

上行文書奏疏中，"騙"亦有例證。

（23）臣惟國家三數年來，凶相弄權，以富强自詭，輔聖天子而行霸政，爲天下宰而設騙局。（劉克莊《庚申召對》）

（24）又一項乞免將倭金抽博，以寬其一線營生之路，以免其數十年爲官吏牙儈欺騙之害。……況每歲正抽博之金，實不過一二萬緡課利，而所謂騙取漏舶之金，亦極不滿一二萬緡，此何止千萬牛之一毛哉！（南宋吳潛修，梅應發、劉錫纂《開慶四明續志》卷八《再申》，宋開慶元年（1259）刻本，國家圖書館藏。）

3. 書信

謝枋得（1226—1289）書信中也有例證。

（25）不過爲南人貪酷吏開一番騙局，趁幾錠銀鈔，欺君誤國莫大焉！（《叠山集》卷二《上丞相留忠齋書》）

（26）南人貪酷吏多開騙局，脅取銀鈔，重傷國體，大失人心。（《叠山集》卷二《上丞相留忠齋書》）

4.墓志銘

葉適的《水心文集》第十五卷《鄭仲酉墓志銘》，該墓志銘在講案例時，有這麼一段記述：

（27）有僧惠果訴范模者曰："模善爲騙。吾携疏乞錢，而模使其徒黃文昌致吾空寺中，僞出姓名，謬多題施，因數取錢物酒食以相報設，今巨費矣。"然無左驗，有司疑之。君令益取紙，雜問模他事，徐視其答，則有與題施之字同者數十。鞫之，果模與文昌謀，改筆易書以詐之也，遂服罪。

該墓志銘題於南宋慶元二年，即公元1196年。這是目前所能看到的"欺騙"之"騙"的最早書證。在這個書證中，"騙"所涉及的物件是"錢物酒食"，是實體存在的。這可能是"欺騙"所得從"有形"到"無形"的開端。在這則案例中"騙"和"詐"同時使用，口語交談中用"騙"而叙述語中用"詐"，很顯然"騙"是俗語詞而"詐"是文言詞，"雅""俗"并用，根據語法化"分層原則"[1]，處在兩詞并行的階段。這個例子很顯然是"欺騙"義，而非"逼取、勒索"義。

（28）嶺外荒貊，吏用法忽恣，有私假他印文得賕者，守欲以僞造符印坐之，公爭曰："此於法欺騙爾，入重奈何？"守大怒，戒通引官："即司法至，謁勿入！"公徑抵案前，執愈堅，守氣奪，竟從公。（《水心集》卷二十三《故大理正知袁州羅公墓志銘》）

該墓志銘中有"今老至而休，四方友朋，零落幾盡，而公之逝久矣"之句，可見該墓志寫於葉適（1150—1223）老年。

5.南戲

《張協狀元》是南戲早期的代表性著作，俞爲民根據格律認爲《張協狀元》的

---

[1] Hopper（1991：22—24）提出語法化的五個原則，第一項就是分層并存原則。分層原則是指這樣的一個顯著事實，即一種語言中同時采用多種形式手段表達近似甚至等同的功能；這種形式手段上的多樣性，源於當一個或一組創新形式產生以後，未必（或許永遠不會）取代既已"服役"的舊有形式手段，而是與之并存。（轉引自史文磊：《漢語歷史語法》，中西書局，2021年，第120頁）

產生年代必在"元傳奇"《張協》之前。劇本中保留着許多兩宋時期的表演技藝與表演形式，如"艷段"、"斷送"、諸宫調、唱賺等，以及劇中提及的宋代的歷史人物、名物制度及引用宋人作品中的成句，據此推斷《張協狀元》當作於北宋末年。[①]錢南揚認爲這是"戲文初期"的作品；[②]莊一拂《古典戲曲存目匯考》認爲戲中下場詩有"不許留人到四更"句，"四更"之語是宋人口語，"確認其大致爲南宋中葉前作品"。[③]馮其庸根據劇本開頭所保留的比較早的説唱諸宫調的形式是南諸宫調，而南諸宫調是諸宫調傳入南宋以後的産物，再加上劇中故事發生的背景是在北宋，所以更傾向於劇本産生在南宋初年。[④]楊秋紅根據戲文中的張協因夢占卜情節支持南宋初期説。[⑤]劉堅在《近代漢語語法資料彙編（唐五代卷）》序言中明確指出："《張協狀元》大約是南宋末年的作品這也是得到研究者公認的。"結合各家意見，我們認爲《張協狀元》是可以體現南宋時期的語言的。

"騙"在《張協狀元》已經有了成熟的書證，一例在曲詞，一例在賓白。

（29）（旦）莫是登，此處山，號五磯，被人騙？（《張協狀元》第十齣）

這一例在曲牌"鎖南枝"裏，説的是貧女對張協灰頭土臉情況的猜測，以爲他是在登五磯山的時候被騙了。

（30）（净）白乾[⑥]騙了我三文。（《張協狀元》第二十八齣）

但這個例子在賓白裏，很顯然就是"欺騙"的意思。

6. 文人筆記

到了宋末元初，在文人筆記中"騙"就比較多了，"騙詐""騙脅""騙局"都是現代漢語中的"欺騙"義。

"騙"在周密（1232—1298/1308）的筆記小説中尤爲常見，《癸辛雜識》《武林舊事》是其晚年所著，雖是宋末元初，但此時周密已近晚年，但其個人的語言使用習慣可能已經固定，所反映的，應該是南宋時期的語言現象。

---

① 俞爲民：《宋元南戲考論續編》，中華書局，2004，第 121—129 頁。

② 錢南揚：《永樂大典戲文三種校注》，中華書局，2009 年，第 1 頁。

③ 莊一拂：《古典戲曲存目匯考·中》，上海古籍出版社，1982，第 58 頁。

④ 馮其庸：《論南戲〈張協狀元〉與〈琵琶記〉的關係——兼論其産生的時代》，《社會科學戰綫》，1984 年第 2 期，第 321—327 頁。

⑤ 楊秋紅：《〈張協狀元〉編於宋代説補證——以張協占卜爲視角》，《湖北大學學報》（哲學社會科學版），2013 年第 6 期，第 84—87 頁。

⑥ 義爲"平白無故地"。

（31）專有一等野猫兒卜慶等十餘人，專充告報，欺騙錢物，以爲賣弄生事之地。（《癸辛雜識·後集·學舍燕集》）

（32）世號墨魚爲烏賊，何爲獨得賊名？蓋其腹中之墨可寫僞契券，宛然如新，過半年則淡然如無字。故狡者專以爲騙詐之謀，故謚曰“賊”云。（《癸辛雜識續集下》）

（33）其處鄉專以騙脅爲事，鄉曲無不被其害者，怨之切齒。（《癸辛雜識續集下》）

（34）甚者以植黨撓官府之政，扣閽攬黜陟之權，或受賂醜詆朝紳，或設局騙脅民庶，風俗寖壞。（《齊東野語》）

結合以上材料，大致可以確定“騙”的産生時間最遲應該是在12世紀末。上限的確定應以《朱子語類》“欺騙”義詞的使用情況爲參考。《朱子語類》是研究宋代語言的一部重要語料，該書由黎靖德在公元1270年編訂，綜合了朱熹門人的大量筆記。反映了1170年至1270年間的口語或書面語。[①]“作爲一部文人的講學語録，它記録的是南宋文人階層的談話情况，又出自多位學生之手，語言實録的真實性相當可靠，基本上反映了當時文人階層的口語面貌，語言接近當時的口語面貌，因而成爲研究南宋語言不可多得的口語化較强的語料。”[②]“《朱子》的語言性質以通語爲主，同時帶有閩北的方言成分。”[③]徐時儀（2013）指出，“《朱子語類》叠置着歷史上各個時期傳承下來的不同歷史層次的詞語，新舊語言質素聚合在一個語義場内部，表達某一個具體的語義範疇。”“《朱子語類》中表達欺騙概念有‘澒（哄）、瞞、嚇、紿、謾、誑、欺、詐、脱、賺、罔、譎’等詞。”在這個數量較大的概念場中，既有傳承下來的文言詞彙，如“欺”“誑”“詐”等，也有口語性較强的白話詞彙，如“脱”“賺”等，後世的主導詞“騙”并不在其中，[④]可以説明，在朱熹及其門人弟子生活的地域，[⑤]“騙”并未出現。

通過以上書證，可以確定“欺騙”義詞“騙”最先在口語中出現，南宋中期，“騙”

① 楊永龍：《〈朱子語類〉完成體研究》，河南大學出版社，2001年，第2—12頁。

② 劉子瑜：《〈朱子語類〉述補結構研究》，商務印書館，2008年，第5頁。

③ 王樹瑛：《〈朱子語類〉問句系統研究》，社會科學出版社，2012年，第10頁。

④ 徐時儀在章節附注中對“騙”的産生年代進行了簡單的論述，認爲“騙”的“欺騙、哄騙”義約産生宋元之際。

⑤ 蔣冀騁指出：朱熹生活、講學的地方絶大部分在福建，所用語言可能是帶有閩語色彩的讀書語。蔣冀騁：《近代漢語詞彙研究》（增訂本），商務印書館，2019年，第22頁。

進入文本系統，出現在口語性較强的公文，又進入擔任官吏的文人作品，最終進入通語。在"騙"的早期例證中，很明顯可以看出，其義均爲"欺騙"，而并無"逼迫"之義，用法與現代漢語完全一致，"騙"的語義演變從"逼迫"到"欺騙"的觀點值得商榷。

"欺騙"之"騙"的早期例證用法完全成熟，也就是"出道即巔峰"。什麽樣的詞會"出道即巔峰"呢？一般來講，就是在民間已經長期存在、廣泛使用。文人將其記錄下，讓其變成字，纔出現在文獻之中的詞。"騙"在實際語言中的産生，可能早於 12 世紀。

明代中期以前官方小篆書寫綫索考察[*]

——兼及楊士奇與陳登的碑帖情誼

王文超

（中國美術學院漢字文化研究所）

　　書法史研究中對明代篆書多總結有“至若篆隸八分，非問津於碑，莫由得筆，明遂無一能名家者”[①]、“篆籀八分，幾於絶迹”[②]之類的評價。清末以來，書史的撰寫多圍繞典型人物展開，以代表性書家的書作風格爲核心，名家名作成爲書法史撰寫過程中重點描述對象。有部分非當時顯著，而爲後之“追贈”[③]，反之，時顯者也有隨着時代變遷，人們審美改變及社會諸多環境的變化，逐漸黯淡的。

　　明代篆書的發展似乎被李東陽、喬宇、徐霖、趙宧光等代表書家替代，尤其李東陽幾成明代篆書代言人。縱觀明代書法諸多發展面，明初官員滕用亨、王尹實、陳登、程南雲、金湜等善篆書書家在當時有相當分量，甚至代表了官方體制內小篆的書寫範式。明代官方體制下的小篆，有研究者指出是以中書舍人群體爲主，有着相對統一的“朝廷篆書樣式”。[④] 本文非強調明代篆書的藝術性和應用性超越了同時代其他書體，而旨在客觀還原篆書在歷史進程中發展的事實。相對楷書、行書、草書等群體，明代善篆群體多爲通曉六書者。小篆的應用或藝術表現，相對集中在書

---

* 　國家社科基金重點項目“古文字書法史”（22AF010）階段性成果；八部委“古文字與中華文明傳承發展工程規劃項目”“秦漢篆書研究”（G3954）階段性成果。

① 　馬宗霍：《書林藻鑒 書林紀事》，文物出版社，1984年，第164頁。

② 　祝嘉：《書學史》，嶽麓書社，2011年，第232頁。

③ 　此處所講追贈，非指官員逝後所授官職。意指兩類，其一，如漢碑、北朝石刻等衆多石刻作品成爲清代乾嘉以後碑學中的經典；其二，生前并未有身後如此巨名的書畫家，逝後聲名漸隆。此種現象的出現或因時代審美變遷所致，或因某後之巨擘欣賞，或因信息傳播方式改變等等，原因衆多。此在本文非重點探討對象。

④ 　張金梁曾專門討論明代“篆書”制度，并提煉歸納出“朝廷篆書樣式”，進而言：“在明代篆書銓選制度的作用下，篆書會産生一定的標準，而這個標準往往由朝廷代表性篆書家來産生。”《明代書學銓選制度研究》，上海書畫出版社，2008年，第72頁。

畫引首、碑額、墓志蓋、璽印等方面。

一、楊士奇與陳登的碑帖情誼

明代後期宗室朱謀垔（1584—1628）所撰《續書史會要》是研究明代書學最集中的文獻材料，其中對永樂時期篆書名家陳登的記述源自楊士奇所撰《陳思孝墓志銘》。① 陳登（1362—1428），字思孝，長樂人，永樂時授中書舍人，朝廷匾額多出其手，以善篆入翰林。② 楊寓（1365—1444），字士奇，號毅軒、東里，以字行，泰和人，有《東里文集》《東里詩集》《東里續集》等傳世。陳登長楊士奇三歲，比楊氏逝世早十六年。永樂時，楊士奇仕途始顯，經仁、宣兩朝，俱掌内制，官至太傅，達文官之極。官場顯赫的楊士奇，在文壇有着同樣號召力，王世貞《藝苑卮言》中有論：“楊尚法，源出歐陽氏，以簡澹和易爲主，而乏充拓之功，至今貴之曰‘臺閣體’。”“國初之業，潛溪爲冠，烏傷稱輔。臺閣之體，東里辟源，長沙道流。”③ 楊、東里即楊士奇，歐陽氏即歐陽修，潛溪即宋濂（1310—1381），這便是文學史研究中常言的楊士奇爲“臺閣體”之始的重要文獻。歐陽修爲北宋文學家，亦爲金石學開創者，著有《集古錄》，楊士奇在推崇與宗法歐陽修文章時，同樣關注了金石學。最初臺閣體與書法無關，今言書法史者將臺閣體與館閣體并列，均是後世賦予的概念。

《陳思孝墓志銘》是陳登子中專托其父弟子程南雲請楊士奇所撰，墓志銘中對陳登通六書、善篆，精金石碑帖鑒藏做了如下描述：

> 永樂甲申（1404），詔吏部簡士之能書者儲翰林，給廩禄，使進其能，將用之清密之地。長樂陳登思孝以篆籀最先至。……時四明王尹實篆書善名海内，至考據精博，亦推讓思孝云。思孝於六書本原，精考詳究，志篤而力勤，周秦以來二千年間其石刻有在而委弃山巔水厓、荒蕪瓦礫之墟者，皆深求而必得之。雖殘缺剥落，歲月氏名無可考，然審度其出某代某人，十率中七八。其收蓄之

---

① 張金梁：《〈續書史會要〉補證》，河南美術出版社，1998 年，第 58 頁。

② 關於陳登相關史實的梳理，可參看蔡德清：《明代福州書家考略》，《明史研究》2010 年第十一輯，第 301—304 頁。

③ （明）王世貞著，羅仲鼎校注：《藝苑卮言》，齊魯書社，1992 年，第 242 頁。

富，蓋歐陽文忠、趙明誠之後所僅見矣。[①]

按楊士奇所言陳登先入翰林，起家爲清官，歷十年左右以善篆書擢中書舍人。明確説明陳登有訪尋石刻，收集石刻拓本的志趣，且極精擅鑒定碑帖版本。

楊士奇在跋陳登《碑目》中又言："中書舍人陳登思孝好聚古今石刻，遍求博訪，志其所出之處，以成此編。余與用之皆録一本，按此而索之，亦屢有得。惜乎其未能悉也。"[②]陳登對自己所藏拓本進行過編目，楊士奇與梁潛（1366—1418，字用之，號泊庵）各抄録一份。因石刻拓本是遍求博訪得來，《碑目》又能標明石刻所出之處，所以成爲了楊、梁這樣頂層士大夫訪尋拓本的重要參考資料。依楊士奇所言未能詳盡，極可能陳登僅編條目和石刻貯藏地等簡略信息，未有詳細考證跋識。今此目雖不傳，大概亦可知此類金石碑目的著述是藏家自存編目，交流傳抄可依此尋訪拓本。楊士奇拓本收藏豐富，對書法涉略研究，甚至鍾情的碑帖需收藏十數本，對書家、書風、拓工均十分挑剔。[③]某種程度來説，陳登對楊士奇拓本收藏的品味起到了重要作用。

楊士奇《東里集》卷九、卷十、卷十一，《東里續集》卷二十、二十一録其所見書畫拓本題跋尤夥，絶大部分説明了拓本源自何人、何處及拓工優劣。有些碑帖記述與陳登有關或有些觀點接受了陳登的説法，如：

《書魯相置孔子廟卒史碑》：余得之陳思孝。

《書夏承碑後》：右漢淳于長《夏承碑》無書人氏名，中書舍人陳登思孝定爲蔡伯喈書。……今視漢拓碑尚完好物，以晦而全固理之常也。此帖余得於鄒侍講。[④]

《右漢魯相晨孔子廟碑》：余得此於陳思孝，思孝平生廣求，厚積有重複者往往以惠朋友，不但惠余也。

---

① （明）楊士奇《東里文集》，中華書局，1998 年，第 276 頁。按，此劉伯涵、朱海點校《東里文集》其中大量題跋并未收録，所以未收録者仍引用四庫本。集中點校過的則依劉、朱二人最新成果，下文引用此類情況不再贅述。

② （明）楊士奇：《東里續集》，《四庫全書》，臺灣商務印書館，1986 年，第 1238 册，第 632 頁。

③ （明）楊士奇跋《嶽麓寺碑二帖》明言："余前後所得十數本，皆紙墨糊塗，甚至不可辨識。蓋打碑必得善工，而湖湘善工尤難遇。長沙同知李吉特爲余致此本，故視前所得差勝耳。"又言《九成宫醴泉銘》有十餘本，以胡濙（字源潔）所贈最佳。《東里續集》，第 636、637 頁。

④ （明）楊士奇：《東里集》，《四庫全書》1238 册，第 127、128 頁。

《東明精舍繹山碑》：陳思孝自北京寄惠此帖。蓋浦江鄭氏東明精舍刻本也。

《漢圉令趙君碑》：碑在今鄭州南陽縣學中，文字磨滅不可見者將半矣。余得於陳舍人思孝。[①]

陳登在北京做官時收集大量拓本，贈予楊士奇者尤以漢碑爲多，楊士奇另得之他處的漢碑拓本，如《夏承碑》則參考陳登觀點。

楊士奇《東里續集》亦載：

右秦二世東行詔書，李斯篆，其篆甚佳。余在兩京廿餘年，求之不能得。比連得於洪遵道而楮墨亦佳，京師四方之所趨也。而好古博雅之士皆在，其所收蓄周秦以來金石刻皆富。然余獨見鄒仲熙、高庭禮、陳思孝有此刻，固其難得如此也。[②]

鄒緝（？—1423），字仲熙，號素庵，江西吉水人，明成祖時擢爲翰林侍講。我們通過整理楊士奇所得碑帖來源（見附表），可知胡濙、陳登、胡廣、曾棨、鄒緝等同僚友人，知楊士奇喜佳拓，多有贈予。楊氏的多餘拓本，亦會分贈親友。又，《泰山刻石》楊氏共跋四次，陳登收藏有重要的《泰山刻石》拓本，以其所善篆書風格，加之楊士奇的記載，可推知陳登極可能對《泰山刻石》臨摹取法。同樣，楊士奇以得到可與陳登媲美的佳拓而自樂，陳氏拓本收藏，尤其秦漢石刻拓本對楊士奇有重要引導作用。

楊士奇執文壇牛耳數十載，在世時《東里集》便已刊行於世，爲陳登所作墓志銘也已收入，陳登在仕途上雖未獲得更大進步，但二人的碑帖情誼及陳氏篆書的成就在楊氏爲之所作墓志銘中極其突出，明代的學人們將此作爲重要的史料。尤其明代後期朱謀垔《續書史會要》的藉鑒，使陳登善篆廣布於士林，成爲陳登書學研究的最重要來源。墓志銘中不僅記述陳登精於金石拓本收藏，亦通許慎《説文解字》：“連三日折之文淵閣，六卿大臣皆在旁視，不可耐。思孝怡然，從容進曰：‘登幸辱在此教益，愚陋有所質。’就用亨語之戾許叔重者十數事相辨難，思孝聲譽遂起。”[③]綜合考察，明清兩代史料中凡所講滕、陳之爭，均出《陳思孝墓志銘》，加之《東

---

① （明）楊士奇：《東里續集》，第645—647頁。
② （明）楊士奇：《東里續集》，第638頁。
③ （明）楊士奇：《東里文集》，第276頁。

里集》《東里續集》刊刻與傳播在明代士人間相對較快，且廣泛，一定程度上書史中陳登篆書的聲望，楊士奇所作墓銘功不可沒。

明初以楊士奇爲中心的一批文人士大夫，多通書理，[①] 喜蓄收拓本，中書舍人中有相當部分從取仕到任職，均和善書法關聯緊密。他們不僅對碑刻拓本廣搜博覽，相互交流，且對拓本的紙墨效果有所選擇。只是明初朝廷對字學和通篆書者稍有重視，但未有良好的政治環境和寬鬆的藝術氛圍使他們進入書法藝術發展的更廣闊領域。

二、陳登篆書的實際地位

由元入明的篆書家雖不及善行、楷者百一，然顯著者仍需略述。如，陶宗儀不仕洪武朝，却因是趙雍外甥，善篆、隸，勤於著述，所著《書史會要》成爲重要的書學文獻。其在《南村輟耕録》"吾竹房先生"條載"余習篆書，極愛先生翰墨，得一紙半幅，如獲至珍。以故於書法頗有助"[②]。可知陶氏篆書受到吾丘衍影響。再如，洪武朝的中書舍人詹孟舉，葉盛則言："詹孟舉篆書唐人《早朝詩》四紙，孫叔英得之談以宗家，用筆絕類泰不華《王貞婦碑》。一題孟舉二楷字，皆有姓字圖書印。孟舉篆書，余獨見此云。"[③]另，盧熊、趙撝謙等善篆書者雖多受元人影響，仍無法和善楷、行、草的書家體量相比。明初的宋璲（1344—1380）篆書聲譽甚隆，洪武十三年却因胡惟庸案株連，滕用亨（1336—1409）[④]、陳登、程南雲等善篆書家方崛起，如永樂時的"滕、陳之爭"[⑤]。

滕用亨年七十以善篆書被舉薦，得皇帝賞識而御前親書，成爲永樂初年以善篆書取仕的典範，滕氏雖長於宋璲，聲名却不及宋璲顯赫。滕用亨與陳登同是永樂間善篆書書家，長陳登二十六歲，早逝十九年，陳屬滕晚輩。今故宮博物院藏錢選的《山居圖》有俞貞木、解縉等多人題跋，前有篆書引首"山居"二字，落款爲"南陽滕用亨書"。[⑥]滕用亨永樂三年被薦舉至翰林院，主要負責書畫鑒定。據王汝玉《故

① 楊士奇在爲劉咸所藏的時賢翰墨卷題跋中曾言："士皆好書，集今翰苑諸公之善書者爲一卷，介余評一言。余不善書，何言！然頗識其理。"再綜合楊士奇對碑帖法書的品評，其有對書法的認知觀念，實則未脫離後來項穆所總結的"中和"觀。《東里文集》，第125頁。

② （元）陶宗儀：《南村輟耕録》，中華書局，1959年，第76頁。

③ （明）葉盛：《水東日記》，中華書局，1980年，第24頁。

④ 滕權，字用衡，又字用亨，長洲人，由元入明，以篆書享譽當朝。

⑤ 關於滕用亨、陳登之爭史書中所載大致相同，尤以楊士奇所作《陳思孝墓志銘》最爲典型。張金梁有專論"滕、陳之爭"，見《明代書學銓選制度》，第74、75頁。

⑥ 另有，爲俞貞木《深翠軒記》而作的篆書"深翠"二字引首落款爲南陽滕權，此卷藏於故宮博物院。

翰林待詔滕公墓志銘》載："永樂七年九月丙申，朝還，退公館，與朋友談笑如平息。既莫，忽憒憒昏暈，夜半，竟歿焉。公生於至元丁丑八月初五日，享年七十有三。"①滕用亨入翰林院後僅四年便無徵兆病亡，如"山居"引首爲真，必是永樂七年（1409）前在翰林院負責書畫鑒定時所題。

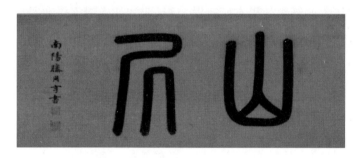

滕用亨題錢選《山居圖》 故宮博物院藏

需注意的是，楊士奇在爲沈度（1357—1434）所作《沈學士墓志表》中稱贊其書法得永樂帝喜愛時，提及同時代其他重要書家，言：

> 方時制敕填委，既視草，學士以下，率分書之，上獨覽公書，稱善。一時翰林善書，如解大紳之真、行、草，胡廣大之行、草，滕用亨之篆、八分，王汝玉、梁用行之真，楊文遇之行，皆知名當世，而胡、解及公之書，獨爲上所愛。②

這段描述是明太宗永樂間的一個書法史實。"皆知名當世"的善篆代表是滕用亨，而非陳登。沈度逝於宣德九年（1434），陳登逝於宣德三年（1428），陳登墓志銘的撰寫早於沈度，楊士奇爲陳登、沈度當世一流書家所作的墓志銘、表，可推知匹配的解縉、胡廣、王璲等書壇人物是同等階層且具有相近影響力的。明顯的是，雖然滕、陳之爭楊士奇頗欣賞陳登，但實質上滕用亨作爲早之一輩的善篆書者，地位仍然顯著。

陳登篆書影響力在一些文獻中可找到諸多信息。梁潛在爲陳登之父所作詩集《雅南集序》中言："思孝嘗爲羅田、浮梁二縣丞，能世其家，以善籀篆入翰林，因與予交，故爲之書。"③登以善篆籀入翰林一事，在永樂間確有一定影響。黃佐《翰林記》載"王

---

① （明）朱存理：《珊瑚木難》，《中國書畫全書》第4冊，上海書畫出版社，2009年，第350頁。

② 楊士奇：《東里文集》，第228頁。沈氏墓表最後一句："士奇與公入翰林，相交三十有三年，最相得，其没也，蓋哭之慟。於是棨及藻求余墓表，余忍以衰朽而忘情老友哉？敬爲之表。"可見，楊士奇與沈度的友情高於其與陳登。

③ （明）梁潛：《泊庵集》，《四庫全書》，第1237冊，第281頁。

尹實篆書擅名海内，至考據精博，亦推讓登焉。"①此文字也應來自楊士奇所作墓銘。朱謀垔《續書史會要》中有載，明初有四明王尹實善篆書，同樣源自楊士奇所作墓志銘。②都穆在《金薤琳琅》跋《夏承碑》後記："永樂間以篆書名者登之外，有吳中滕用亨及四明王尹實。予觀三家之篆，用亨第一，登不能逮，若尹實則惟用燥筆，又在登之下。"③在都穆心中永樂年間篆書仍是滕用亨第一，陳登雖永樂間已有善篆聲名，却僅是高於王尹實多出枯筆而燥的風格。

時代變遷，審美的品評因個人傾向而轉變，品評標準没有完全一致的共性，所以非後世皆認可陳登、程南雲一系的篆書風格。正如王世貞（1526—1590）有言：

> 李文正東陽，真行筆頗秀潤，晚節加以蒼老，而不免俗，惟篆書頗佳。吳門興曉篆法者，有滕吏部用亨，程太常南雲，金太常湜，至文正而自負，以爲得書家妙訣。喬少保宇，景中允暘繼之，然不如金陵徐霖。霖可配元周伯琦。④

活躍於萬曆年間的王世貞在介紹有明一代善篆書者時，以明初滕用亨、程南雲、金湜起，未將陳登列入。王世貞又有言："陳道復作篆不甚經心，而自有天趣。"⑤對篆書的審美不以嚴謹爲標準，天趣已成爲篆書的一個審美傾向，至王世貞時更重視李東陽、徐霖這樣的善篆書者，書寫性、藝術性具有强烈的風格成爲主要品賞標準。依此，我們可知永樂七年滕用亨逝世前在翰林院中是得帝王賞識的，雖有與陳登之争，地位却未受到影響。

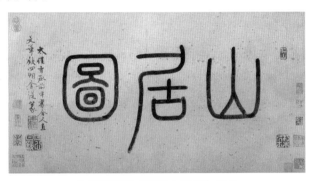

金湜題錢選《浮玉山居圖》引首

---

① （明）黄佐：《翰林記》，《四庫全書》，第596册，第1076頁

② 至萬曆時李日華還可見王尹實篆迹。李日華萬曆三十七年十一月十日的日記載："辰大霧，閩人林海壇、陳貫文來謁。持右軍書《嵇康絕交書》，前有王尹實篆'珍翰'二字，系冷金紙。"但未描寫字體所寫風格。《中國書畫全書》，第5册，第235頁。

③ （明）都穆：《金薤琳琅》，《石刻史料新編》第1輯第10册，臺灣新文豐出版公司，1972年，第7674頁。

④ （明）王世貞：《藝苑卮言》，《明清書論集》，上海辭書出版社，2011年，第162頁。

⑤ （明）王世貞：《藝苑卮言》，第166頁。

三、程南雲帶動陳登一系善篆書家崛起

陳登以篆書入翰林，擢爲中書舍人，書風師承者衆，是明代篆書官方樣式中至爲重要的一條綫索。陳登最著名的學生程南雲，《續書史會要》中言："篆法得陳思孝之傳，隸、真、草具有古則，又善大字。"《明史》亦載："（陳登）得其傳者南城程南雲也。"[①] 程南雲以善篆隸彰顯書史，曾"爲時所尚"[②]。

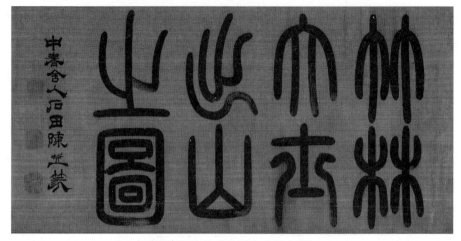

陳登題陳鑒如《竹林大士出山圖》

祝允明《書述》中有對陳登、程南雲篆書的評價："二陳，璧傷矜局，登略上之。亦有宜黄吴餘慶，昆山衛靖，少自出塵，趨向甚正，恨不廓且老耳。程氏父子，篆隸善名，斯業既鮮，不得不興。"[③] 祝允明認爲陳登書法格調高於陳璧，指出程南雲父子成爲宣德至景泰年間最具聲名的篆隸書家，同樣成爲了篆隸書寫的標志性人物，程氏父子的篆書風格可代表官方的審美傾向。活躍於萬曆年間的于慎行在《寓圃雜記》載："宣廟深愛程南雲之書，方爲中書舍人，即賜腰金，人稱'程金帶'。仕至太常卿兼經筵侍書以卒。"[④] 程南雲以善書參修《永樂大典》，後得宣宗賞識而爲中書舍人，升至南京太常卿，官顯且清貴。楊士奇在《陳思孝墓志銘》中的"於是中專奉史官陳叔剛所具狀，介南雲求余爲銘，將歸而納諸墓。余雅厚思孝，義不可辭。"[⑤] 楊士奇因有與陳登的翰墨和碑拓交往，墓志銘篇文尤長，非應酬之作，

① （清）張廷玉等：《明史》第 24 册，中華書局，1974 年，第 7340 頁。
② （明）雷禮：《列卿紀》，《六藝之一録》卷 364。
③ （明）祝允明：《書述》，《明清書論集》，第 56 頁。
④ （明）王錡：《寓圃雜記》，中華書局，1997 年，第 73 頁。
⑤ （明）楊士奇：《東里文集》，第 277 頁。

更重要的是通過程南雲來求文章。

在楊士奇《先曾祖碑銘重刻石後》中可知："遂就北京買石，求吏部郎中兼翰林侍書程南雲重書此文，刻之還置祠中用，貽我後人。"[①]楊士奇北京選石還於江西家廟宗祠的曾祖碑請程南雲書丹，此時程南雲書法受到頂層精英士大夫的欣賞與追逐。楊士奇跋《家刊千字文》："右翰林侍書程南雲書寫。昔人有云：'字壞於晋，謂壞六書之體也。'此本主六書，如障邀鶡，享慺妙之類，率正千載之誤，初學所當知也。"[②]家刊《千字文》請程南雲以篆書書寫，此種題材除認字啓蒙的意義外，更對家族子弟們有重要的書學教育意義，這是家族内書法傳承的一個重要特點。再舉一例，《宣德二年進士題名碑》楊士奇撰文，程南雲書。程南雲書法地位正統年間達至鼎盛，官方重要的石刻篆額多出其手。同樣，現存有明代書家引首的篆書也以程南雲最多。[③]

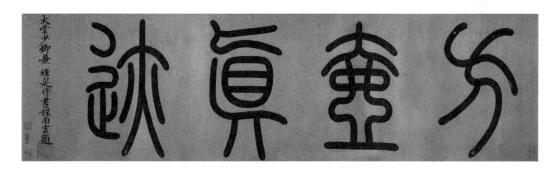

程南雲題方從義《雲山圖》

至正德時的都穆對陳、程二人提出了批評，言："登下門人有程南雲者，以篆書得至顯官。其用筆雖熟，然殊乏古法，觀此亦可知其師也。"[④]此條信息極爲重要，意指南雲官雖顯，學陳登之法却不高古。正德以後，文人們已對這種書寫樣式提出了公開看法，而不得古法原因是以陳登爲師法。

《續書史會要》載："（登）歷官中書舍人，朝廷大題圖，卒出其手。孫景龍，舉進士，官監察御史，能世其學。"[⑤]孫景龍得登之所傳，作品今極少見。《長洲志》載沈洪："嘗游京師，從陳登習篆，時程南雲亦有書名，洪又從之學。"沈洪學陳、

① （明）楊士奇：《東里續集》，第640頁。

② （明）楊士奇：《東里續集》，第640頁。

③ 王文超：《明代篆書研究》附録二，吉林大學碩士論文，2013年。

④ （明）都穆：《金薤琳琅》，第7674頁。

⑤ 張金梁：《〈續書史會要〉補證》，河南美術出版社，1998年，第58頁。

程二人。《椒丘文集》："左贊，字時翊，南城人，學書於程南雲，以詞翰名於時。天順丁丑登進士第，擢吏部主事，成化中爲廣東游布政。"[①] 在李東陽爲首的"篆書三聖"之前，尤以陳登、程南雲爲代表的中書舍人群體引領篆書時風。自永樂至成化，七八十年時間，陳登、程南雲、程洛、左贊等的篆書風格代表了官方主要審美。這種官方篆書書寫樣式，亦同楷書的中書體，雖嘉靖以後式微，影響却依舊。書寫範圍不僅僅局限於碑額、志蓋、引首等，如顧起元記載："燕子磯水雲亭、大觀亭匾，中允景暘篆書；孫茂林家壺隱堂匾，邢一鳳篆書；永慶寺招隱堂匾，李登鐘鼎篆書。"[②] 萬曆時的顧起元所描述公開經典匾額專門寫明篆書，甚至鐘鼎篆書。景暘、邢一鳳是官方影響下的善篆書家；李登有《摭古遺文》傳世，所用編排體例仿夏竦《古文四聲韵》，依次分列鐘鼎文、古文，但多臆造，字的出處不明。李登雖貢生，後爲新野令，非嚴格意義上的官方書寫樣式，其以鐘鼎篆書書匾即其所善。又如，詹景鳳所言"許初、陳淳，小篆并可觀，許莊整而秀，陳瀟灑而勁"[③]。後來善篆者雖多有風格，藝術性脫離了官方小篆"殊乏古法"的藩籬，但終未能形成如陳登、程南雲師徒一系這樣具有楷範意義的篆書群體。[④]

結　語

陳登的崛起是逐漸取代滕用亨地位，而非以識篆、善篆與滕之辨論後即風靡。陳登入中書舍人爲朝廷所書篆書漸多，但實際上是其學生程南雲、孫景龍、沈洪、左贊等人的篆書得到朝廷認可，尤其程南雲爲帝王賞識，士大夫們追捧，成爲時人楷範，陳登隨之而更顯。滕用亨永樂七年病逝，此前篆書地位極高，但之後却未見有學生傳承，影響自不深遠，明代中期以前朝廷篆書的書寫則是以陳登、程南雲師生的風格成爲官方主流。

① （清）孫岳頒、王原祁等：《佩文齋書畫譜》第 3 册，浙江人民美術出版社，2013 年，第 1138 頁。

② （明）顧起元：《客座贅語》，中華書局，1987 年，第 45 頁。

③ （明）詹景鳳：《書旨》，《明清書論集》，第 188 頁。

④ 筆者僅据北京圖書館金石組編：《北京圖書館藏中國歷代石刻拓本匯編》梳理弘治以前官方所製碑刻篆額，陳登、程南雲、黃養正、程洛、左贊等所占比例高，絕大多數官方碑刻的篆書碑額書寫者爲中書舍人，程南雲所書最多。王文超：《明代篆書研究》附錄三，吉林大學碩士論文，2013 年，第 117—124 頁。

附：楊士奇所受友朋碑帖情況一覽表

贈送人	碑帖／刻本	書手／刻工／拓工	書風品評
永樂帝	1《趙孟頫滕王閣序》（刻本） 2《蘭亭序》	1 其亦得善刻者之助乎？ 2 前翰林檢討王俑得《蘭亭》墨本以進文華殿，蓋唐人勾摹者。睿旨命刻石。	1 筆意精妙絕倫，後得孟頫書此記墨迹，參較之，乃不及此遠甚。
朱吉（1342—1422），字季寧，昆山人，官至湖廣僉事。楊士奇《書法三昧》重録本即源自朱吉舊藏。	周伯温《四體千文》	刻板在鄱陽，蘇州舊亦有刻板。	視此頗勝。元之工篆書者多矣，伯温最用功。其作字結體，蓋出《泰山》李斯舊碑。其著書發明斯義，有《説文字原》《六書正訛》云。
楊瑒，字季琛，官至東平州守，吉水人。楊士奇爲之作《送宗老季琛詩序》《巽溪記》。子楊黻（1377—1426），字民服，官至四川監察御史。楊士奇撰《衛府右長史楊君墓志銘》。	《同知昆山州事楊公墓碑》	歐陽玄（字原功）文，楊益（字友直）書，虞集（字伯生）篆。	
鄒濟（1358—1425），字汝舟，餘杭人，官至左春坊左庶子，授皇孫經。	杭州明慶寺翻刻《化度寺碑》	蓋後來杭州明慶寺所翻刻者，紙墨頗佳。	
陳登（1362—1428），字思孝，長樂人，永樂時授中書舍人。楊士奇爲之作墓志銘。楊士奇藏朱孟淵《西園雅集圖》即陳登所贈，作有《西園雅集圖記》。	1《乙瑛碑》 2《漢圉令趙君碑》 3《漢碑陰》 4《東明精舍嶧山碑》	2 碑在鄧州南陽縣學。 4 蓋浦江鄭氏東明精舍所刻本也。宋景濂謂："此用長安本翻刻。"然以余觀之亦出紹興本未知果，如何？當求識者辨之。	3 碑陰所載皆門下書佐及故史之類，而字畫頗佳。
李懋（1364—1450），字時勉，號古廉，安福人，官至國子監祭酒。楊士奇爲之作有《送學士李君詩序》。	《蘭亭序》	永樂中揚州發地得之。其一前完後缺，一前缺後完，肥瘠亦相近，皆勝此遠矣。	此二帖雖不完，然點畫波磔玄妙處皆在，神采有餘，足資效法，何必多也。

續　表

贈送人	碑帖／刻本	書手／刻工／拓工	書風品評
梁潛（1366—1418），字用之，號泊庵，泰和，官至太子侍從。	《雲麾將軍碑》	此碑出良鄉縣北海所書。有兩《雲麾將軍碑》，其一在陝西。陝西者李思訓，良鄉李秀也。余蓄北海書，獨此及《嶽麓寺碑》耳，其紙墨又此碑差勝也。	陝西者書法差勝。
梁混（1370—1434），字本之，號坦庵，泰和人，官魯王府記善。梁潛弟。	《陰符經》	此刻在蜀府。	書法清婉遒麗。本之云"相傳爲虞永興書"，余以爲宋人書，豈蔡忠惠之筆乎？當求識者而質之。
胡廣（1370—1418），建文帝曾賜名靖，永樂後復舊名。字光大，號晃庵，謚文穆，廬陵人，官至左春坊大學士。楊士奇爲之作神道碑銘。	1《延祐二年進士題名記》 2《石鼓文》	1 趙孟頫書，刻石在國子監 2 紙墨獨佳。所謂文細刻淺者，安知當時不深刻，歷世久遠則磨滅如此，而今文字之存者計裁三之一耳。	
曾棨（1372—1432），字子啓，號西墅，永豐人，官至詹事府少詹事，掌管太子宮內事務。楊士奇爲之作墓碑銘。	1《瀧岡阡表》 2《華山廟碑》 3 唐太和三年重刻《漢桂陽太守周府君功勳碑》	2 漢碑之佳者，蓋郭香書。漢魏以前碑，多不載書刻人氏名，此獨詳焉，遂因之有聞於今。	1 竟是歐公自書，結體甚佳。 3 字雖剝蝕，其可辨識處，渾然漢意固在也。今碑在今韶州府治。
胡濙（1375—1463），字源潔，號潔庵，謚忠安，武進人，官至禮部尚書，累加太子太師。	1《詹孟舉千文》（刻本） 2《皇甫君碑》 3《嶽麓寺碑》 4《九成宮醴泉銘》 5《孔子廟堂碑》	2 唐于志寧撰文，歐陽詢書。 3 余晚喜北海書，最後得此，而凡前之所得者皆不及也。 4 石刻在西安府麟遊縣，缺蝕多矣。凡余所得數十餘本，此本得於給事中毗陵胡源潔，紙墨特勝。 5 虞世南撰并書，石刻在西安府學。嘗在內府見舊刻本與此迥異。蓋歲久碑刻剝蝕，失其真也。歐陽文忠公童子時得見此碑，刻畫完好，廿年復得之，則已殘缺，況今又三四百年哉。	1 國朝大字希原爲第一，蓋兼歐、虞、顏、柳之法，而有冠冕佩玉之風者也。 2 骨氣勁峭，法度嚴整，論者謂虞得晉之飄逸，歐得晉之規矩，觀此其振發動蕩，獨非逸哉！非所謂不逾矩者乎？初學者師此以立本，而後入虞、入永、入鍾入王，有所持循，而成功不難也。

續　表

贈送人	碑帖／刻本	書手／刻工／拓工	書風品評
王直（1379—1462），字行儉，號抑庵、抑齋、大叙軒，泰和人，官至吏部尚書，贈太保，謚文端。	《鄒縣嶧山碑》	鄒縣有《嶧山》翻刻本。	字畫視諸本特小。
楊弘璧（生卒年不詳），祖籍泰和，後移居鳳陽，楊士奇族兄。	《星鳳樓帖》原條目爲“右軍書”	曹氏《星鳳樓帖》中不完。（按，曹即曹士冕）	
王寧（生卒年不詳），邵陽人，洪武三十二年由監生擢巢縣令。	《子昂千文》	此刻藏松江海濱僧舍，時人鮮有知者。	松雪行書《千文》，蓋有智永遺意，學書者易於見效。
閔珪（1430—1511），字朝瑛，烏程人，官至刑部尚書加太子太保，謚莊懿。	《筆陣圖》	石刻在西安府學。	又義之《筆陣圖》非義之自書，蓋近代人所書。而義之筆法因之以傳耳。
李吉特，待考。	《嶽麓寺碑》	《嶽麓寺碑》李邕書石，刻在長沙。余前後所得十數本，皆紙墨糊塗，甚至不可辨識。蓋打碑必得善工，而湖湘善工尤難遇。	
門泰（生卒年不詳），蜀人，官至陝西憲僉，禮部尚書門客新從子。			
趙惟恭（生卒年不詳），濟寧人，永樂三年舉人，四年進士，官至貴州按察司副使。	《漢郎中鄭固碑》	此碑今在濟寧學中。	
鄒緝（1337—1422），字仲熙，號素庵，吉水人，官至左庶子兼翰林侍講。參編《永樂大典》。楊士奇爲之作《鄒侍講像贊》。	《夏承碑》	中書舍人陳登思孝定爲蔡伯喈書。	字畫奇古，蓋用篆筆也。
劉長吾（生卒年不詳），永豐人，永樂十年進士，官廣西僉事。	1《李靖西岳書》 2《羅池廟迎享送神詩》 3《羅池廟碑》	3沈傳師書，桂管觀察使陳曾篆，書與篆皆佳。長慶元年所立也。	1其書亦佳，石刻在廣西。 2筆意甚佳，然較沈傳師所書碑不同者十數字。當以柳碑爲正。

續　表

贈送人	碑帖/刻本	書手/刻工/拓工	書風品評
楊耀宗（生卒年不詳），晋江人，以明經薦守晋江訓導，官至韓府長史。《清源文獻》載其善古文書法。	《十七帖》		
洪順（生卒年不詳），字遵道，懷安人，永樂二年進士，官至山東僉憲。			
吳文（生卒年不詳），字尚質，臨桂人，洪武十八年進士，官至湖廣右參議。	《陶隱居茅山帖》	米南宮題十字在後，疑士冕家所刻者。	後有廬山曹士冕跋。顔魯公《大駕帖》，米南宮《露筋碑》文字皆完，皆行書之佳者。
余正安（生卒年不詳），江西人，侍講。	《東方朔畫像贊》	碑在古樂陵郡山石上，今在泰安州境内。蓋天寶十三載公爲平原太守時所刻。	
彭百煉（生卒年不詳），字若金，泰和人，官至廣西道監察御史。楊士奇作《彭百煉哀辭》。	《東方朔畫像贊》		夏文、顔書，偉然千古之二絶。
胡士安（生卒年不詳），漢陽教授。	《黄庭經》附《曹娥碑》《出師頌》	《曹娥碑》紙墨雖劣，然態韵悉佳。石刻故在潁上縣學。所恨打碑者甚謬也。	
王璲（？—1415），字汝玉，號青城山人，祖籍遂寧，後隨父遷吳縣，官至右春坊右贊善兼翰林編修，太子賓客，謚文靖。楊士奇爲其兄王琰汝嘉作《故翰林侍講承直郎王君墓志銘》。	《七姬厝志》		其文其書，亦皆奇也。
陳鏞（？—1427），字叔振，錢塘人，官至禮部祀祭司主事。楊士奇作《送陳叔振序》。	《玉枕蘭亭》	石刻今在南京火藥劉家。	
陳繼（1370—1434），字嗣初，號怡庵，吳縣人，官至檢討。	《七姬厝志》	七姬皆死於義，而張之文，宋廬之書皆精妙，其傳遠無疑。	

續 表

贈送人	碑帖/刻本	書手/刻工/拓工	書風品評
孫 時（1370—1446），字習之，鄆城人，官至兵部右侍郎兼南京大常寺卿。	1《漢廬江太守范君碑》 2《漢司隸校尉忠惠魯君碑》	1 未有碑額，其前後及下皆缺，姓氏、名字、紀年皆不見。陳思孝云：“《漢廬江太守范式碑也。碑在濟寧州學，斷裂多矣。夾漈鄭漁仲定爲蔡邕書。” 2 碑在濟寧州學，鄭夾漈定爲蔡邕書。碑已斷爲二。	1 漢碑至今雖斷裂訛缺，其僅有者無不佳，如此碑尤爲難得。
錢習禮（1373—1461），名幹，以字行，吉水人，官至禮部侍郎。	1《樂毅帖》 2《晝錦堂記》 3《青社嶧山碑》	2 蔡君謨書，君謨書甚重於當時，刻石四方多矣。 3 青社本斷裂多矣。	1 亦松雪臨者，頗佳。 3 嘗見陳思孝論《嶧山》翻本次第，云：“長安第一，紹興第二，浦江鄭氏第三，應天府學第四，青社第五，蜀中第六，鄒縣第七。”
柴 車（1375—1441），字叔興，錢塘人，官至兵部尚書。	《蘭亭序》	近年揚州僧舍發地得二石，皆《蘭亭》舊刻。一缺其前，一缺其後。鹽運使何士英裁齊，合之爲一。……世傳宋思陵駐蹕於揚，金人奄至，車駕倉促出避，御用物皆不及。將所愛《蘭亭》石刻瘞之而去。此豈是耶？	前所存者十八行止，“猶、不”二字後，存者十行起；“能、不”二字，兩本肥瘠相近，清韵可愛。論骨氣，當在福州鄭本之次。
王 源（1376—1445），原名王原楚，字啓澤，號韋庵，龍岩人，官至潮州知府。	智永《千文》	智永《千文》真迹故藏鮮于伯幾家。大德中，摹刻在松江郡學。	永書如精金粹玉，此刻規模結構近之，論風采神韵，相去甚遠。其效龍伯高而未至者歟？
王 英（1376—1449），字時彦，號泉坡，金溪人，官至南京禮部尚書。	《蘭亭序》	當是唐人所臨褚河南之迹乎？此本又在鄭之下，胡之上。	
章 敞（1376—1437），字尚文，號闇然，會稽人，官至左侍郎。	《蘭亭序》	石刻在紹興郡學，……此刻本在吾廬陵，不知何時移紹興也。……吾家凡得數本，獨此本差完。	其古意薈然，視汴中新摹刻者大相遠矣。
王 昇（1378—1448），字日初，號魯庵，龍溪人，官至撫州知府。	《先待制撫州推官廳記》		

續　表

贈送人	碑帖/刻本	書手/刻工/拓工	書風品評
史安（1386—1427），字志靜，豐城人，官至禮部郎中。楊士奇作《禮部儀制郎中史君墓表》。	《唐中興頌》	此頌前三十年見有得者，字畫多明白，而十數年來有得者，其模糊者率類此。豈其石，近又剥蝕歟？抑打碑者之不善，或有善者而余未之見歟？	
尹崇高（1388—1442），號自牧，泰和人，官至南京監察御史。	1《八關齋碑》2《彼岸寺碑》	1顏魯公書。永樂丁酉秋進士尹崇高奉使河南爲余致此本，而每行下缺四字，蓋打碑時爲夏潦所淹也。2在汝寧上蔡縣。	2中書舍人陳登思孝以篆書擅名於今，數稱此碑之善。余則未能通也。姑存之。
徐景昌（1390—1439），徐達孫，第一代定國公徐增壽子。	《絳帖》	另有不完整《絳帖》得於武昌旅邸鄰舍弊篋。紙墨已甚昏爛，不忍弃也。表爲一卷視泉、汝蓋遠過之。	
彭琉（1391—1458），字敏敬，號慎安，安成人，官至湖廣按察副使。	《茅山崇禧萬壽宮碑》	王去疾文，翰林承旨趙孟頫行書并篆額。	行書特佳。
孔彦縉（1401—1455），字朝紳，曲阜人。孔子五十八世孫。	《手植檜贊》	米芾撰并書，碑在孔林。	陸伯暘常爲余言："宋人書，米爲優。"而余家米書，獨此與《露筋碑》爲優云。
劉咸（1388—？），字士皆，號叙庵，泰和人，官至河南、廣東按察副使。	1《汝帖》2《紀信碑》3《受禪》《尊號》	2唐武后時，盧藏用撰并隸書。3或以爲梁鵠書，或以爲鍾繇不可必。二碑皆在許州。《尊號碑》其下近趺處皆磨滅不明，蓋古碑歷世久遠，多如此也。	2其書甚佳，昔人評藏用隸在能品。3而雄麗古雅，後之攻隸者，必取法焉。
劉智安（生卒年不詳），永豐人，永樂十三年進士。	1《壇山石刻》2《封龍山頌》	2封龍山碑在元氏縣。	1字畫妙絕，絕非後人所及也。

續　表

贈送人	碑帖／刻本	書手／刻工／拓工	書風品評
劉紹（生卒年不詳），姑蘇人，官行人。	1《昭仁寺碑》 2《蘭亭》《樂毅》	1朱子奢撰文 2①《蘭亭》石刻在蜀或云義門鄭楷所刻。余得之姑蘇劉紹，蓋趙松雪所臨者。②《蘭亭》刻板在蜀，或云蜀府伴讀浦江鄭楷家所刻。	1觀其結構規模近虞世南，而筆法不逮遠甚，豈當時學虞而未至者乎？張重威以爲虞少時所書。 2①古人行書惟羲之此帖第一。然學書者必工楷而後可以及行，而松雪所臨羲之楷書又《樂毅》第一。②蓋趙松雪所臨者，視北京臨本筆氣微勝。
宋鑒（生卒年不詳），字惟憲，江夏人。	1《智永千文》 2《孔子廟堂碑》	1石刻在西安府學。吾平生所得頗多，皆爲親友持去，獨此本紙墨尤勝。	2論者率愛世南書飄逸蘊藉，然其從容規矩準繩之中，學者須心得也。
謝靖真（生卒年不詳），道士，洪武三十三年官太常寺樂舞生。	《瑞鶴記》	吳澄撰，虞集書，泰定二年刻，今在北京。	吳公此文甚佳，而虞公之書溫麗典則，亦足以師表後進也。
馬麟（生卒年不詳），鞏縣人，官至兵科給事中，後貶爲大理寺丞。	《大風歌》	大篆體，刻石在沛縣。沛有新舊二碑，舊碑已壞，此蓋近代重刻者。	
陳正倫（生卒年不詳），吉水人，永樂十年進士，擢監察御史，官至川陝按察使，宣德中任南陽知府。	《洛神賦》二帖	石刻今在常州，而刻手不及。《洛神》舊石刻之佳者，今皆不存，獨有此在毘陵，而刻手甚劣，僅存其意耳。	
陳彝訓（生卒年不詳），永樂元年擢中書舍人，至湖廣左參議。	1《趙文敏公墓志》 2《汝帖》	1馬文貞公（祖常）文，學士虞文靖公（集）書并撰文。 2此石刻在河南汝州。	
張賓陽（生卒年不詳），華亭人，永樂間治江東水利。	《通波阡表》	其文楊維楨（字廉夫）撰，其書真、篆二體皆出陳壁（字文東）。而用太樸伯溫名者，太史公所謂附青雲之士，施於後世者也。	文東極力晋唐，其書姿媚蘊藉，自成一家。所未足者，骨力耳。

注：二欄“碑帖／刻本”的數字對應三欄、四欄

"太清·豐樂"錢文布局研究 [*]

馬明宗

（四川大學古籍整理研究所）

一

太清豐樂錢在錢譜中早有著録，但因其錢幣文字的書法、内容和布局都較爲奇特，且較爲罕見，學界長期以來對該錢的真僞問題、歸屬問題多有爭論。

就研究歷史來看，南宋洪遵（1120—1174）的《泉志》已經著録太清豐樂錢，并引用李孝美（宋人，生卒年不詳，有《墨譜》《钱譜》）的觀點釋爲"天清豐樂"，自此各家泉譜皆因襲之。清代錢幣學家李佐賢（1807—1876）的《古泉匯》認爲該錢是壓勝品。民國時期鄭家相（1888—1962）先生釋錢文爲"太清豐樂"，并且提到前涼張天錫和南朝梁武帝均有"太清"的年號，但因梁武帝"太清"年號使用較短，且認爲太清豐樂錢的風格有北地氣息，所以將該錢定爲前涼張天錫所鑄。[①] 羅伯昭先生（1899—1976）則認爲太清豐樂錢多出於江南地區，背面四出文與蕭梁鐵五銖相類似，因此當是梁武帝時期所鑄造。[②] 陳達農（1916—2016）先生則認爲太清豐樂錢是北魏時期鑄造的廟宇錢，其錢文爲"崇奉太清，國民豐樂"的涵義。[③]

2000 年 5 月，江蘇宜興發現太清豐樂錢幣窖藏，出土了 4000 枚左右的太清豐

---

[*] 本文是 2023 年度國家社科基金後期資助項目 "四川錢幣歷史研究"（23FZSB059）、成都市哲學社會科學重點研究基地成都歷史與成都文獻研究中心 2023 年度重點項目 "四川錢幣史"（CLWX23001）、中國錢幣學會 2022 年度課題 "民國時期四川代用幣研究"（202210）的階段性成果。

① 鄭家相：《太清豐樂錢考》，《泉幣》第 1 期，第 40 頁。

② 戴葆庭：《太清豐樂》，《泉幣》第 17 期，第 22—23 頁。

③ 參見劉健平：《談宜興出土的大量太清豐樂錢》，《中國錢幣》2001 年第 3 期。

樂錢，且與行用錢幣一同放置。[①] 這次發現十分重要，直接解決了對太清豐樂錢真僞的問題，也坐實了太清豐樂錢確實是南朝的鑄幣，且在很大程度上證明了其流通錢的性質。經過不斷研究，現在學界普遍認爲，該錢鑄造於梁武帝太清年間（574—579），面文爲"太清豐樂"，[②] 這種觀點是可靠的。

二

值得重視的是，太清豐樂錢錢文布局獨特，"太清""豐樂"四字呈兩組，分列錢穿四側，無論如何放置，總有一對文字立正，一對文字側臥（如圖1）。這種布局形式可以將錢文分爲"上下"和"左右"兩套，因此可稱之爲"套讀"。

套讀的錢文布局方式雖然奇特，但也有其中内在的道理，并且反映出錢幣文字演化的歷史過程。套讀的錢文布局方式，其實在漢代的壓勝錢中就已經出現過了。采用這種讀法的漢代壓勝錢往往是在行用的半兩錢或者五銖錢的錢穿上下增加同向側臥的文字，所增加的錢文内容并不是傳統的紀重、紀值或者錢幣名稱，而都是一些吉語文字。在西漢前期的半兩錢壓勝錢中，有的在錢穿上下增加吉語文字，如"樂未央，富貴長""宜子""長毋""相忘""如言"等等（如圖2）。這些文字都是側倒的，需要把錢幣左轉或者右轉90度，方向纔能正過來，旋轉之後的錢幣文字同樣遵循自右向左排列的規則。不難看出，在漢代的壓勝錢中，這些吉語文字和錢幣文字是分離開的，尤其以"長毋·半兩"和"相忘·半兩"最爲明顯。"長毋相忘"是漢代最常見的吉語之一，"長毋"和"半兩"之間、"相忘"和"半兩"之間，并没有聯繫。這種布局的涵義其實是表達錢穿上下一對同向的文字和錢穿左右一對同向的文字具有分别的獨立性。

在太清豐樂錢中，錢幣文字同樣屬於套讀的布局形式，其性質和意圖似乎也是與漢代壓勝錢中錢文的套讀布局相同："太清"二字和"豐樂"二字屬於兩對文字，其布局也是在强調"太清"和"豐樂"兩組文字之間語意的獨立性。"太清"是年號，"豐樂"是吉語或者是幣名，不同性質的文字内容分開布局，避免了混淆。因爲兩組錢文獨立性的存在，太清豐樂錢的錢文涵義應該更爲準確地表達爲"太清·豐樂"。

① 劉健平：《談宜興出土的大量太清豐樂錢》，《中國錢幣》2001 年第 3 期。又參見吳偉强：《對宜興發現大量窖藏 "太清豐樂" 錢的思考》，《中國錢幣》2001 年第 3 期。

② 劉宗漢：《太清豐樂錢爲南朝梁武帝所鑄説》，《中國錢幣》2002 年第 3 期。

三

當然，至於爲什麼需要强調"太清"和"豐樂"之間的獨立性，以及這種布局所反映的歷史慣例和隱義，值得探討。綜合分析，年號錢文在引入錢幣文字之初，應該是不與其他類别的錢幣文字相混淆的，這種傳統在南朝錢幣文字中表現得尤其明顯。①

在正用錢中，首次采用上下布局的是成漢政權（304—347）所鑄造的漢興錢，這也是我國第一種年號錢（如圖3）。漢興錢中，"漢興"二字以上下布局形式出現，一方面是來自於非正用品的影響，另一方面是因爲"漢興"二字是年號錢文。自半兩錢行用以來，左右兩側錢文爲紀值已經形成固定形制。而非正用錢，往往利用半兩、五銖等正用錢，在錢穿上下加鑄吉語。"漢興"二字與傳統的分列錢穿左右的"半兩""五銖"等錢文性質不同，并不是紀值或者紀重錢文，其文字寓意與吉語類似，因此"漢興"二字不列於錢穿之左右，而被安排到錢穿之上下。②如果作爲年號的"漢興"二字鑄於左右，占據了本來屬於紀值錢文的位置，則略顯不類。這一現象的出現還有另外的因素，蜀地自蜀漢時期開始大量鑄造四字錢，如直百五銖、太平百錢、定平一百，錢文順序都是先上下後右左，也影響到了後世錢幣文字的布局。"漢興"錢鑄造於三國之後的成漢時期，也延續此習慣，先上下後右左，漢興錢只有"漢興"二字，因此先分列上下，左右的空間就空出來了。③

除此之外，南朝宋時也曾將年號作爲錢文。四銖錢的鑄造在宋文帝元嘉七年（430），《宋書·文帝紀》："戊午，立錢署，鑄四銖錢。"④《宋書·顔峻傳》："元嘉中鑄四銖錢，輪郭形制與五銖同，用費損，無利，故百姓不盜鑄。"⑤這次鑄錢較爲精整，也就是我們所見到的錢文爲"四銖"的大型四銖錢。到了宋孝武帝孝建

---

① 其實，不僅是年號錢文，任何一種新型錢文的引入，都體現出某種"異端"的因素，往往與原來舊有的成分有所區分，字體、字形、筆畫等元素無疑是進行區分的最好的方式。而在之後的發展過程中，這種區分會逐漸模糊，以至於趨同。

② 當然，漢興錢也有橫書漢興，即"漢興"二字列於錢穿左右，但是筆者認爲橫書漢興錢鑄造量極少，只是漢興錢的一種特殊形式，堅讀的漢興錢纔是漢興錢的正規布局。

③ 漢興錢之所以只有"漢興"二字，并没有左右的紀重錢文，或許也有年號錢文與紀重錢文不相混雜的考量。漢興錢鑄造之時，尚且没有像孝建四銖一樣面背皆鑄文字的做法與先例，既然有了年號錢文，就不好再添加紀重錢文了。

④ （梁）沈約：《宋書》卷五《文帝本紀》，中華書局，1974年，第79頁。

⑤ （梁）沈約：《宋書》卷七十五《顔峻列傳》，中華書局，1974年，第1960頁。

元年（454）"更鑄四銖錢"，^①即是"孝建四銖"（如圖 4），也就是在之前鑄行的四銖錢樣式的背面添加上"孝建"的年號。後來添加的年號文字，却故意不和"四銖"的紀值鑄造在一面，這也是體現了年號錢文與其他錢文作爲不同種類、不同性質的錢幣文字，有不相混雜的規則。

同樣，作爲南朝貨幣的太清豐樂之所以采用這種套讀的錢文布局模式，很大程度上也應該是這個道理。"豐樂"是錢名或者吉語，"太清"則是年號，"太清"和"豐樂"兩對文字朝向不同，也是年號錢文和吉語錢文或者幣名錢文不相混雜的歷史規矩的體現。

在北朝的鑄幣中，太和五銖、永安五銖早於太清豐樂，却采用了年號加幣值對讀的模式（即年號錢文和幣值錢文同處錢幣之一面，一對在上下，一對在左右），這在一定程度上反映了南北錢幣文字布局觀念上細微的差别和各自的傳統。^②但是，由此也可以重新考慮"太和五銖""永安五銖""常平五銖"甚至是"五行大布""永通萬國"等北朝錢文的涵義。雖然我們對古錢幣中"上下右左"的對讀順序早已習以爲常，在閱讀錢文、理解錢文内容之時，都是把錢文按照上下右左的順序進行連貫的理解。但"永安"與"五銖"、"常平"與"五銖"之間的關聯程度到底如何，還需要重新評估和思考。

四

"太清·豐樂"錢文中"太清"和"豐樂"兩組錢文也應當有一定的主次關係。太清豐樂是接續南朝鑄幣傳統而來。南朝錢幣，尤其是宋齊之際的錢幣中有年號錢逐漸替代其他性質錢幣的發展趨勢。正如前文所言，南朝宋的鑄幣有四銖，又在"四銖"的基礎上加鑄"孝建"，成爲"孝建四銖"。後來因爲錢幣私鑄的泛濫，"四銖"的錢文却逐漸消失，出現了只有"孝建"二字的錢幣，年號錢反客爲主。之後，大明（457—464）年間雖有"大明四銖"，但鑄量極少，到了永光、景和年間（465），所鑄的永光、景和錢就只有橫讀的"永光""景和"的年號。同爲南朝鑄幣的太清

---

① （梁）沈約：《宋書》卷六《孝武帝本紀》，中華書局，1974 年，第 114 頁。

② "太和五銖"錢幣文字中，作爲年號的"太和"二字與"五銖"二字，雖在文字布局上是放置了錢幣的同一面，但兩對文字在字體上有明顯差别，這也反映出年號文字和紀值文字的區分，或者是因爲作爲年號的"太和"二字是在"五銖"基礎上的加鑄。但是在太和五銖之後的鑄幣中，如"永安五銖""常平五銖"就繼承了其形式，而消除了其字體的其差别。（如圖 5）

豐樂，其鑄造時間在"永光""景和"等年號錢流行之後，錢幣文字中的"太清"也是年號，應當是因襲"永光""景和"諸錢的規矩而來。因此，"太清"二字當爲該錢幣之本來面貌，應當是分列右左，在錢文中屬於主要錢文，"豐樂"二字當解釋爲加鑄吉語，是次要的附屬錢文。

關於這一點，也有其他側面證據。南朝鑄錢也有在正用錢幣錢穿上下加鑄吉語者，如"大吉·五銖""大富·五銖""大通·五銖"。1935年12月，曾經在南京通濟門外與梁鐵五銖錢範同時出土大富五銖、大吉五銖、大通五銖疊鑄子範。該子範泥質，方形，紅色，橫縱皆6.8厘米，澆注口居中，澆注道連接四枚錢模，其中"大富五銖"兩枚，"大吉五銖"和"大通五銖"各一枚，範背是有四出文的四枚錢背模（如圖6）。該錢範與鐵五銖錢範一同出土，且錢背與鐵五銖一樣都有四出文，其鑄造時代當與梁鐵五銖同時。《南史·梁武帝紀》載："（梁武帝普通）四年（523）十二月戊午，用給事中王子雲議，始鑄鐵錢。"[1]就是説的鐵五銖錢。除考古材料之外，史籍中還有"大富五銖""大吉五銖"和"大通五銖"的記載，《泉志》引顧烜《錢譜》言：

> 普通四年，鑄大吉鐵錢，大小輕重如五銖，文曰'五銖大吉'，背文四出……
> 普通四年，鑄大通鐵錢，大小輕重如五銖，文曰'五銖大通'，背文四出……
> 普通四年，鑄大富鐵錢，大小輕重如五銖，大富背文四出。[2]

顧烜爲南朝梁人，其言論應當可靠。從史料記載的字裏行間，尤其是"大吉鐵錢""大通鐵錢""大富鐵錢"的稱呼，不難體會到"大富""大吉""大通"乃是加鑄於正用錢文的吉語。并且顧烜言其錢文爲"五銖大吉"，一方面，顧烜之所以記載錢文爲"五銖大吉"，而不是"大吉五銖"，在一定程度上説明此錢的錢文內容以"五銖"爲正，"大吉"爲副。另一方面，"五銖大吉"的錢文記載足以窺見對讀錢文布局的真正涵義在於强調上下和右左兩對錢文的分別性，而不在於先上下後右左的次序。

其實，"豐樂"與"大富""大吉""大通"的涵義是一致的，"豐"就是"盛""大"的意思，《説文解字》云："豐，豆之豐滿者也。"[3]《周易》有《豐》卦，其《象》言："豐，大也。""豐樂"也就是"大樂"，與"大富""大吉""大通"，涵義一致。

① （唐）李延壽：《南史》卷七《梁武帝本紀》，中華書局，1975年，第203頁。
② （宋）洪遵：《泉志》卷二引顧烜《錢譜》，《叢書集成初編》，中華書局，1985年，第11頁。
③ （漢）許慎：《説文解字》五篇上《豆部》，中華書局，2020年，第156頁。

通過對大富、大吉、大通五銖錢的分析，我們能窺見"太清豐樂"錢文的真正意義，以及"太清"爲正、"豐樂"爲副的錢文主次關係。

結　語

在南朝鑄錢慣例中，年號錢文是具有特殊意義的錢文，其性質與其他錢文有所不同，而往往進行區分。因此漢興錢中，"漢興"的錢文分列錢穿上下，并且没有與其他性質的錢文安排在一起。南朝宋時所鑄造的"孝建·四銖""大明·四銖"也是采用了年號錢文與紀重錢文分列錢面和錢幕的布局方式，以使兩者不相混雜。太清豐樂錢鑄造於南朝梁時，"太清"和"豐樂"兩對錢文相互側卧的布局也是順應了當時年號錢文與其他錢文不相混雜的慣例。另外，南朝宋梁時年號錢興盛，因此在"太清·豐樂"的錢文中，"太清"爲錢文之正，"豐樂"爲錢文之副。

從整個錢幣文字發展史和錢文布局演變史的角度來看，"太清豐樂"套讀的布局是對讀錢文布局發展中的一段插曲。在早期階段，"上—下—右—左"的對讀形式中"上—下"和"右—左"兩組錢文并没有完全地融爲一體，因此表現出了兩組錢文獨立發展的傾向。隨着北朝"太和五銖""永安五銖""常平五銖""五行大布""永通萬國"等錢文對讀形式的使用，錢文内容"上下""左右"兩組錢文的關係日益緊密，對讀的錢文布局也最終形成歷史的發展大潮。

圖 1　太清豐樂錢 ①

---

① 江蘇宜興出土，錢幣直徑 2.16 厘米。《中國錢幣大辭典》編纂委員會編：《中國錢幣大辭典（魏晋南北朝編·隋唐五代十國編）》，中華書局，2003 年，第 169 頁。

圖2　套讀布局的半兩錢壓勝錢①

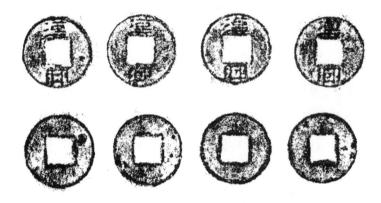

圖3　漢興錢②

圖4　孝建四銖錢③

---

①　公柏青：《漢代壓勝錢》，中華書局，2020年，第15頁。

②　成都出土，錢幣直徑約1.65厘米。曾咏霞：《成都小南街遺址出土的直書漢興錢》，《中國錢幣》2002年第2期。

③　錢幣直徑約2.2厘米。《中國錢幣大辭典》編纂委員會編：《中國錢幣大辭典（魏晉南北朝編·隋唐五代十國編）》，中華書局，2003年，第139頁。

圖5　太和五銖錢[1]

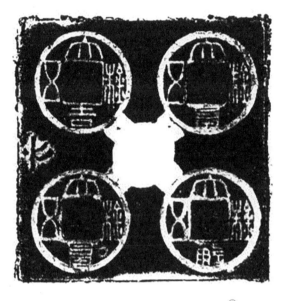

圖6　大富、大吉、大通五銖錢範[2]

---

[1] 錢幣直徑約 2.3 厘米。《中國錢幣大辭典》編纂委員會編：《中國錢幣大辭典（魏晉南北朝編·隋唐五代十國編）》，中華書局，2003 年，第 183 頁。

[2] 1935 年南京通濟門出土，現藏中國國家博物館，橫、縱均爲 6.8 厘米。中國國家博物館編：《中國國家博物館藏文物研究叢書·錢幣卷（秦—五代）》，上海古籍出版社，2018 年，第 168 頁。

圖書在版編目（CIP）數據

第二屆古文字與出土文獻青年學者西湖論壇（2023）
論文集 / 曹錦炎主編. -- 上海：上海書畫出版社，
2025.2. -- ISBN 978-7-5479-3543-9

Ⅰ.H121-53；K877.04-53

中國國家版本館CIP數據核字第2025CV8733號

第二屆古文字與出土文獻
青年學者西湖論壇（2023）論文集

曹錦炎　主編

選題策劃　朱艷萍
責任編輯　李柯霖
編　　輯　伍　淳
審　　讀　曹瑞峰
封面設計　陳綠競
技術編輯　包賽明

出版發行　上海世紀出版集團
　　　　　上海書畫出版社
地　　址　上海市閔行區號景路159弄A座4樓
郵政編碼　201101
網　　址　www.shshuhua.com
E－mail　shuhua@shshuhua.com
製　　版　杭州立飛圖文製作有限公司
印　　刷　浙江新華印刷技術有限公司
經　　銷　各地新華書店
開　　本　787×1092　1/16
印　　張　15.5
版　　次　2025年2月第1版　2025年2月第1次印刷

書　　號　ISBN 978-7-5479-3543-9
定　　價　98.00圓
若有印刷、裝訂質量問題，請與承印廠聯繫